Waldtraut Lewin

Jenseits des Meeres
Die Freiheit

Waldtraut Lewin

Jenseits des Meeres
Die Freiheit

Ravensburger Buchverlag

Die Deutsche Bibliothek – CIP-Einheitsaufnahme

Lewin, Waldtraut:
Jenseits des Meeres: die Freiheit / Waldtraut Lewin. –
Ravensburg : Ravensburger Buchverl., 1997
(Ravensburger junge Reihe)
ISBN 3-473-35177-6

RAVENSBURGER JUNGE REIHE

3 2 1 99 98 97

Umschlagzeichnung – Klaus Steffens
Redaktion – Burkhard Heiland
Gesamtherstellung – Ebner Ulm
Printed in Germany

Gedruckt auf Papier aus chlorfrei gebleichtem Zellstoff
ohne optische Aufheller

ISBN 3-473-35177-6

1

Heute ist der Tag der Trauer und der Verzweiflung. Heute ist der Neunte Aw, der Tag, an dem der Tempel zu Jerusalem zum zweiten Mal zerstört wurde und das jüdische Volk seine Heimat verlassen mußte. Seitdem irrt es umher unter den Völkern der Welt.

Nach jüdischer Zeitrechnung haben wir das Jahr 5252. Heute, am Neunten Aw oder am zweiten August 1492 nach christlicher Zählung, gilt es, erneut eine Heimat zu verlassen.

Dem Edikt der Katholischen Majestäten Ferdinand und Isabella beider Königreiche von Kastilien zufolge darf um Mitternacht des heutigen Tages kein Jude mehr in Spanien sein.

Die Mauren im Süden des Landes wurden besiegt, und nun sind die Juden dran. Nach dem Willen der Inquisition wird Spanien vom morgigen Tag an nur noch reinblütige, gläubige Christen zu Bewohnern haben. Nur wer sich taufen läßt, kann bleiben.

Viele haben sich taufen lassen. Die anderen sind geflohen. Schnell hatte Portugal seine Grenzen geschlossen. Nun eilt alles zu den Häfen im Süden des Landes. Die Preise für eine Überfahrt nach Frankreich oder Italien, nach Marokko oder Tunis verdoppeln sich rasch, steigen und steigen.

Alle Schiffe sind überladen. Ob diese Passagiere jemals ankommen werden – wer weiß das? Die Kapitäne sehen Seeräubern ähnlicher als ehrlichem Schiffsvolk, und diese elenden Kähne können jederzeit Schiffbruch erleiden. Was nicht ertrinkt, wird vielleicht in die Sklaverei verkauft. Wer wird heil und sicher ankommen von den Juden Kastiliens?

Alle sind voll Angst, und ich bin es auch.

Die drei Schiffe aber, die hier vor Anker liegen in Palos, in der Bucht des Rio Tinto, sind in bestem Zustand. Es sind zwei Karavellen und ein »Nao«, ein größeres Fahrzeug, die Capitana, das Flaggschiff des

Verbandes. Trotzdem wirken die Männer, die hier heute abend an Bord gehen, nicht weniger bedrückt und verzagt als die jüdischen Familien in Cadiz, in Valencia und Barcelona. Denn sie wissen nicht, ob sie ihr Ziel jemals erreichen.

Ich aber werde mitfahren. Und der Tag der Verzweiflung ist für mich zugleich der Tag der Hoffnung.

2

Es ist jetzt eine Stunde vor Mitternacht. Wir werden zwar erst morgen auslaufen, aber der Admiral der kleinen Flotte hat Befehl gegeben, daß bis Mitternacht die gesamte Besatzung an Bord zu sein hat. Martin Pinzon, der Kapitän einer der Karavellen, hat dagegen protestiert. Es ist nicht Sitte bei der christlichen Seefahrt, daß man sich schon am Abend davor einschifft. Die Männer wollen von ihren Frauen und Familien Abschied nehmen oder eine letzte Nacht in der Schenke verbringen. Aber der Admiral hat auf seinem Befehl bestanden.

Die Jungen neben mir erzählen, er hätte einen seiner berüchtigten Wutanfälle gekriegt, bei denen sein blasses Gesicht rot anläuft, und in seiner Muttersprache, dem Italienischen, geflucht, daß sich die Balken bogen.

Bei derlei Anfällen wendet sich Kapitän Pinzon meist auf dem Absatz um und geht. Aber er gehorcht. Der Admiral und Pinzon sind einander nicht grün, sagt der eine Junge, und der andere erwidert, ja, aber sie brauchen einander.

Sie grinsen und fragen, was für einen Grund es wohl haben könnte, daß alle Mann heute nacht an Bord sollen.

»Vielleicht, damit sie nicht noch davonlaufen«, sagt der eine und kneift verschwörerisch ein Auge zu.

Sie kommen sich furchtbar schlau vor.

Aber ich könnte mir denken, warum der Admiral seine Schiffe noch heute bemannt haben will. Ich habe mich umgesehen unter der künftigen Besatzung. So manch einer von jenen »reinblütigen, gläubigen Christen« könnte darunter sein, Menschen wie ich, die das Abenteuer des unbekannten Ziels dieser Reise weniger schreckt als das Spanien ihrer Väter.

3

Wir sitzen auf der Mauer am Pier und baumeln mit den Beinen. Die Nacht ist lau, und die Steine des Piers strahlen die Sonne des vergangenen Augusttages ab.

Wir sind zu viert, die »Grumetes«, die Schiffsjungen dieser Flotte. Aber es gibt nur drei Schiffe.

Vorerst haben wir viel Zeit. Die Einschiffung der Männer erfolgt streng nach der Rangordnung. Die Kapitäne, die Schiffseigner und die Navigatoren holen sich jeweils ihre Leute an Bord, manchmal wird jemand ausgetauscht, es dauert. Wir sind ganz unten. Die letzten. Die Jungs für die Dreckarbeit. Ich bin einer von ihnen, ein »Moses«.

»Moses«, sagt einer der Jungen und spuckt aus. »Wie so 'n verdammter Jude wird man gerufen.«

Ich mache ein unbeteiligtes Gesicht. Das habe ich gelernt in diesem furchtbaren letzten halben Jahr: ein unbeteiligtes Gesicht zu machen, wenn man die Juden beschimpft.

Zwei der Jungen sind von hier, aus Palos. Sie kennen die Familie Pinzon, die zwei Kapitäne stellt für diese Reise. Sie fahren nicht das erste Mal zur See, sie sind alte Hasen. Ihre Hände sind grob und schwielig, mit abgebrochenen Fingernägeln, und ihre nackten Füße sind schmutzig und verhornt. Ich trage noch immer Sandalen, weil ich das Barfußlaufen nicht gewohnt bin, und meine Hände haben zwar in der letzten Zeit ein paar Kratzer abgekriegt, aber für einen Schiffsjungen, der mit Tauen hantiert, sind sie viel zu weich und zart.

Die beiden heißen Juan und Pedro, und als sie mich fragten, wie ich heiße, habe ich auch Pedro gesagt. Pedro heißt hier jeder zweite. Als Pedro stehe ich auf der Schiffsliste, Pedro Fernandez aus Zaragoza.

»Zaragoza«, sagt der große Juan. Er ist bestimmt schon sechzehn. »Bist du etwa eine Landratte?«

Ich erwidere: »Ich bin da nur geboren. Mein Vater war Seemann, und ich bin mit ihm gefahren, seit ich denken kann.«

In Wahrheit habe ich das Meer vor einer Woche zum ersten Mal gesehen, als ich mich einschreiben ließ. Dazu mußte ich den Flottenschreiber Rodrigo de Escobedo mit all dem Geld bestechen, das ich noch hatte, und die Empfehlung abgeben, die ich bei mir trug. Und auch dann war noch alles ungewiß. Es ist immer noch ungewiß. Wir sind vier Schiffsjungen für drei Schiffe.

Der dritte Junge stammt aus Moguer, dem Ort, aus dem die Niños stammen, die Eigner des dritten Schiffs. Der Junge heißt Alonso. Er ist vierzehn Jahre alt, dünn und lang, und ich habe von Anfang an einen Widerwillen gegen ihn gefaßt, denn in seiner Hosentasche trägt er, eingewickelt in einen Lederlappen, einen länglichen Gegenstand mit sich herum, von dem er behauptet, es sei der kleine Finger eines Juden, den er sich aus der Asche eines Scheiterhaufens herausgefischt habe. So ein Finger, behauptet er, bringt Glück und schützt gegen Krankheiten, noch mehr als das Amulett mit dem Bild der Heiligen Jungfrau, das er um seinen Hals trägt.

Das mit dem Finger glaube ich einfach nicht, weil ich es nicht glauben kann, und auch die anderen schneiden beziehungsvolle Grimassen hinter seinem Rücken. Aber was offenbar stimmt, ist, daß er schon mit Juan Niño bis zu den Kapverden gesegelt ist. Voll Stolz hat er gleich zu Beginn unserer Bekanntschaft sein Hemd von den Schultern gestreift und die Narben auf seinem Rücken gezeigt, die ihm die neunschwänzige Katze des Profos' verpaßt hat. Auf Niños Schiff wird nicht lange gefackelt, heißt es. Es ist jedoch auf den anderen Schiffen nicht viel anders.

Da sitzen wir und warten. Juan sammelt kleine Steine vom Rand des Piers und wirft damit nach den Hunden, die sich im Hafen herumtreiben. Wenn er trifft, zucken sie zusammen oder drehen sich aufjaulend um, ohne mitzukriegen, woher der Angriff kommt, und Juan bricht in Gelächter aus. Er findet das witzig. Die beiden anderen sind still. Sie haben alle drei Angst vor dieser Reise, aber keiner zeigt es.

»Wißt ihr, daß der Schiffsarzt der Capitana ein Marrane ist, ein getauftes Judenschwein?« durchbricht Alonso die Stille. »Ich kenne den. Der ist aus Moguer, wie ich. Vor einem halben Jahr rannte das krummnasige Vieh noch mit Bart und langem Kaftan herum. Jetzt ist der Bart weg. Aber an der Nase erkennt man sie. Und am Gestank.«

Keiner antwortet. Alle sind zu sehr mit sich und dem Warten beschäftigt, um auf dies sonst so beliebte Thema einzugehen. Ich atme auf. Was den Gestank angeht, sind die drei, so finde ich, kaum zu übertreffen. Ewig nicht gewaschen, und dann noch der Knoblauch vom Abendessen.

Juan schmeißt weiterhin seine Steinchen, und Pedro bohrt in der Nase. Offenbar findet er da oben das nächste verfängliche Problem: »Also«, sagt er. »Das sind drei Schiffe. Und wir sind vier Grumetes. Wie soll das denn nun gehen?«

Alonso zuckt mit den Achseln. »Was ihr macht, ist mir egal«, sagt er gleichmütig. »Ich jedenfalls fahr auf der *Niña.* Juan Niño ist mein Schiffsführer und Yañes Pinzon mein Kapitän.«

»Ich geh zum zweiten Pinzon, auf die andere Karavelle«, entscheidet sich Juan. »Da beißt die Maus keinen Faden ab. Und außerdem tun dort die Quinteros Dienst. Mein Vater, bevor er starb, ist immer unter den Quinteros gefahren. Die sind da Schiffsführer und stellen den Bootsmann. Die nehmen mich.«

»Die andere Karavelle« – das ist die *Pinta,* das Schiff Martin Pinzons. Ich habe mich gleich zu Anfang blamiert, als ich von drei Karavellen redete. Jetzt weiß ich natürlich längst, daß das dritte ein »Nao«, ein Vollschiff ist, schwerfälliger als die beiden anderen. Man sagt, es würde bockig unter Segel gehn. Es hieß einmal »Gallega«, doch nun hat der Admiral es umbenannt.

»Bleiben also wir zwei Pedros fürs Flaggschiff«, sage ich und bemühe mich, so lässig mit den Beinen zu baumeln wie die anderen.

Schweigen. Dann sagt der andere Pedro: »Keine Ahnung, warum die Capitana zwei Schiffsjungen braucht. Oder soll einer von uns dem verrückten Genuesen den Hintern putzen?«

Wir messen uns mit Blicken. Dieser Pedro ist bullig und vierschrötig, mit kleinen Augen unter geraden Brauen. Die Stimmung ist nicht gut. Ich versuche sie zu entschärfen, indem ich lache. »Abwarten«, sage ich. »Wird sich schon irgendwie einrenken.«

»Mir egal«, sagt mein Namensvetter. »Mir ganz egal, was du machst. Ich bin von hier, aus Palos, und Martin Pinzon hat mich geworben, und ich fahr mit bei ihm.« Er sieht kurz Juan an, doch der schweigt. »Das sage ich euch«, fährt Pedro also fort. »Ich hab genau hingehört, was Señor Pinzon gesagt hat. Da, wo wir hinfahren, da ist das Goldland. Da decken sie sogar ihre Häuser mit goldenen Ziegeln, weil es für sie nichts wert ist, so dumm sind sie. Wir kommen alle als gemachte Leute zurück. Reich werden wir sein. Dann hat sich's ausgeschuftet.« Er schnauft heftig.

»Klar«, sagt der lange Alonso mit den Peitschennarben. »Wenn wir zurückkommen«.

Und dann ist da wieder das Schweigen, noch dicker als vorher. Mein Herz klopft vor Aufregung so im Hals, daß es weh tut. Bloß keine Auseinandersetzung, bloß keine Prügelei! Aber zum Glück haben sie anderes im Kopf. Juan reckt den Hals und sagt: »Zeit, mal ein bißchen näher ranzugehen. Diensteifer macht sich immer gut. Also los, im Namen der Jungfrau und aller Heiligen.«

Die drei hopsen von der Mauer und bekreuzigen sich flink und gekonnt, und ich bemühe mich, es ihnen gleichzutun.

4

Wir bahnen uns einen Weg durch all das Volk, das am Pier herumsteht. Der Hafen ist voller Leute. Frauen hängen am Hals ihrer Männer und heulen. Ihre schlafenden Kinder tragen sie im Tuch auf dem Rücken. Die Kerle stehen in der Schlange und machen bärbeißige Gesichter, um nicht zu zeigen, wie mulmig ihnen ist.

Ich gehe durch diese Szenen hindurch, ohne von ihnen angerührt zu werden. Ich habe andere Abschiede gesehen im letzten halben Jahr, und andere Schmerzen. Niemand von denen hier geht gezwungen zu Schiffe. Sie wollen alle das Gold holen, das Gold aus Indien.

Zusammen mit den drei Jungen stelle ich mich hinten an. Inzwischen ist mir schlecht vor Aufregung.

Jetzt kann ich den Admiral sehen. Mit dem Flottenschreiber Rodrigo de Escobedo, der mich in die Liste aufgenommen hat, und einem der königlichen Beamten sitzt er zwischen vier großen Blendlaternen aus Horn an einem Tisch. Sein weißes Haar quillt unter der Kappe hervor und leuchtet im Licht. Der Admiral soll schon mit dreißig weiße Haare gehabt haben.

Die Liste liegt vor ihm auf dem Tisch. Diese Liste ist für ein Schiffsverzeichnis sehr genau, denn die angeheuerten Seeleute stehen schließlich im Dienst der Krone. Da wird kein Maravedo zuviel ausgegeben und sorgfältig Buch geführt.

Trotzdem hat es nie etwas Verlogeneres gegeben als diese Listen. Ich bin dafür nicht das einzige Beispiel, nehme ich an. Aber ein naheliegendes.

In diesem Schriftstück steht, daß ich Pedro Fernandez heiße, aus Zaragoza stamme und in altchristlichem Haus geboren wurde. Ich bin aber jüdisch und nicht einmal, wie die anderen »Beispiele« der Liste, zum Schein getauft. Ich stamme auch nicht aus Zaragoza, sondern aus Cordoba. Und ich heiße nicht Pedro Fernandez, sondern Esther Marchadi. Das ist die Lüge, die ich allen anderen voraus habe: Ich heuere als Schiffsjunge an und bin ein Mädchen.

5

Solange keiner auf die Idee kommt, daß ich mich ausziehen soll, kann ich das gut verbergen. Ich bin für meine sechzehn Jahre viel zu mager, habe Knabenhüften und so wenig Busen, daß er sich ohne weiteres unter einem weiten Hemd verstecken läßt, und das, was ich in der letzten Zeit durchgemacht habe, hat mich noch dürrer gemacht. Mein langes Gesicht mit den dichten Augenbrauen und der großen Nase ist hohlwangig geworden. Ich sehe aus wie jeder andere der halbverhungerten Straßenbengel in Palos oder Moguer. Die haben auch so krauses, schwarzes, kurzgeschnittenes Haar wie ich, so eine braune Haut, so dunkle Augen. So sieht man aus als reinblütiger Kastilier.

Als Mädchen bin ich ein häßlicher Vogel. Als Junge mag es angehen. Jedenfalls entlarvt mein Körper mich nicht. Meine Hände und Füße, ja, die sind verräterisch. Meine Gesten. Meine Sprache. So rede ich wenig und halte mich zurück.

6 Die Brüder Pinzon, die Kapitäne, stehen vor den Bretterstegen, die zu ihren Schiffen führen, und nehmen ihre Mannschaften gleichsam Stück für Stück in Empfang, mustern sie an. Wir sind jetzt nah genug heran, um alles genau zu sehen. Die Pinzons stehen zur Rechten und zur Linken des Admirals. Martin, der ältere und das Haupt des Seefahrerhauses, hat einen schiefen, hochmütig verkniffenen Mund, der sich wie eine Narbe durch das dunkle Bartgestrüpp schlängelt, und zusammengewachsene Augenbrauen. Er sieht hart und überheblich aus. Ich habe gehört, daß man sich auch unterm Kommando des jüngeren, freundlicheren, lockenhaarigen Yañez Pinzon solche Peitschennarben holen kann, wie sie Alonso hat, so weiß ich nicht, ob der im Grunde genommen der Bessere ist.

Neben dem Admiral befindet sich, als dessen Mund, der Eigner des Flaggschiffs, Juan de la Cosa, ein grauhaariger Mann aus dem Baskenland mit einer breiten Nase und Stiernacken. Er macht ebenfalls ein grimmiges Gesicht. Vorhin habe ich gehört, daß er eine Wut auf den Admiral hat, weil der ihm gesagt haben soll, sein Schiff sei eigentlich zu plump für Erkundungsreisen wie die geplante, und er habe es nur genommen, weil kein anderes zur Hand war.

Meine Kameraden zerreißen sich im Flüsterton das

Maul über ihn. »Ein Ausländer an der Spitze einer Capitana! Wo gibt's denn das! Hergelaufene Basken, getaufte Juden, Portugiesen, Venezianer, Lumpenpack! Der Admiral selbst nur ein Genuese! Und so was will uns reinblütigen Andalusiern Befehle geben! Ein Glück, daß wir auf ›unsere‹ Schiffe gehen!«

Das war mal wieder Alonso, der große Fremdenhasser, und Juan stimmte zu: »Auf der *Pinta* und der *Niña* geht das meiste in Ordnung. Andalusische Seefahrer von altem Schrot und Korn, sagt mein Onkel. Die Pinzons, die Niños, die Quinteros.«

Pedro nickt verbissen und wirft den beiden scheele Blicke zu. Er wird ja wohl auf das »unsaubere Ausländerschiff« müssen. Mit mir ...

»Wißt ihr was?« sagt er mit zusammengebissenen Zähnen. »Man sollte ihnen allen, wie sie da sind, die Hosen herunterziehen und nachgucken, ob sie in Wirklichkeit nicht beschnitten und gottverdammte Judenschweine sind, Marranen und Conversos!«

Vor Schreck schnappe ich nach Luft. Ich muß husten und fluche mit einer Stimme, die eigentlich atemlos ist, aber die ich so kratzig zu machen suche wie die dieser Jungen: »Hombre! Das würde ja was geben! Soviel nackte Ärsche würden den Mond verdunkeln!«

Sie lachen über meinen »Witz«. Mir ist heiß. Mir ist schlecht.

Gleich sind wir dran. Die letzten. Vor mir das weiße Gesicht des Admirals und sein silberleuchtendes Haar.

Es ist jetzt überall still. Die Männer auf den Schiffen stehen an der Reling und sehen hinüber zum Kai, und auch die Angehörigen, die Frauen und Kinder, die Brüder und Väter sind ganz lautlos. Die Kinder hängen an den Schürzenbändern ihrer Mütter oder sind in deren Armen und Umschlagtüchern eingeschlafen. Die Frauen haben ihre Schleier bis zu den Augen gezogen.

Von der Kirche San Jorge schlägt es elf Uhr.

»Nun noch die Grumetes, Euer Gnaden«, sagt der Schreiber. Auch er redet leise. »Juan Molino zu Don Martin. Alonso Esposito ist schon mit Don Yañez gefahren. Bleiben zwei Pedros für Euer Gnaden Schiff.«

»Zwei Pedros, wie ungünstig«, sagt der Admiral. Er spricht das Spanische mit einem leichten Akzent. »Tauschen wir einen aus. Überhaupt, wozu braucht das Schiff zwei? Der Platz ist ohnehin knapp bemessen.«

»Das ist wahr«, sagt Rodrigo de Escobedo, in dessen Tasche meine Maravedis gewandert sind, ohne mich anzusehen, und zückt die Feder, die ihm hinterm Ohr steckt, um sie ins Tintenfaß zu tauchen. »Streichen wir den einen Pedro. Aber welchen?«

Der Admiral, der bisher mit seinen Handschuhen gespielt hat, hebt den Blick und sieht uns an. Seine Augen, die grau sind, grau wie Wolken, grau wie der Ozean, den er durchschiffen will, Augen, wie ich sie noch bei keinem Menschen gesehen habe, wandern zwischen mir und dem anderen Pedro hin und her. Mir ist merkwürdig zumute. Ich ziehe die Luft ein und höre, daß es ein pfeifendes Geräusch gibt. Und dann entdecke ich entsetzt, daß ich einen Schritt vortrete und etwas sage, genau in diese grauen Augen hinein, die mich zu fesseln scheinen. Ich sage: »Gelobt sei der Herr. Ich kann lesen und schreiben, auch auf lateinisch.«

Die grauen Augen sind ohne zu blinzeln auf mich gerichtet, und ich schlage die Lider nicht nieder.

»Das kann ich auch«, sagt Rodrigo, der Flottenschreiber. »Dazu wirst du nicht benötigt, Bürschchen.« Und die anderen lachen, nur der Admiral nicht. Dann sagt er: »Vielleicht könnte er mir von Nutzen sein, als mein persönlicher Diener oder Page, Don Rodrigo. Nehmen wir beide. Aber tauschen wir den anderen Pedro aus, damit wir nicht durcheinanderkommen. Mag er auf die *Niña* gehen. Wir nehmen den da. Diesen Alonso.«

Ich verbeuge mich tief und will die Hand des Admirals küssen, aber er hat sich schon abgewendet und geht. Er als einziger verbringt die Nacht auf dem Land, wie es heißt, im Gebet im Kloster La Rabida.

Gemeinsam mit Alonso laufe ich über die Bretter zum Schiff hoch. Ich höre, wie er hinter mir schnauft vor Ärger und Enttäuschung. Es wird nicht leicht sein, mit ihm zusammen auf so engem Raum. Sicher wird er es mich entgelten lassen, daß er nicht bei seinem geliebten Yañez Pinzon ist. Aber das kümmert mich nicht. Jetzt noch nicht.

Ich bin in Sicherheit. Eine Stunde vor dem Inkrafttreten des mörderischen Vertreibungsedikts gegen die Juden habe ich den Boden Spaniens verlassen und bin an Bord eines Schiffes. Ich, ein jüdisches Mädchen, bin an Bord der *Santa Maria,* des Flaggschiffs von Admiral Christophorus Columbus.

7

Das erste Mal betrete ich die Planken eines Schiffes. Wenn das die anderen wüßten, all diese Fahrensmänner mit den dunkel gebräunten Gesichtern, dem goldenen Ohrring, der roten Wollmütze und dem Sack mit den Siebensachen auf der Schulter. Auch wenn sie bisher nur bei der Küstenschiffahrt tätig waren und immer so gesegelt sind, daß sie das Land im Auge behalten konnten: Jeder weiß Klüver von Staak und Brahm von Besan zu unterscheiden und kennt sich aus mit allem, was an Bord zu tun ist. Ich habe gar keine Ahnung. Ich habe mir nur aus Büchern und Bildern eine Vorstellung gemacht und versucht, es so zu lernen, wie man an Land schwimmen lernen kann, und hoffe nur, daß mir keine allzu groben Schnitzer unterlaufen. Ich möchte weder ausgepeitscht noch kielgeholt werden.

Nun habe ich die erste Hürde überwunden. Mit etwas Mut und viel Glück bin ich da, wo ich bin. Als Page des Admirals komme ich vielleicht um die Arbeit der Seeleute herum ...

Ich stehe da, und mir ist, als sei mir ein ganzer Berg vom Herzen gefallen. Dabei weiß ich doch, daß der überwundenen großen Schwierigkeit hundert kleine folgen werden. Jeden Tag, jeden Moment aufs Neue.

Um mich herum entwickeln all diese Männer eine wilde Geschäftigkeit, auf die ich mir keinen Reim machen kann. Sie laufen hin und her, rufen sich Scherzworte oder Grobheiten zu, fluchen in verschiedenen Dialekten, rempeln sich gegenseitig an und stoßen mich hin und her.

»He!« höre ich, »steh nicht herum, Bengel!« Das war andalusisch. »Räum die Trosse da aus dem Weg!« schreit wer anders mit baskischem Akzent. Trosse? Was für eine Trosse? »Willst du hier Wurzeln schlagen, Rotznase?«

Langsam kriege ich mit, was sie machen. Sie suchen sich Schlafplätze, und zwar die jeweiligen »Landsmannschaften« für sich. Ein Andalusier wird unter Verwünschungen aus einer Ecke vertrieben, die die baskische Fraktion für sich erobert hat, eine Gruppe von vier finster aussehenden Kerlen, die gar nichts sagen, macht sich mittschiffs breit: Sie haben lange Entermesser im Gürtel.

Alle sind offenbar gegen alle. Schlafplätze für fünfzehn Mann – der Rest ist, wie ich höre, die erste Wache und untersteht den Anordnungen eines Rothaarigen mit breiten Schultern namens Chachu, der, genau wie der Schiffsführer, baskisch spricht. Offenbar der Maat. Er teilt mit Vorliebe Andalusier zur Arbeit ein. Alonso hat gleich zu tun, er muß den Ausguck entern und wirft mir von da oben böse Blicke zu.

Eine Gruppe schwarzgekleideter Standespersonen kämpft sich einen Weg zum Achterkastell – nicht, daß die Seeleute auf diese Herren irgendwie Rücksicht nehmen würden. Ich habe eher das Gefühl, man rammt ihnen mal mit Absicht den Ellenbogen in die Seite. Unter denen ist auch der mir wohlbekannte Flottenschreiber Escobedo, der mich nicht mehr »kennt« – zum Glück.

Ich sende ein Stoßgebet zum Gott meiner Väter. Mit all diesen Männern werde ich auskommen müssen. Ich muß genau Bescheid wissen über ihre Tätigkeiten und Aufgaben. Nur so habe ich die Chance, nicht aufzufallen. Nicht auffallen ist alles. Dann kann ich ihnen vielleicht aus dem Weg gehen, mich einordnen.

Inzwischen, so merke ich nun, sind die Schlafplätze wohl alle schon vergeben. Jedenfalls die guten. Dies kleine Schiff – dabei ist es größer als die anderen – hat keine Kajüten für Matrosen. Das wäre Verschwendung. Man breitet sich aus, wo man gerade Platz findet. Und wer stark ist, kann sich mehr ausbreiten. Der Rest muß vorlieb nehmen. Natürlich kann man sich unter Deck auf die Ladung legen, aber da unten ist die Luft zum Schneiden. Solange es warm ist und nicht regnet, bleibt man lieber oben. Bloß, was hier alles herumliegt! Taue, Rollenzüge, aufgewickelte Ersatzsegel, Trossen, Wasserpumpen, Fässer, deren Inhalt ich nicht kenne, Anker und Ankerwinden. Alles drängt sich um die Schiffsluke in der Mitte zusammen, und ich merke auch, weshalb: Das ist die einzige ebene Fläche. Das Deck ist gewölbt wie ein Eselsrücken. Wer am Rand liegt, läuft ständig Gefahr, herunterzurollen und nur vom Schiffsbord vor einem Sturz ins Wasser bewahrt zu werden. Und genau das blüht mir. Denn alles andere ist besetzt.

Ich lege mein kleines Bündel hinten an den Wanten ab. Es soll mir als Kopfkissen dienen. Mehr habe ich nicht. Meine Füße werde ich gegen eine Taurolle stemmen, um nicht abzurutschen.

Die meisten haben in ihren Seesäcken Matten und einen Mantel, mit dem sie sich zudecken. Noch ist es warm. Viel zu warm sogar. Ich versuche mich auszustrecken, so gut es geht, verschränke die Arme unterm Kopf und blinzele zum gestirnten Himmel hinauf.

Um mich herum reden die Männer. Kaum einer wird in dieser überhitzten Nacht vor dem Beginn der großen Reise viel Schlaf finden. Sie reden vom Goldland, das sie erwartet und Indien heißt. Ihre Seesäcke werden prall gefüllt sein mit rotem Gold, wenn sie zurückkehren. Deshalb nehmen sie das Wagnis der Reise auf sich.

Ich will auch nach Indien. Aber ich suche dort kein Gold. Und mir will scheinen, als wenn noch ein paar andere an Bord dieser Schiffe etwas anderes suchen als Gold. Vielleicht ist auch der Mann aus Genua darunter, Cristophorus Columbus, den sie hier in Spanien Cristobal Colon nennen. Der Admiral des ozeanischen Meeres mit den Augen aus Wolken und See.

Ich weiß, daß ich nun ganz schnell einschlafen muß, einschlafen auf eine Weise, die verhindert, daß vor dem Schlaf die Bilder der Erinnerung kommen und mich bis in meine Träume verfolgen. Denn mit diesen Bildern kann man weder schlafen noch wachen. Sie dürfen nicht heraus. Ich muß sie ganz fest wegstecken. Sie stecken in meinem Bündel, auf dem ich liege, dem Bündel, das fest verschnürt ist. Sie liegen auf dem Grund des Meeres und kommen nie wieder hoch. Sie sind klaftertief vergraben in einem Weinberg, und ein großer Stein wurde über die Stelle gewälzt.

So ist es recht, Esther, rede ich mir zu. Du lebst, du atmest. Der Herr hat dich gerettet. Gelobt sei der Name unseres Gottes. Boruch atto elohenu.

Dann zähle ich, bis der Schlaf kommt. Wenn ich zähle, muß ich an nichts anderes denken. Ja, ich schlafe ein.

8 Ich fahre auf. Das ist eine Glocke! Die Armesünderglocke, die geläutet wird, wenn die Opfer der Inquisition den Scheiterhaufen besteigen, dies elende, Entsetzen verbreitende, monotone Bimmeln. Und ich rieche den Rauch! Sie werden brennen, alle werden sie brennen!

Im letzten Moment unterdrücke ich den Schrei, der sich aus meiner Kehle den Weg ins Freie bahnen will, indem ich beide Hände gegen den Mund presse. Du darfst dich nicht verraten, Esther! Niemals, hörst du? sagt mein Vater.

Dann sehe ich den Streifen Morgenröte am Himmel und die verblassenden Sterne über mir. Der Rauchgeruch zieht von der offenen Feuerstelle am Heck her, dem »Herd«. Und die Glocke ist keine Armesünderglocke, dic eine Ketzerverbrennung einläutet, sondern die Schiffsglocke der Wachablösung. Ich bin an Bord der *Santa Maria*.

Eine schrille Männerstimme quäkt: »Gesegnet sei der Seele Grund – Bewahrt vom Herrn zu jeder Stund – Gesegnet sei der neue Tag – Und Gott, der dieses Werk vermag.«

Alles um mich herum liegt schon auf den Knien, um das Vaterunser und das Ave Maria zu sprechen, und ich beeile mich, es den anderen gleichzutun. Nur nicht auffallen!

Mir tun alle Glieder weh. Natürlich bin ich im Schlaf bis zur Bordwand hinuntergerollt, Arm und Bein überm Wasser schwebend. Die Taurolle, gegen die ich meine Füße gestützt habe, ist weg. Sicher hat sie jemand als Kopfkissen benötigt. Mein Bündel haben sie auf mich geschmissen.

Ich habe kaum Amen gesagt und mich bekreuzigt, als mir jemand unsanft den Fuß in die Rippen stößt.

»Steh auf, Faulenzer. Das ist deine Wache«, sagt mein »Kumpan« Alonso. Sein Gesicht ist vor Müdigkeit blaß unter den Sommersprossen. »Ich hab die Sanduhr nochmal umgedreht, obwohl das eigentlich schon deine Arbeit gewesen wäre. Paß bloß auf, daß du das nicht vergißt! Los, mach Platz.«

Ohne zu fragen setzt er sich auf mein Bündel. In der Hand hält er ein Stück Hartkäse und eine Sardine drauf, offenbar das Frühstück. Er kaut und schmatzt.

Soviel weiß ich schon, daß der Dienst auf einem Schiff in drei Zeitabschnitte eingeteilt ist. Jeweils sechzehn Mal muß ich die Sanduhr also drehen, dann ist ein anderer Teil der Mannschaft dran, das Schiff zu führen. Hoffentlich verzähle ich mich nicht! Es würde Hiebe setzen, und nicht zu knapp, wenn die gerade diensttuende Schicht länger als nötig schuften müßte.

Indessen psalmodiert die Quäkstimme: »Gott gebe uns gute Tage, gute Reise, gute Fahrt auf dem Schiff, dem Herrn Kapitän und den guten Fahrtgenossen. Laßt uns eine gute Reise machen, ihr Herren vom Achterschiff und auch ihr Herren vom Vorschiff.« Offenbar werde ich das so jeden Morgen zu hören bekommen.

Natürlich sind noch andere Leute an Bord, die, so wie wir Grumetes, ganz unten sind in der Schiffshierarchie. Es sind die Peones oder Handlanger, Männer, bei denen es nicht zum Vollmatrosen reicht, und die die Dreckarbeit zu tun haben – wieviel es davon gibt, kann ich mir im Augenblick noch gar nicht vorstellen. Das sind die, die nicht mal einen fachmännischen Knoten knüpfen oder ein Segel zu reffen gelernt haben, Leute, die nur Anweisungen ausführen. Einer davon hat es offenbar soweit gebracht, daß er diese Sprüche herunterleiern kann. Ich habe vor diesen Peones die meiste Angst. Weil alle auf ihnen herumtrampeln, werden sie Ausschau halten nach jemandem, den sie ihrerseits nun an den Haaren ziehen, in den Hintern treten oder ohrfeigen können. Und das sind die Schiffsjungen, ganz klar.

Zum Glück schenkt mir niemand Aufmerksamkeit,

und ich werde mich hüten, mich irgendwie bemerkbar zu machen. Ich habe auch keinen Hunger, muß mich also nicht beim Proviantmeister anstellen, um Viscocho mit Knoblauch oder Käse und Sardinen in Empfang zu nehmen. Erst mal nicht. Nur der Durst quält mich. Die Wasserfässer stehen unter Deck, im Laderaum, der Bodega. Die richtigen Seeleute haben alle irgendeinen verbeulten Topf in ihrem Gepäck, um damit Wasser zu schöpfen oder Suppe zu nehmen. Ich natürlich nicht. Also hänge ich mich in einem unbewachten Moment mit dem Mund an den Hahn im Spundloch des Wasserfasses und trinke in langen Zügen. Noch ist das Wasser frisch und kühl, noch ist es trinkbar.

Oben an Bord geht irgend etwas vor, ich höre Kommandos und das schnelle Trappen vieler nackter Füße. Ich husche zur Luke und steige aufatmend durch die stickige und heiße Luft nach oben.

Gerade stecke ich den Kopf aus der Luke, um zurechtzukommen zum großen Augenblick. Die Pfeife des baskischen Maats schrillt in meinem Ohr, und vor mir sehe ich die nackten knorrigen Waden der Männer, ihre schwarz zerfressenen hornigen Füße. Jeder steht an seinem Posten. Schnell wie ein Geist schlüpfe ich hinter den großen Haufen Taue seitlich.

Juan de la Cosa, der Schiffsführer, mit gezogener Mütze, empfängt den Befehlshaber, während der Maat trompetet: »Almirante a bordo!« – Admiral an Bord.

Don Cristobal hat Sinn für große Auftritte. Er trägt einen leuchtendroten Samtmantel und hat nach Art der Genuesen eine Goldkette mehrfach lose um den Hals geschlungen. In der Hand hält er das christliche Symbol des Rosenkranzes, dessen Perlen unablässig durch seine behandschuhten Finger gleiten, als bete er. Sein weißes Haar quillt unter einem mit Medaillen verzierten Barett hervor. Ich bin offenbar nicht das einzige Mitglied seiner Schiffsbesatzung, das ihn in diesem Moment mit einer Art von Schauer betrachtet. Es ist etwas um ihn, was man nicht beschreiben kann, und diese wahrhaftig nicht feinsinnigen Kerle spüren es genauso wie ich.

Columbus geht zur Popa, zum erhöhten Achterdeck des Admiralsschiffs vor und sagt, ohne seine Stimme zu erheben: »Im Namen Gottes, setzt Segel.«

Ja, er spricht leise. Aber seine Stimme ist überall zu vernehmen, und offenbar ist sie auch auf den beiden Karavellen vor uns am Pier vernommen worden.

Die Schiffsführer geben ihre Befehle. Die Leute stecken die Spaken in die Gangspille und beginnen die Anker einzuholen. Die Taurollen in den Blöcken kreischen wie Seevögel, als die bleichen riesigen Leinwandmassen der Segel hochsteigen und am Mast das Banner der Expedition gehißt wird: ein weißes Seidentuch, auf dem ein grünes Kreuz steht, dazu die Initialen der Majestäten, von goldenen Kronen überwölbt. Unter dem rhythmischen Singsang der Matrosen, der alle ihre Verrichtungen begleitet, lösen sich die Schiffe träge von der Kaimauer.

Aber die Segel hängen schlaff, und das Banner entfaltet sich nicht. Es herrscht Windstille. Müde treiben die Schiffe mit der Strömung den Rio Tinto herunter und passieren die Sandbänke von Saltes.

»Weg da, Junge«, sagt irgendwer zu mir. Wieder werden Befehle gegrölt. Man macht die großen Langruder klar, um damit durch die Flußmündung zu lavieren.

»Kein gutes Zeichen, so eine Ausfahrt«, knurrt einer neben mir. »Tag der Möwe.«

Er sieht nicht unfreundlich aus, ein sehniger junger Bursche mit dichtem Haarschopf, einer der Basken, seiner Aussprache nach zu urteilen.

Ich fasse mir ein Herz. »Was ist das, Señor?« frage ich. »Was bedeutet ›Tag der Möwe‹?«

Er mustert mich von der Seite, während er irgend etwas mit dem Tauwerk macht, was ich nicht verstehe –

es sieht sehr fachmännisch aus. »Bist du eine Landratte?« fragt er zurück, aber die Frage hat nicht den bösartigen Unterton, den sie bei den Schiffsjungen hatte, und er wartet auch meine Antwort nicht ab, sondern erklärt: »Wenn der Himmel ohne Wind und das Meer ohne Wellen ist, dann können die Möwen ihr Geschäft verrichten: Sie bauen auf dem Wasser draußen ihre Nester aus den Büscheln der Algen. Nichts rührt sich. Flaute, verstehst du. Und ein Freitag ist es außerdem noch. Wenn das nur gut geht!« Er kraust die Stirn und wendet sich wieder den Brassen zu.

Ich drehe den Hals und sehe mich nach dem Admiral um. Er steht unbeweglich auf der Popa. Die Schwüle dieses drückenden Tages, die sich schon so früh am Morgen bemerkbar macht, scheint sich in seinem roten Mantel zu fangen, als wäre es ein Feuer. Er gibt keine Befehle. Die Kapitäne der Karavellen höre ich, wie sie ihre Fahrzeuge vorsichtig in den engen Flaschenhals hineinmanövrieren, der zwischen den mit Pinien bewachsenen Sanddünen hindurchführt. Der Piloto Mayor unseres Schiffs, der Navigator Peralonso, steht am Steuerrad. Offenbar folgt er den Bewegungen der Karavellen, die voraus fahren. Auf unserer *Santa Maria* werden im Moment keine Kommandos gegeben. Juan de la Cosa schweigt, vielleicht, weil er erwartet, daß der Admiral die Anweisungen gibt. Und der Admiral? Er steht und sieht nach vorn.

Und dann tritt das Land zurück, und vor uns erstreckt sich eine bleigraue, glatte Fläche, soweit das Auge blickt. Vor uns liegt, in der lodernden Hitze des frühen Augusttages wie in einer Umklammerung hingeduckt, das ozeanische Meer.

Ja, es ist dumpf und drückend. Alle sind still. Die meisten haben sicher Furcht. Und was im Kopf des Admirals vorgeht, das weiß nur er allein. Aber ich bin eingetreten in eine neue Freiheit, ein neues Leben.

Spanien, das Land, das mich nicht will, hat mich ausgespien. Es hat mehr von den Meinen vernichtet, als in einem Krieg umgekommen wären. Aber ich bin draussen. Noch einmal hat es sich ganz eng, bedrohlich eng an mich herangemacht. Kein Wind. Und ein Kanal, so schmal, als wolle es uns nicht loslassen, sondern zurückholen in seine tödliche Umarmung. Ich aber bin entronnen.

Ich kann neu beginnen.

9

Was für ein Tag, und was für eine Nacht! In diesen vierundzwanzig Stunden habe ich mir wohl hundertmal gewünscht, an Land geblieben zu sein – oder zu sterben. Ich wußte nicht, daß es einem so elend gehen kann.

Noch ist der flache Küstenstreifen in Sicht, da ist es schon vorbei mit dem »Tag der Möwe«. Eine leichte Brise kommt auf, und die Besatzung jubelt. Ich höre, wie das Schiff zu leben beginnt. Die Segel und Spieren summen und ächzen, das Holz der Planken knarrt. Die *Santa Maria* singt ihr Lied.

Mir will scheinen, daß an Bord ein wildes Durcheinander herrscht. Offenbar weiß niemand genau, wo was ist, tausend Kleinigkeiten sind zu erledigen, die Männer rempeln sich an, behindern einander und fluchen herum, Befehle werden gebrüllt. Ich habe meine Aufgabe. Ich muß die Sanduhr im Auge behalten. Außerdem hat der Baske, mit dem ich vorhin geredet habe, Dienst an der Feuerstelle. Er scheint so was wie der Schiffskoch zu sein und kocht die einzige warme Mahlzeit, die es hier pro Tag gibt. Es sind Kichererbsen mit Hammelknochen heute, und ich weiß, daß ich da Glück habe. Heute kann ich mitessen. Wenn sie an das gepökelte Schweinefleisch gehen, das sie in einer Tonne in der Bodega mitführen, wird mir eine Ausrede einfallen müssen, denn nach unseren Speisegesetzen darf ich kein Schweinefleisch essen. Aber darüber muß ich mir heute noch keine Gedanken machen. Der Baske hat mich angestellt, das Feuerholz für ihn zu zerkleinern und im Suppentopf zu rühren – eine leichte Arbeit, die ich gern tue. Ich freue mich sogar aufs Essen, bis – ja bis ich einen Blick auf die beiden anderen Schiffe werfe.

Die Brise hat aufgefrischt. Seitlich von uns sehe ich die *Pinta* und die *Niña*, zwei schwarzverpichte Nußschalen, überwölkt von ihren Segeln auf der Dünung tanzen, als wollten sie gleich davonfliegen. Und da spüre ich es das erste Mal in meinem Magen. Wir tanzen ja genauso. Bisher habe ich mich amüsiert über die Bewegungen der riesigen Schaukel, auf der wir uns befinden, habe lachend meine Bewegungen ausbalanciert, mich im rechten Moment festgehalten, wenn es nach unten ging, die Beine gespreizt, um die Fahrt nach oben auszureiten. Bisher ging alles gut. Aber auf einmal habe ich einen schrecklich trockenen Mund, ich muß krampfhaft schlucken, und in meinem Bauch scheint sich was zu verknäulen.

Der Baske – er heißt übrigens Garcia – beobachtet mich von der Seite. »Na, Junge, geht's noch ?« Ich nicke. Er grinst gutmütig. »Da kommt keiner drum herum, der das erste Mal mitfährt. Und auch die alten Hasen erwischt es hin und wieder. Mal de Mar, die Seekrankheit. Es heißt, sie verläuft in zwei Abschnitten. Beim ersten Abschnitt fürchtet man, zu sterben. Im zweiten hofft man, endlich tot zu sein.«

Ich lächle ungläubig. Noch kann ich lächeln. Garcia verzieht die Mundwinkel. »Sieh mal da, unsere hohen Herren Passagiere!« sagt er und deutet nach Lee.

Unsere hohen Herren Passagiere! Zwei Männer in vornehmer Kleidung, dunkel gewandet im Gegensatz zu den hellen leinenen Hemden der Mannschaft, hängen über der Reling und speien sich die Seele aus dem Leib.

»Wer ist das?« frage ich schwach, während ich gegen meinen rebellierenden Magen ankämpfe. »Der königliche Beamte, der Polizeimeister, den der Admiral angeschleppt hat – er soll der Vetter seiner Konkubine sein, heißt es – und ein gewisser Don Gutierrez vom Hof, von dem keiner weiß, was er eigentlich hier zu suchen hat. Ach, und jetzt kommt auch noch der Dolmetscher dazu!«

Garcia kennt sich bestens aus. Aber ich kann schon nicht mehr richtig zuhören. Ich presse beide Hände gegen den Mund und taumele ebenfalls zur Reling.

An den Rest des Tages kann ich mich nur noch verschwommen erinnern. Es ist unerträglich, und am schlimmsten wird es, wenn ich zusehe, wie die anderen essen. Mein Magen hängt in mir wie an Stricken. Ich erbreche nur noch grüne Galle, werde von Krämpfen geschüttelt vor Übelkeit und Kopfschmerzen, kann kaum aus den Augen sehen. Ein Häufchen Elend, hocke ich im Schatten des Brahmsegels und wiege mich hin und her. Die anderen spotten, aber ihr Spott hält sich in Grenzen. Die kennen das wohl alle, und hin und wieder sehe ich auch einen der Matrosen, eine Hand auf den Mund gepreßt, die andere auf den Bauch, zum Schiffsbord schleichen. So recht wohl geht es anscheinend niemandem. Wie von fern höre ich, wie sie Ratschläge austauschen – jeder hat ein anderes Allheilmittel gegen die Krankheit, jeder schwört auf seines. Das geht vom Salzlake-Trinken bis hin zum Vaterunser-rückwärts-Beten. Einer sagt, man solle die Daumen ganz fest zwischen mittleren und Ringfinger pressen, bis zwanzig zählen und dann loslassen. Ich probiere es aus und bilde mir ein, daß es tatsächlich das Übel ein bißchen lindert. Aber dann überkommt es mich wieder, daß mir schwarz vor Augen wird.

Bei all dem habe ich es geschafft, die Sanduhr rechtzeitig zu bedienen, auch wenn ich jedesmal gefürchtet habe, umzukippen. Mitleidig hat Diego, der Despensero, der Proviantmeister, ein bereits graubärtiger Mann, der meinen Zustand sah, an meiner Stelle das Ausrufen des »Glases« übernommen. Er ist es auch, der mich drängt, etwas zu essen. »Damit du wenigstens was hast, was du auskotzen kannst«, sagt er gelassen. »Und außerdem, dir wird davon besser. Auch wenn du es nicht glaubst.«

So würge ich ein Stück Vizcocho herunter, diesen ungesäuerten und durch Salz haltbar gemachten Brotfladen, und greife dann begierig nach dem Bojito, dem Tonkrug, den er mir hinhält, hebe ihn über mein Gesicht und lasse mir den Wasserstrahl aus der Entfernung in den Mund laufen. Zum Glück habe ich das im letzten halben Jahr schon gelernt. Es schmeckt merkwürdig, und dann merke ich, daß der Proviantmeister das Wasser mit dem starken gelben Wein vermischt hat, der auch an Bord ist, und ich bin ihm dankbar, denn wirklich fühle ich mich nun ein kleines bißchen besser – bis ich das nächste Mal an die Reling rennen muß.

Mittags ist meine Wache zu Ende, und ich muß mich nicht mehr um das Stundenglas kümmern. Erleichtert hocke ich in meiner Ecke und döse vor mich hin, wenn mich kein erneuter Anfall des Mal de mar zwingt, den Wassergöttern zu opfern. Nun habe ich acht Stunden Ruhe – falls es keinem der Peones oder Leichtmatrosen einfällt, mich zu schikanieren und sich mit meiner Krankheit einen Scherz zu machen. Aber ich hoffe doch, der Aufmerksamkeit entgangen zu sein, und außerdem hoffe ich, in Diego und Garcia vielleicht ein bißchen so was wie Beschützer zu finden. Zumindest sind sie mir gegenüber nicht unfreundlich. Das kann hilfreich sein.

Und dann, gegen Abend, beginnt die zweite Stufe des Schreckens – die, in der man sich wünscht, tot zu sein. Es fängt damit an, daß der Wind umschlägt. Bisher hatten die Winde aus der Gegenrichtung geweht, und die Besatzung hatte die Rahen der viereckigen Segel so weit gedreht, daß man am Wind fahren konnte. Aber zum Abend nun bekommen wir den richtigen Schub zur Fahrt.

Am Heck des Admiralsschiffs (und auch der Karavellen, wie ich später erfahre) hängt ein eisernes Becken, mit dessen Hilfe man Botschaften oder Befehle von Schiff zu Schiff übermitteln kann, und zwar mit Hilfe von Rauchsignalen.

Diego kennt sich damit aus, er weiß, welche Hölzer man nehmen muß und wie feucht sie zu sein haben, um die richtige Rauchentwicklung am Tag oder das richtige Feuer des Nachts hervorzubringen. »Fumos« oder »Fuegos« heißen diese Signalfeuer, und ihre Abfolge oder Zusammenstellung kennen die Offiziere und Mannschaften ganz genau. Man kann mitteilen, ob man den Kurs ändern, die Segelkraft vermindern oder verstärken oder sich dem Flaggschiff nähern soll, um mündliche Befehle von Bord zu Bord zu erhalten.

In meinem elenden Zustand bekomme ich gerade so mit, daß Diego und ein Matrose sich an dem Feuerbecken zu schaffen machen, ohne mir groß den Kopf zu zerbrechen, zu welchem Zweck. Dazu bin ich gar nicht in der Lage. Dann werden Befehle gerufen, die Mannschaft rennt zu den Wanten. Ich höre den Singsang der Matrosen, das Kreischen der Blöcke, und plötzlich verändern sich die Geräusche des Schiffs, der Rhythmus wird anders, neue Töne mischen sich darunter. Die Taue scheinen zu jammern, die großen Leinwände der Segel knattern wie Schüsse. Zischend erhebt sich die Bugwelle vor der Proa. Wir machen bei voll gesetztem Zeug Fahrt vor dem Wind.

Wir schießen in Wellentäler, erheben uns auf, wie mir scheint, haushohe Berge, rasen dahin, wie von Dämonen getrieben. Ich kneife vor Entsetzen die Augen zu.

Auf was habe ich mich da eingelassen? Meine Zähne schlagen aufeinander vor Furcht. Wie können sich Menschen auf ein solches schwimmendes Grab begeben, wie können sie sich freiwillig bereiterklären, das feste Land zu verlassen und sich diesen Gefahren auszusetzen? Mit beiden Händen klammere ich mich an einem Tau fest. Ich habe das Gefühl, jeden Augenblick von Bord gespült zu werden. Wasser schwappt über das Deck. Eine Welle übersprüht mich mit ihrem Gischt, blendet mich, brennt in meinen Augen. Es schmeckt widerlich salzig.

In diesem Augenblick höre ich, wie jemand neben mir betet. Nicht das christliche Vaterunser, unser jüdisches Gebet »Sch'ma Jisrael, adonai elohenu adonai echod«, murmelt eine heisere Stimme über mir, an dem Mast, an dem ich hingekauert hocke. Ich löse eine Hand von der Leine, um mir die Augen auszuwischen, und blinzele hoch zu dem Betenden. Direkt neben mir, die Hände verschränkt um das Holz des Segelbaums, steht der Mann, den mir Garcia vorhin als den Dolmetscher bezeichnet hat, sein Gesicht unter den schwarzen Haaren ist grünlich blaß, und er murmelt mit geschlossenen Lidern die hebräischen Worte. »Höre Israel, der Herr ist unser Gott, der Herr ist einzig ...« Und plötzlich spürt er, daß ich ihn beobachte. Hastig wirft er den Kopf herum, unsere Augen begegnen sich. Er bricht das Gebet ab, murmelt statt dessen ein paar lateinische Brocken und bekreuzigt sich demonstrativ. Die Furcht vor einer Entdeckung läßt ihn noch blasser werden, als er schon ist.

Und ich weiß, daß es jetzt schon drei sind an Bord dieses Schiffs mit dem allerchristlichsten Namen, dem Namen der Heiligen Jungfrau Maria. Der Schiffsarzt aus Moguer, hatte der eine der Schiffsjungen gelästert. Dieser Dolmetscher nun also auch. Und ich.

10

Nach der Meinung der Spanier gibt es zwei Sorten von getauften Juden: Conversos und Marranen.

Conversos, so heißt es, sind jene Juden, die sich ehrlichen Herzens zum Christentum bekehrt haben. Vor hundert Jahren soll so etwas noch möglich gewesen sein. Reiche und angesehene kastilische Familien sind es geworden, und am Hof der Allerchristlichsten Majestäten Isabel und Fernando gibt es Conversos als Minister und Finanzberater. So wie den großen Santangel, den Mann, der Columbus' Expedition ermöglicht hat – wie ich es auf meiner Flucht nach dem Gemetzel von Cordoba erfuhr. Aber reich und angesehen zu sein, nützt einem heute in Spanien wenig. Als Converso fehlt dir etwas ganz Entscheidendes. Das ist eine Bescheinigung der Heiligen Inquisition, daß du aus altchristlichem Haus bist und dein Blut weder mit dem von Mauren noch von Juden vermischt ist. So ein Papier heißt »Limpieza dee sangre« – Reinheit des Blutes. Was es mit Blut zu tun hat, weiß ich nicht. Ich habe jüdisches Blut fließen sehen in diesem letzten halben Jahr. Es war rot und sah kein bißchen anders aus als das Blut der Christen. Selbst ein so mächtiger Converso wie Luis Santangel zum Beispiel hat noch zu all seinem Einfluß und seinem Geld und seinen Beziehungen einen königlichen Schutzbrief nötig, der ihn vor den Übergriffen der Inquisition bewahrt und verhindert, daß er auf den Scheiterhaufen kommt.

Denn seit es die Inquisition gibt, gibt es in Spanien auf einmal keine echten Conversos mehr. Die Inquisition hat entschieden, daß im Grunde alle Conversos Marranen sind.

Marranen kann man übersetzen. Es heißt einfach Schweine. Ein Marrane ist ein Converso, der nur scheinbar zum Christentum übergetreten ist, jemand, der aus Furcht vor dem Scheiterhaufen oder auch nur, um seinen Besitz, sein Haus und sein Feld zu schützen, der Form halber die Taufe angenommen hat, aber eigentlich Jude geblieben ist.

Da kann sich einer noch so geschickt verstellen, das Vaterunser und das Salve Regina herunterleiern und alle Heiligen im Schlaf aufsagen, jeden Morgen zur Messe gehen und sich bekreuzigen, bis ihm der Arm lahm ist – die Inquisition findet es schon heraus, daß er ein Lügner ist. Sie hat die Hilfe aller Nachbarn, die die Reinheit des Blutes besitzen. Sie alle werden peinlich darauf achten, ob in der Familie der Conversos am Freitag die Fasten eingehalten werden, ob die Hausfrau auch Schweinefleisch zubereitet, wie es sich gehört, und Fleisch in Milch schmort. Sie werden sich nicht scheuen, am Sonnabend nachzuschauen, ob Rauch aus dem Kamin steigt, und sogar die Hand an die Mauer halten, hinter der sich der Herd befindet, ob sie auch warm ist. Denn daran kann man den Marranen am besten erkennen: Er spielt sich zwar als Christ auf, aber er ist nicht in der Lage, sich von den jüdischen Ritualen zu trennen. Er ißt freitags keinen Fisch, Schweinefleisch bleibt ihm ein Greuel, Fleischernes und Milchernes kocht er nicht im selben Geschirr, und natürlich kocht er nicht am Sabbath, um den Feiertag nicht zu entweihen. Und schon haben sie ihn, den Converso, der eigentlich ein Marrane ist, und ab mit ihm in den Kerker oder auf den Scheiterhaufen.

Nicht, daß mir das alles durch den Kopf ginge, wie ich da so hinter dem Mast hocke, ankämpfend gegen das Würgen im Hals und mit bebenden Magennerven. Dazu bin ich im Augenblick gar nicht in der Lage. Ich weiß es einfach, und darum weiß ich, welche Ängste der Mann jetzt aussteht, der sich vor kurzem hat taufen lassen, um diese Reise mitzumachen, und den nun ein Schiffsjunge als Marranen entlarven kann, wann immer er will. Es gibt auf diesem Schiff zwar keinen Geistlichen, aber doch einen obersten Polizeibeamten, der eine Anzeige entgegennehmen muß. Noch sind wir nicht auf offener See. Noch sollen wir, so habe ich gehört, wahrscheinlich Inseln weit vor der Küste anlaufen, um frisches Wasser und Fleisch an Bord zu nehmen. Und selbst auf der Fahrt zum fernen Indien ist ein verkappter Jude nicht sicher vor Hohn, Spott, Schikane – er muß vielleicht gar um sein Leben fürchten. Ein Mann ist schnell über Bord, wenn er den anderen nicht in den Kram paßt.

Und ich kann nichts tun, die Befürchtungen von diesem Übersetzer zu zerstreuen. Ich würde mich dadurch selbst verraten. Das einzige, was ich machen kann, ist, den Dummen zu spielen. Also glotze ich vor mich hin, schlucke schwer, rülpse und würge und bewege mich schwankend zur Schiffsreling, als wenn mir die Krankheit den Verstand aus dem Kopf gepustet hätte, und es fällt mir auch gar nicht schwer, denn wenn ich schon einmal angesetzt habe, spielt mein Magen auch gleich ganz und gar mit.

Es wird dämmrig. Irgendwann schlafe ich ein, da wo ich gerade liege, und weiß, daß ich jetzt einen Feind habe auf diesem Schiff. Einen, der mich fürchtet und deshalb danach trachten wird, mir zu schaden.

11

Wieder weckt mich die Schiffsglocke, und diesmal erschreckt sie mich schon nicht mehr, denn ich kenne sie nun, und wieder folgt kurz darauf ein kräftiger Rippenstoß meines Alonso. Richtig, an ihm habe ich ja noch einen Feind an Bord.

»Steh auf, du kotzende Landratte! Deine Wache! Mach Platz für einen ehrlichen Seemann, du Jammerlappen!«

Ich taumle hoch. Es ist finstere Nacht. Mir ist besser, außer daß ich mich so schlapp fühle wie ein ausgewrungenes Handtuch und mein Kopf unerträglich weh tut. Über mir rauscht und knattert das große Segel. Das Schiff macht noch immer volle Fahrt – was ich sogleich zu spüren bekomme, denn ein Schlingern der *Santa Maria* knallt mich zurück auf die Bretter, was die Männer um mich herum mit Gelächter quittieren. »Festhalten, Jüngelchen!« Von Tau zu Spier hangle ich mich nach hinten zum matt glimmenden Feuer der Kochstelle, wo Garcia schläft und immer noch – oder schon wieder – auf Posten, mir sein Bojito mit dem Wasser-Wein-Gemisch hinhält. Meine Kehle war wie ausgedörrt. Ich schlucke, und dann vermag ich auch ein paar Bissen des Vizcocho zu kauen und zu schlucken. Etwas anderes möchte ich meinem in mir bebenden Magen nicht zumuten.

Während des kärglichen Mahls sehe ich mich um, und meine Furcht kehrt zurück. Der Himmel ist bedeckt. Am Bug sehe ich das »Fuego«, das glimmende Leuchtfeuer, auf und ab tanzen wie eine Fackel beim Karnevalsumzug in Cordoba, und zischend bricht sich die schaumgekrönte Bugwelle zu beiden Bordseiten, als pflüge unser Kiel das Meer. Weiter draußen mache ich die Feuer der *Pinta* und der *Niña* aus. Sie springen herum wie Irrlichter, verschwinden, wenn sie in ein Wellental sinken, tauchen wieder auf und machen mir wiederum bewußt, in welchem Auf und Ab sich auch die *Santa Maria* durch die Wasser bewegt. Aber diesmal bezwinge ich meinen rebellischen Magen, konzentriere mich allein auf dieses, mein Schiff. Auch hier ist alles noch unheimlich genug: die Wogen, die unerwartet längs der Leereling aufsteigen, das Wasser, das auf die Planken spritzt, und wenn ich nach hinten schaue, scheinen Lichter auf dem Meer zu hüpfen. Es ist, als leuchte es von innen heraus.

Ich habe Angst. Aber ich sehe, daß die anderen das alles offenbar überhaupt nicht ungewöhnlich finden, und ich gebe mir Mühe und bezwinge mich. Zunächst mal kann ich schon froh sein, daß es mir wieder ein bißchen besser geht. In meinen Gliedern breitet sich Mattigkeit aus. Diego, der freundliche Despensero, hat es wohl mit dem Weinanteil im Getränk richtig gut gemeint. Aber ich muß mich zusammenreißen. Schließlich habe ich Wache.

Außerdem spüre ich, daß sich eine gewisse Sache einfach nicht mehr länger hinausschieben läßt. Ich habe ja Speise und Trank seit fast vierundzwanzig Stunden nicht mehr bei mir behalten, eigentlich müßte ich ganz ausgedörrt sein. Aber es hilft nichts. Es ist soweit. Mein Blick versucht in der Dunkelheit die beiden »Häuser der Bedürfnisse« zu finden, überdachte Brettersitze mit einem Loch in der Mitte, die auf der Leeseite an den Schiffsbord gehängt werden. Zum Glück ist es dunkel. Ich muß zusehen, daß ich es immer auf die Dunkelheit verschieben kann, denn ich entsinne mich, daß der andere Pedro und Alonso von dem herrlichen Witz erzählten, den man sich auf dem Schiff macht, vor allem, wenn man berühmte Passagiere hat: Man hängt sich an einem Tau außenschiffs und beguckt sich die Hinterbacken des Herrn Prälaten oder Admirals, während er da drauf hockt. Ich bin das Gegenteil von einem berühmten Passagier. Aber schließt das aus, daß man sich den Spaß auch mit mir macht?

Alles geht gut, aber durch eine Krängbewegung des Schiffs tauche ich bis zur Hüfte ins Wasser. Zum Glück reicht mir das langärmelige Leinenhemd, das ich wie fast alle hier an Bord trage, bis auf die Hälfte der Oberschenkel herunter. Die salzige Nässe macht die Haut brennen.

Der rothaarige Baske Chachu, der Maat, der diese Wache leitet, tritt auf mich zu. »Na, ausgeschissen?

Dann mal ran an die Taue. Überhaupt, wie läufst du rum. Warum bist du nicht gegürtet?«

Ich blinzele verwirrt. Alonso, der sich schon auf meinem Schlafplatz eingeigelt hat, muß sich nochmal einmischen und sagt boshaft: »Das ist der Hätschelbengel vom Admiral. Der denkt, er muß sich nicht die Hände dreckig machen.«

Der Admiral? Der hat mich bestimmt vergessen.

Ich hole Luft zu einer Erwiderung, aber Chachu sagt barsch: »Schoßhündchen fahren nicht mit, für die haben wir keinen Platz und kein Futter. Mach dir die Seile um. Du hast an den Wanten zu tun.«

Die Seile? Erst jetzt fällt es mir auf, daß alle diese Seeleute, sofern sie nicht mit dem Kommandieren beschäftigt sind, ihr Hemd mit einem oder mehreren Tauen gegürtet haben, kürzeren und längeren Enden. Und ich begreife auch, daß es sehr nützlich ist. Man hat zur Hand, was man braucht, wenn etwas zu richten, neu zu verzurren, hochzuziehen oder herabzulassen ist, und man kann sich, falls man denn weiß, wie es geht, damit anbinden, wenn man im Tauwerk oben am Mast zu arbeiten hat. Ich bin ja gut vorbereitet. Ich habe mir während meiner Wartezeit in Palos die Knoten zeigen lassen und sie ausprobiert. Natürlich habe ich keine Erfahrung und hoffe nur, mir fällt das Rechte im rechten Augenblick ein und ich segele nicht von oben ins Wasser oder, noch schlimmer, auf die Decksplanken.

Aber dazu kommt es zunächst einmal nicht. Ich habe einfach nur mit den anderen, drei, vier, manchmal fünf meiner Wache hier unten an den Seilen zu schindern.

Ein Glück, daß es Leute gibt, die Kommandos verstehen. Ich gehöre nicht dazu. Ich höre nur ein wüstes Gebrüll und kann überhaupt nichts heraushören – und wenn ich es täte, würde ich wahrscheinlich trotzdem keine Ahnung haben, um was es geht. Aber diese Fahrensleute, Basken zum großen Teil, die sich mit ihrem Bootsmann auskennen, sind nicht auf mich angewiesen. Sie beherrschen ihr Handwerk, und ich muß nur mitmachen. Was mir schwer genug fällt.

Die Dunkelheit scheint undurchdringlich. Ein paar Hornlaternen beleuchten notdürftig das Deck und zeigen an, wo wir uns befinden. Aber diese Männer tun ihre Arbeit wohl auch mit geschlossenen Augen. Fluchend taumeln wir über das Deck, rempeln uns in der Dunkelheit an, beschimpfen uns, klammern uns fest, wenn das Schiff in ein Wellental sinkt, als stürze es ab, und nicht nur ich, auch die anderen rennen an die Reling, um sich zu erbrechen.

Unsere Hemden knattern im steifen Wind wie die Segel. Sie sind feucht und starren vor Salzwasser, – nicht nur das meine nach dem Besuch des »Hauses der Bedürfnisse«. Irgendwann hat jeder seinen Brecher abbekommen. Wir zerren uns fast die Seele aus dem Leib, alle zusammen, und mein Herz klopft zum Zerspringen. Binnen kurzem sind die Handflächen wundgescheuert, und das Salz brennt darauf wie Feuer. Ich habe das Gefühl, überhaupt keine Haut mehr auf den Händen zu haben. Aber die anderen jammern auch und pusten auf ihre Hände.

Zwei-, dreimal rutsche ich aus und schlage lang hin, bis mir irgendwer zuschreit, ich Trottel solle doch um der Liebe Gottes willen endlich meine Sandalen über Bord schmeißen. Es geht nur barfuß auf dem Schiff. Er hat recht. Übrigens, das Über-Bord-Schmeißen kann ich mir ersparen. Das besorgt eine Sturzsee für mich.

Immer, wenn wir ein Manöver ausgeführt haben, sinken wir hin, wo wir gerade sind, schwer atmend, mit trockenem Hals, versinken in eine Art Dämmerschlaf, bis uns der nächste Befehl wieder aufschreckt. Es ist höllisch. Zwischendrin muß ich zu alledem auch immer noch daran denken, mein Stundenglas umzukehren. Aber das ist mir auch ein gewisser Trost. So weiß ich doch, wieviel Zeit erst, schließlich, schon verstrichen ist, und als ich das vorletzte Wenden der Sanduhr mit zitternder, sich im Wind verlierender Stimme ausrufe, kommen mir vor Erschöpfung und Erleichterung die Tränen. Noch eine halbe Stunde! Dann ist diese nächtliche Wache vorbei.

Ich kann schlafen. Wo, ist mir ganz egal.

Es war ein Fehler. Es war ein schrecklicher Fehler. Ich hätte es wissen müssen, daß Träume kommen, wenn ich einschlafe, ohne mich dagegen gepanzert zu haben in meinen Gedanken, ohne die Mauer aufzurichten zum Schutz meiner Seele, durch ein Gebet, durch das Aufsagen von Texten, durch Rechnen oder einfach nur durch Zählen. Da bin ich in Schlaf gesunken vor Erschöpfung, aber nur mein Körper war müde. In meinem Kopf begannen die entsetzlichen Bilder von dem, was ich erlebt habe. Die Bilder sind wie Schlangen in einer Grube. Wenn man nicht aufpaßt, recken sie ihre Köpfe über den Rand. Im allgemeinen bewache ich sie gut und schicke meine Gedanken an dem gefährlichen Rand wie eine Schildwache auf Patrouille. Aber nun habe ich nicht aufgepaßt.

Vor allem fürchte ich zwei Träume, die immer wiederkehren. Oft geht der eine in den anderen über. Bevor ich gelernt hatte, wie man sich davor schützt, waren sie jede Nacht zu mir gekommen, nachdem – nachdem ich fort war aus Cordoba und auf der Landstraße.

Zuerst berührt ein kalter Luftzug meinen Nacken, und ich weiß, daß jemand die Galerie unseres Hauses betreten hat, der dort nichts zu suchen hat. Ich stehe in meinem Zimmer im Dunkeln und halte den Atem an, und vor Entsetzen richten sich die Haare auf meinem Kopf auf. Ich weiß in diesem Traum, daß ich die letzte und einzige bin in der ganzen Alhama, dem jüdischen Viertel, die man noch nicht gefunden hat. Alle anderen wurden aufgespürt und fortgebracht. Es gibt eine Grube, in der ist Feuer. In der Grube stehen sie alle zusammen, dicht aneinandergedrängt, und beten mit Schreien zu Gott. Ich weiß, daß es meine Pflicht ist, einzustimmen in dies Gebet. Aber ich weiß auch, daß man mich finden wird, sobald ich meine Stimme erhebe.

Sie sind ganz dicht bei mir. Ich spüre ihre feindliche Gegenwart, wie man die Anwesenheit eines räuberischen Untiers spürt, auch wenn man es nicht sieht. In meiner Kehle wächst der Schrei, der auch das Gebet ist.

Und von diesem Schrei werde ich wach und sitze da mit rasendem Herzen, – wenn ich nur den einen Traum träume. Aber es kann auch noch weitergehen. Dann nämlich, wenn ich gerufen werde. »Esther! Esther querida, mi luz!« höre ich von weither. Und die Stimme, die mich da so zärtlich liebe Esther, mein Licht, nennt, gehört meiner Dueña Marta, Marta der Christin, die mich nach dem Tod meiner Mutter aufzog und betreute und sich bis zuletzt weigerte, unser »unreines« Haus zu verlassen, auch, als es schon per Dekret verboten war, daß Christen bei einer jüdischen Herrschaft dienen durften – weil sie dort, wie es hieß, vom Gift der Ketzerei angesteckt würden.

In diesem zweiten Traum bin ich ungeheuer erleichtert, denn ich weiß, daß Marta jetzt sofort das Gesindel verjagen wird, was sich da mit dem kalten Luftzug über unsere Galerie eingeschlichen hat, so wie sie mir die großen Nachtfalter aus dem Zimmer jagte, die die Öllampe umkreisten und vor denen ich Angst hatte, als ich klein war. Marta, die mit erhobenem Haupt, meine Hand in der ihren, an den christlichen Pöbelhaufen vorüberging, die uns mit Schmähungen überschütteten. Marta, bei der man keine Angst haben muß.

Ich höre ihre Schritte auf der Treppe und verlasse mein Versteck, um ihr entgegen zu laufen ... Und dann ist es Marta, aber nichts an ihr kann mich schützen.

Am Tag, nachdem man meinen Vater in die Casa Santa, das Haus der Inquisition gebracht hatte, unter dem todbringenden Verdacht des Mordes und Religionsfrevels, fanden wir Marta des Morgens vor der Schwelle unseres Hauses. Sie atmete noch. Wenn man einen Menschen steinigt, fließt wenig Blut. Jedenfalls sind es nicht die Ströme, die vergossen werden, wenn jemandem eine Hand mit dem Beil abgehackt wird, wie dies unserem Hausdiener Laban geschah, weil er sie gegen einen Christen erhoben hatte (er hatte versucht, einen Schlag abzuwehren, der gegen meinen Vater gerichtet war). Marta jedenfalls hatte nur ein dünnes Gerinnsel Blut am Mundwinkel. Aber ihr Gesicht war überhaupt nicht mehr zu erkennen. Alles war zerbrochen und zerschunden, zerschwollen und blauschwarz, als wenn sie nicht nur mit Steinen nach ihr geworfen hätten, sondern ihren Kopf zwischen zwei sich drehende Mahlscheiben gelegt hätten.

Sie starb dann im Haus.

Und diese Marta, mit dem nicht mehr vorhandenen Gesicht, den zerbrochenen Knochen und den verrenkten Gliedmaßen, voll von Dreck und Blutergüssen, die kommt in meinem Traum die Treppe hoch zu mir und ruft mich: »Esther querida, mi luz!«

An dieser Stelle wache ich im allgemeinen auf, und es ist schrecklich genug. Aber heute nacht und auf diesem Schiff kommt etwas Neues dazu. Denn nicht Marta ruft mich, sondern es ist eine andere Stimme – die meines Vaters.

Mit einem Glücksgefühl ohnegleichen verlasse ich mein Versteck und stürze auf ihn zu. Ja, er ist es, unverändert, so wie ich ihn zuletzt in unserem Haus sah, bevor sie ihn abholten, sein gütiges olivbraunes Gesicht, die Augen schwarz und leuchtend vor Weisheit und Freundlichkeit, sein gepflegter Bart und die Schläfenlocken. Ich will ihn küssen und hebe mich auf die

Zehenspitzen, ihm entgegen, da sehe ich, daß die Spitzen seines Bartes sich kräuseln und qualmen. Und dann schlagen kleine Feuerzungen aus den Haaren und fressen sich hoch zu seinem Gesicht, diesem Gesicht, dessen Haut in völliger Stille Blasen wirft und sich zusammenzieht und aufplatzt und zu einer schwarzen Fläche schrumpft und ein Stück Holzkohle ist, aus dem ein paar Zähne hervorleuchten, und dann bin ich wach, der Schweiß läuft mir in Bächen die Schläfen herunter und meine Hände sind in einer Art Krampf nach außen gebogen. Aber offenbar habe ich nicht geschrien. Zum Glück habe ich nicht geschrien. Die Lautlosigkeit des Traums war das Siegel, das mein Kopf im letzten Moment meinen Ängsten aufgedrückt hat, auf daß ich mich nicht verrate.

Meine Zähne schlagen laut aufeinander. Gütiger Gott, bewahre mich! Gib mir Kraft, mich zu schützen. Cobre ánima, Esther.

Es ist tiefe Nacht, und ich bin auf einem Schiff. Und so etwas darf mir nie wieder passieren. Keine Träume, Esther. Pedro, keine Träume. Träume sind lebensgefährlich. Wenn ich weiter so etwas träume, etwas, das mich und meinen Geist so nah an die Grube des Vergessens heranführt, dann war alles umsonst. Dann kann ich mich auch gleich ins Meer stürzen, denn damit kann man nicht leben.

So. Und nun wirst du weiterschlafen, Pedro, und dies alles vergessen. Du wirst keine Sekunde deines kostbaren Schlafes versäumen. Du wirst die Grube mit den Schlangen sorgfältig behüten. Wir gehen dort nicht hin. Nicht nach Cordoba, nicht in jenes Haus, nicht zu diesen Menschen. Wie sind in einer anderen Richtung unterwegs. Wir fahren ins Ungewisse, mit dem Mann, der Meeresaugen hat, und Gott hat mich gerettet.

Und ich versuche, die alten bösen Bilder tief einzuschreinen und neue an ihre Stelle zu hängen. Nur, daß die neuen Bilder noch nicht fertig sind. Ihre Konturen sind unscharf und fließend, sie verändern sich ständig, und auch sie sind nicht dazu angetan, mich zu beruhigen.

Es gab einmal, in meinem alten Leben, einen geschickten Gärtner. Er hieß Efraim. Efraim beherrschte die Kunst, auf einen Apfelbaum, dessen Früchte sauer und holzig waren, ein Reis von einem anderen Baum aufzupfropfen, der edlere Früchte trug, und im Jahr darauf nahm der schlechtere Baum die Art des guten Reises an und trug saftige Frucht. Efraim hatte es von den Mauren gelernt. Er konnte auch einem geschundenen Baum, der einzugehen drohte, ein Stück fremder Rinde auflegen zur richtigen Zeit, und das wuchs so fest, daß niemand sehen konnte, ob es jemals etwas Fremdes gewesen war. Ich wünschte mir, so ein heilendes Pflaster würde sich auf meine Wunden legen und dort anwachsen und mich retten. Vielleicht ist ja der Mann mit den Meeresaugen dieser Gärtner.

Um wieder einzuschlafen, sage ich mir ein Lied her, das sie in unserer Alhama sangen, in jener merkwürdigen Mischsprache aus Kastilisch, Hebräisch und Arabisch, in der sich die einfachen Leute unterhalten und die wir Gebildeten, ein bißchen verächtlich, »Ladino« nennen. Es handelt von unserem Stammvater Abraham. »Vida una luz santa en la giuderia que havia de nacer Avraham avinu«: Er sah ein heilig Licht über der Judenheit, das die Geburt unseres Vaters Abraham anzeigte ...

Es gibt das Lied auch, zur gleichen Melodie, als christlichen Weihnachtsgesang, nur ein paar Worte sind ausgetauscht. Aber es stammt von uns.

Nun schlafe ich ein. Diesmal ohne Träume. Ob ich jemals wieder ohne Angst sein kann, Angst im Wachen, Angst vor dem Schlaf?

12

Diesmal macht mich der brennende Schmerz an meinen Händen wach. Nicht nur die Handflächen sind wund, auch die Nagelbetten und die Häute zwischen den Fingern sind vom Salzwasser aufgequollen und entzündet. Ich hebe die Arme über den Kopf, damit der Wind mir Kühlung gibt, und setze mich auf. Es ist noch immer dunkel. Das Schiff macht jetzt ruhigere Fahrt, und also ist dies auch eine ruhigere Wache. Die meisten scheinen zu schlafen, bis auf den Rudergänger, den Ausguck und den Mann am Steuer. Vor dem Stundenglas döst ein Peon vor sich hin. Inzwischen scheint so etwas wie Alltag auf der *Santa Maria* eingekehrt zu sein, nach dem Durcheinander und der Hektik des ersten Tages weiß nun offenbar jeder, was zu tun ist.

Vorsichtig richte ich mich auf. Mein Magen scheint sich beruhigt zu haben, und ich versuche mit dem Körper die Bewegungen des Schiffs abzufangen, schon, damit ich meine zerschundenen Hände nicht benutzen muß, um mich irgendwo festzuklammern.

Hinten auf der Popa steht die »Toldilla«, die Hütte. Das Quartier des Admirals Columbus. Aus dem winzigen Fenster dringt ein Lichtschein. Der Admiral! Ich hatte überhaupt nicht mehr an ihn gedacht in den Bedrängnissen dieses Tages, Mal de Mar, Wache und was noch immer. Nur in meinem Schlaf war er anwesend. Ist er wohl immer noch auf, zu dieser Stunde zwischen Nacht und Tag, zu dieser »Geisterwache«, wo der Schlaf auf die Lider der Menschen fällt, als wäre er so schwer wie ein Sack Sand? Ich bin mir ziemlich sicher, daß er mich vergessen hat. Ein Wunder wäre es nicht. Aber – ich habe in seine Augen gesehen, und das merkwürdige Gefühl, das ich dabei empfand – es ist auf einmal wieder da. Und kann es nicht auch sein, daß ich ihn und seine Hilfe brauchen werde auf diesem Schiff, falls er sie mir denn überhaupt gewähren will.

Die Schmerzen an meinen Händen sind vergessen. Vorsichtig, um nicht über eine Taurolle oder eine Ersatzspiere zu stolpern, taste ich mich mit meinen nackten Füßen zur Popa, zum erhöhten Achterdeck vor.

Die Toldilla des Admirals ist über einer Kajüte errichtet worden, in der sich, nach dem, was ich gehört habe, die vornehmen Passagiere aufhalten sollen. Aber wie diese drei oder sogar vier Männer sich auf so engem Raum zusammendrängen, das will mir nicht in den Kopf – wenn ich sehe, wie winzig diese Hütte über ihnen ist. Alles ist ruhig. Ich kann der Versuchung nicht widerstehen, nähere mich dem Fenster, stelle mich auf die Zehen und sehe hinein.

Auf dem Tisch brennt eine Öllampe. Hinten sehe ich die geschlossenen Vorhänge eines Bettes – sicher des einzigen Bettes auf diesem Schiff. Dann gibt es da noch eine eisenbeschlagene Seemannstruhe und eine andere, kleinere, fast wie eine Schatulle. Sicher sind darin Papiere und Karten aufbewahrt. Der Tisch ist mit einem Leinentuch bedeckt. Ein Tintenfaß steht darauf, daneben ein Buch und zwei nautische Instrumente, die ich noch nie gesehen habe. Den Kompaß, den kenne ich, die Scheibe mit den zweiunddreißig Fächern in einer Schale. Genau wie der Steuerkompaß neben der Ruderstange und der große in der Bitácora, dem Kompaßhäuschen draußen unter seiner Regenhaube, ist auch dieser so an einem Zapfen befestigt, daß er sich mit der Schiffsbewegung drehen kann. Ich kann sehen, die Nadel zittert.

Vom Admiral keine Spur. Er wird wohl schlafen.

»Nein, der Admiral schläft nicht. Wen Gott auf eine solche Reise schickt, dem gibt er die Kraft, wach zu sein über das Maß gewöhnlicher Sterblicher hinaus.«

Seine Stimme mit dem unverkennbaren genuesischen Tonfall, so sanft sie auch sein mag, trifft mich wie ein Peitschenhieb. Aus welchem Schatten ist er wohl herausgetreten? Er hat mich überrascht, als ich ihn ausspähen wollte. Ich fühle, wie meine Wangen zu flammen beginnen.

»Wäre es nicht so finster, könnten Euer Gnaden mein Erröten sehen«, sage ich nach einer kleinen Pause, in der ich mich sammele.

Er lacht leise. Es heißt, er lacht ganz selten, eigentlich nie. Meine Verwirrung nimmt zu. »Du verstehst es, dich auszudrücken, Pedro«, erwidert er. »Es gibt nichts, wofür du dich entschuldigen müßtest. Ich habe dich schon erwartet. Schließlich bist du durch mich und für mich auf diesem Schiff.« Es ist simpel, was er sagt, aber es klingt so merkwürdig geheimnisvoll und bedeutungsschwer, daß ich das Gefühl habe, als würde er mich einer wichtigen Mitteilung würdigen.

»Komm einmal mit mir«, fährt er fort, »ich will dir etwas zeigen.«

Er dreht sich um und geht vor mir her zum Achterkastell, eine hochgewachsene, dunkle Gestalt auf leisen Sohlen, der Wind spielt mit seinem weißen Haar. Mir fällt auf, daß er seine Kappe nicht trägt. Vielleicht gefällt es ihm, sein Gesicht den salzigen Spritzern auszusetzen und es wieder trocknen zu lassen in der kühlen Bewegung der Luft.

»Hier«, sagt er und bleibt so plötzlich stehen, daß ich fast gegen ihn pralle. Er hebt die Hand und deutet nach vorn.

Und auf einmal bin ich imstande, gleichsam mit seinen Augen zu sehen. Es ist wie ein Zauber.

Die wie von innen her, gefahrvoll glimmende Bugwelle, die sich beidseits des Schiffes wie eine Mauer auftürmt – sie scheint mir jetzt keine Bedrohung mehr. Mir ist, als teile der Herr die Wogen vor uns, damit wir hindurchschreiten, wie er es für meine Vorfahren tat bei ihrem Zug durchs Rote Meer, als sie aus Ägypten in die Freiheit zogen. In die Freiheit! Der Kiel bahnt sich seinen Weg durchs nasse Element, pfeilschnell, vorwärts, immer vorwärts! Das Knallen und Knattern der windgeschwellten Segel, das Ächzen des Ruders und der gespannten Taue, in denen der Wind singt, die flinken Schauer und Echos, die über das Deck zu laufen scheinen – ein Universum von Bewegungen und Kräften. Und hinter mir er, der diese Kräfte kennt und meistert.

Ich spüre seine Gegenwart hinter mir. Es ist, als ginge ein Strom von ihm aus. Ich spüre, daß er glücklich ist, hier an dieser Stelle, hier an Bord dieses Schiffes. Wieso läßt er mich dies Gefühl mit ihm teilen? Wieso gerade ich? Ich werde gehoben, wie die *Santa Maria* auf den Wellen steigt. Ich? Wieso ich?

Ich wage mich zu ihm umzuwenden, in einer unbeschreiblichen Mischung von Beklemmung und Entzücken. Aber er sieht mich nicht an. Sein Blick ist nach vorn gerichtet, in die matt leuchtende Dunkelheit.

»Ich war wie einer, der seine Flügel in den Händen trägt und an den Füßen einen Stein.« Hat er das wirklich gesagt? Und zu mir?

»Wie schnell wir sind«, murmele ich, um gegen diesen Zauber anzugehen. Denn ich will keinen Zauber. Ich habe Angst vor so etwas. Wohin soll es mich tragen? Ich bin entkommen, das genügt. Gefühle sind Verräter. Sie machen einen schwach.

Er erwidert, ohne Ton und Haltung zu ändern: »Die *Santa Maria* ist kein schnelles Schiff. Die Karavellen der Pinzons sind weitaus besser. Aber jetzt machen wir gute Fahrt. Seit wir auf offener See sind, 15 Leguas.«

Sein Haar weht im Wind. Sein Gesicht scheint zu leuchten.

15 Leguas ... Woher weiß er das so genau? Wann wurden Messungen angestellt auf diesem Schiff, auf dem noch bis vor kurzem alles drunter und drüber ging?

»Wie haben Euer Gnaden das feststellen können?« frage ich. Ich frage es vorsichtig, fast ehrfurchtsvoll.

Instinktiv spüre ich, daß man ihm kein Mißtrauen zeigen darf, noch an seiner Autorität zweifeln. Und ich denke, das haben sie sicher lange genug getan, an den Höfen. Sicher hat man den Kopf geschüttelt über seine Pläne ... nach Indien! Ha ... In den Kommissionen werden sie ihn ausgelacht haben und in den Kneipen der Hafenstädte, wie in Palos, wo sie ihn »Don Fantástico« nannten.

»Ich sehe es an den Wellen«, antwortet er einfach. »An der Zeit, die die Schaumkronen da brauchen, um vom Bug zum Heck zu kommen.«

»Ihr meßt diese Zeit?«

»Ich muß sie nicht messen. Ich sehe es.«

Er schätzt es also, übersetze ich mir seine Worte. Neben dem Halbstundenglas hängt ein mit Blei versehenes Stück Holz, woran eine Leine gebunden ist, die durch eine Reihe von Knoten in regelmäßige Abschnitte unterteilt ist. Das ist eine Corredera, ein Logscheit. Man wirft sie ins Meer, und nach der Zahl der auslaufenden Knoten mißt man die Fahrt, die das Schiff macht. Aber unsere Corredera ist nicht im Wasser.

»Und wie erkennt Ihr, wo sich das Schiff befindet?« frage ich weiter, lustvoll und bang zugleich. Mir wird bewußt, ich will weniger über die Seefahrt wissen als über diesen Seefahrer Cristobal Colon, ihn, der hinter mir steht und mit unverändert leiser Stimme spricht.

»Die Gestirne und der Kompaß«, erwidert er, »leiten den Schiffer.« Es klingt wie ein Lehrsatz. Ich blicke zum bewölkten Himmel auf, und er sieht meine Bewegung und fährt fort: »Aber wenn wir ins Unbekannte segeln, sind uns die Sterne kaum mehr von Nutzen. Ihre Bilder wandeln sich, je weiter wir dahin vordringen, wo noch nie ein Mensch gewesen ist. So bleibt die Nadel des Kompasses und Gott der Allmächtige.«

Ich weiß, daß er, der da hinter mir steht, jetzt ein Kreuz schlägt, wie es in Spanien Sitte ist bei der Erwähnung des höchsten Wesens, und daß ich es auch zu tun habe. Trotzdem unterlasse ich es, und ich weiß auch, daß er es wahrnimmt.

»Möge der Herr mit dem Geist von Euer Gnaden sein«, sage ich statt dessen. Ich fühle mich unbeschreiblich. Ich habe Angst und bin verzückt. Ich bin nicht mehr ich selber. Was nur geht aus von der hohen Gestalt, die ich da hinter mir weiß!

»Komm mit in meine Kajüte«, sagt er. »Ich will dir etwas zeigen.«

13

»Als mein Page und Gehilfe erwarte ich von dir, daß du mir zur Hand gehst bei den Eintragungen in das Logbuch,« sagt Don Cristobal.

In der Toldilla ist es stickig und heiß. Die Kühlung, die Nacht und Wind gebracht haben, hat das Innere dieses Bretterverschlags nicht erreicht. Der Admiral legt seinen Mantel ab und hält ihn mir auf ausgestrecktem Arm hin, und ich begreife, daß ich das Kleidungsstück zusammenlegen und wahrscheinlich in der Truhe verstauen soll, aber als ich den Deckel öffne, sagt er: »Nein. Leg ihn auf das Bett.«

Er hat nicht zu mir hingesehen. Auch im Folgenden sieht er mich niemals direkt an, aber trotzdem beobachtet er mich offenbar die ganze Zeit.

Auch ohne seinen würdevollen Mantel wirkt er schlank und groß. Unter dem weißen Hemd mit den bauschigen Ärmeln zeichnen sich die Muskeln seiner Schultern und seines Rückens ab, kraftvoll. Ein Seefahrer, ein Mann, der all das getan hat, was jetzt andere auf seinem Schiff tun, der von der Pike auf gedient hat, der sich wie ich die Hände aufgerissen und die Seele aus dem Leib gequält hat, der –

Halt. Wo sind meine Übelkeiten geblieben? Sie sind wie weggeblasen. Und seit ich mit ihm rede, spüre ich auch den Schmerz meiner Hände nicht mehr. Der freilich setzt jetzt neu ein, schlimmer als vorher. Das kommt, weil ich im Lampenlicht erst richtig sehen kann, wie es um meine Hände bestellt ist. Rot und aufgedunsen vom Salzwasser, die Innenflächen wund bis aufs Blut durch die Arbeit an den Tauen.

»Das geht vorüber«, sagt er, als hätte er meine Gedanken gelesen. »Sieh her. Das sind die Instrumente.« Er weist auf die beiden Gerätschaften, die ich vorhin durch das Fenster der Toldilla erblickt habe. Das eine ist eine Art metallene Schale mit erhabenen geometrischen Figuren. Das zweite ist ein aus Holz gefertigter Viertelkreis mit zwei Löchern entlang eines Schenkels. Von der Spitze des Instruments hängt ein Lot herab.

»Dies hier«, sagt der Admiral und zeigt auf das erste, »ist ein Astrolabium. Der Grieche Ptolemäus hat es erfunden, um damit die Winkel zu messen, in denen sich die Gestirne zueinander befinden, und um so ihre Höhe zu bestimmen. Es ist ein Ding für Astronomen, nicht für Seeleute. Nur Gelehrte können damit umgehen. Das zweite heißt Quadrant. Mit seiner Hilfe kann man, wenn die See ruhig ist, den Polarstern anvisieren und auf diese Weise bestimmen, wo man sich befindet. Damit kann ich dich vertraut machen, Pedro, bei Flaute oder an Land – wir werden die Inseln unterm Wind anlaufen, bevor wir nach Indien weiterfahren.«

Er sagt es mit einer solchen selbstverständlichen Ruhe, daß mich ein Schauder überläuft – als sei er schon dort gewesen!

»Können Euer Gnaden mich auch den Umgang mit dem Astrolabium lehren?« frage ich, um überhaupt etwas zu sagen.

»Nein«, erwidert er gelassen. »Ich bin kein Mathematiker. Ich bin ein Seemann. Ich habe keine Ahnung, wie man damit umgeht. Es steht nur auf dem Tisch, um die unwissenden Geister auf diesem Schiff zu beeindrucken. Es soll ihren Glauben an mich stärken.«

Ich muß schlucken. »Aber der Quadrant?«

»Er ist von geringem Nutzen. Immerhin, er kann hilfreich sein.«

Während dieses Gesprächs hat er einen Schlüssel hervorgezogen, den er an einer Kette um den Hals trägt, zusammen mit dem Kruzifix. Er löst ihn ab und öffnet damit den metallbeschlagenen Tresor, auf dessen Schloß noch ein zweiter Schlüssel steckt. Dabei stellt er sich so, daß ich den Inhalt dieses Kastens nicht sehen kann. Er holt ein Konvolut von mit Holzklammern aneinander gehefteten Papieren hervor, ein Bündel von Federkielen und ein kleines Messer. »Spitz die Federn, Pedro«, weist er mich an.

Ich nehme an dem Tisch Platz, vor dem mit Klammern am Tischrand befestigten und verkorkten Tintenfaß, und augenblicklich wird mir schlecht. Im Sitzen spüre ich die Bewegungen des Schiffs wieder stärker, und als ich die Federn und das Messer ergreife, wird mir bewußt, daß meine Hände geschwollene und entzündete Klumpen sind, ungefüge und außerstande, feinere Arbeiten auszuführen. Aber das ist nur das eine. Das andere ist, daß es eine Arbeit von einst ist, eine Arbeit aus der Zeit, die ich mit aller Macht vergessen muß, um jetzt und heute weiterleben zu können. Ich beiße die Zähne zusammen und schlucke schwer. Es geht nicht. Ich muß ihm sagen, daß es nicht geht. Ich halte meine Hände vor mich hin, als wenn sie nicht zu mir gehören würden. Hilflos wende ich den Kopf, aber er ist wieder hinter mich getreten, wie er auf der Popa hinter mir stand. Ich höre das leise Klappern der Perlen seines Rosenkranzes, die ihm durch die Finger gleiten. (Ständig sind seine Hände in Bewegung, immer tut er irgend etwas.)

»Spitz die Federn, Pedro,« wiederholt er streng seinen Befehl. »Dann öffne die Tintenflasche und schreibe auf, was ich dir diktiere.«

Natürlich sieht er, wie es um mich bestellt ist. Er läßt es einfach nicht gelten. Mühsam komme ich seiner Aufforderung nach. Ich fühle mich wie eine Kuh, der man das Nähen beibringen will, so ungelenk macht mich der Schmerz in meinen Händen. Aber es geht. Irgendwie geht es.

Ich tunke die Feder ein, streife die überflüssige Tinte am Rand der Flasche ab, ziehe das Papier zu mir heran und erwarte, die Hand angesetzt, sein Diktat – als ich spüre, daß er sich von mir abwendet. Mich durchfährt ein glühender Schreck – aber es geht gar nicht um mich. »Was ist das? Was soll das? Spürst du das auch?« fragt er hastig. Ich spüre gar nichts außer dem Rasen meines Herzens, aber er reißt schon die Tür der Toldilla auf, und ich höre ihn auf Italienisch fluchen: »Gentaglia ignorante! Fatto male! Corpo di bacco! Wer ist der Rudergänger? Navigator! Könnt ihr nicht Kurs halten, ihr Stümper? Heißt das am Wind segeln?«

Eilige Füße trappen über das Deck. Die nächtlich-verschlafene »Geisterwache« wird zur hektischen Partie, die Pfeife des Bootsmanns gellt, Kommandos werden gebrüllt. In der Tat, jetzt merke ich auch, was er gespürt haben muß: Die *Santa Maria* hat ihre Fahrt verlangsamt, ihre Bewegungen sind anders, ihr Lied klingt verändert. Wahrscheinlich war der Rudergänger eingenickt. Die Segeln knattern im Wind, und ich bin dem Himmel dankbar für dieses Auge voll Schlaf, das er über den Mann an der Ruderpinne hat kommen lassen. Ich hatte nämlich – und deshalb mein Erschrecken – meine Hand mit der Feder auf der rechten Seite des Blattes angesetzt, statt auf der linken, so wie ich es gewohnt war beim Diktat meines Vaters. Ich wollte hebräische Schrift schreiben, statt lateinischer. Wie es scheint, hat mich das Aus-dem-Ruder-Laufen der *Santa Maria* vor der Entdeckung bewahrt.

Er kommt wieder herein. Sein sonst blasses Gesicht ist noch rot vor Zorn, und er läßt den Rosenkranz in gar nicht demutsvoller Manier um den Finger kreisen, aber seine Stimme klingt bereits wieder gleichmütig, als er zu mir sagt: »Beginne jetzt, Pedro. Schreibe: Im Namen Gottes. Ich habe mir vorgenommen, Tag für Tag aufs Gewissenhafteste niederzuschreiben, was auf dieser Reise geschieht ...«

14

Es ist hell geworden. Ich weiß nicht, wie es zugeht. Ich bin auf eine Weise wach, als sollte ich nie wieder schlafen müssen. Draußen hat sich der Wachwechsel vollzogen, der Despensero Diego ist gekommen und hat, ohne groß zu fragen, Wasser, Vizcocho, gedörrtes Obst und Oliven für den Admiral gebracht, und Don Cristobal hat ihn angewiesen, daß sein Page keinerlei Dienst auf dem Schiff mehr zu tun hat.

Diego hat genickt und mir einen Blick zugeworfen, aus dem ich nicht schlau werde. War es Wohlwollen, Verwunderung, Mißbilligung? Vielleicht ist es wichtig für mich, es zu wissen, aber im Augenblick bewegen mich andere Dinge.

Der Mann, mit dem ich hier am Tisch sitze und mit dem ich mich über eine Seekarte der Gewässer vor den Küsten Spaniens beuge, scheint keine Müdigkeit zu kennen. Er trägt mit Zirkel und Lineal Kurs und zurückgelegte Strecke in zwei Karten ein. Wieso zwei? Vor meinen Augen hat er, ohne zu messen oder abzuwägen, die vorhandene Karte abgezeichnet. Auf einen Zug, ohne abzusetzen, ohne zu korrigieren, entstanden auf dem zweiten Blatt Papier die Konturen der spanischen und portugiesischen Küste und draußen im Ozean die Inseln – Kanaren, Azoren, Kapverden. Ich habe so etwas noch nie gesehen. Mit der wundersamen Sicherheit eines Zugvogels, der auf sein Ziel zufliegt, zog der Federkiel in seiner Hand den Weg, klar, gleichmäßig, vollkommen. Es nahm mir den Atem.

»So«, sagt er. »Nun haben wir zwei Karten.« (Während er die Städte und Häfen einträgt und die Inseln mit Namen beschriftet.) »Ich werde jetzt in die geheime Karte eintragen, wo wir uns wirklich befinden.«

»Wo wir uns befinden? Auf welche Weise habt Ihr das errechnet, Don Cristobal?«

»Das mußt du nicht lernen, Pedro,« sagt er abweisend. »Es genügt, wenn du in der Lage bist, in diese Karten einzutragen, was ich dir für Angaben mache.«

»Ist es ein Geheimnis?« frage ich.

»Es ist eine Kunst«, erwidert er und hantiert mit dem Besteck.

Seine Bewegungen sind zielsicher und ruhig. »Man nennt es Gissen. Ich ermittle mit Hilfe der Geschwindigkeit des Schiffes, der Richtung und Stärke des Windes, der Abdrift, die ich beobachte, mit dem Kompaß, den Sternen. Ich kenne das Meer. Das Meer und ich, wir machen gemeinsame Sache.«

Eine Formulierung, zu der man sich ein Lächeln dazudenken möchte. Aber er verzieht keine Miene.

»Nun nimm deine Karte zur Hand«, ordnet er an. »Du hast gesehen, wie ich es mache, nicht wahr? Du wirst jetzt die Karte zeichnen, die für die anderen bestimmt ist.«

»Wie meinen Euer Gnaden das?«

»Tu einfach, was ich dir sage. Trage hier oben 10 Leguas ein. Nicht 15. Setze den Zirkel so an. Beschreibe den Kreis kleiner. Lege die Tangente weiter nach Südsüdwest. So ist es gut.«

Benommen folge ich seinen Anweisungen. Ich fälsche also die Seekarte.

»Gestatten Euer Gnaden die Frage, warum das geschieht?« murmele ich.

»Gute Seekarten sollten Geheimnisse sein«, antwortet er, als sei das eine Selbstverständlichkeit. »Man behält sie für sich.«

»Aber werden die anderen Kapitäne nicht auch ihre Messungen und Berechnungen anstellen?«

»Gewiß werden sie das. Aber im Gegensatz zu mir werden sie darüber nicht Buch führen. Wir werden uns vielleicht über Einzelheiten streiten oder auch nicht, ich werde ihnen manchmal auch recht geben, und sie werden es wieder vergessen. Nur ich werde die Route kennen, die wir segeln. Es wird erst wichtig, wenn wir die Inseln hinter uns haben, aber es ist besser, jetzt schon anzufangen.«

Er redet über diesen Betrug, als müsse das so sein. »Außerdem«, fährt er fort, »Muß ich mich hüten vor diesem Basken.«

Er macht eine Kopfbewegung zum Vorschiff, und ich begreife, daß er den Schiffseigner meint, Juan de la Cosa. »Ich habe dies Schiff gemietet für 750 Leguas westwärts und zurück. Es werden aber wahrscheinlich mehr werden bis Indien. Das muß er nicht wissen.«

Ich starre ihn an mit aufgerissenem Mund. Der Genuese, wie er im Buche steht, fährt es mir durch den Kopf. Gerissen und schlau. Und meine Angst, diese Beklommenheit, die mich schon die ganze Zeit verfolgt, wird auf einmal übermächtig, so daß ich fragen muß: »Warum vertraut Ihr all diese Dinge mir an, Don Cristobal? Wer bin ich denn?«

Die ozeanischen Augen nehmen mich ins Visier. »Ich glaube nicht, daß ich dem Flottenschreiber trauen kann«, sagt er. »Nach ihm bist du der einzige, der Latein versteht. Wahrscheinlich besser als ich, nehme ich an.

Du bist klug. Du lernst schnell, wie ich sehe. Aber du bist nur ein Grumete. Im Ernstfall wird dir niemand glauben. Außerdem gibst du vor, etwas anderes zu sein, als du bist.«

Ich fühle, wie sich die Haare auf meinem Arm aufrichten. Beim Gott meiner Väter, was weiß er? Was sehen diese Augen?

Ein Schatten fällt über den Tisch. »Ist es erlaubt, einzutreten?« fragt eine tiefe Stimme. Auf der Schwelle steht ein älterer Mann, fast kahlköpfig, sein Rücken ist rund, er trägt eine Tasche aus Segeltuch in der Hand.

»Ich habe Euch ja bestellt, Maestre Bernal«, sagt der Admiral. »Eine alte Wunde unter der Achsel schmerzt seit gestern. Werft bitte einen Blick darauf. Und du, Pedro, hast einen Tintenklecks gemacht, zum Glück nur auf das Tischtuch, nicht auf die Karten. Nimm das Tuch ab. Wir brauchen es ohnehin nicht auf dieser Reise.«

Während ich seinen Anordnungen folge, noch benommen von dem, was er mir da eben gesagt hat, entledigt er sich seines Hemdes. Ich wende mich ab, und der ältliche Mann hantiert mit den Dingen aus seiner Tasche. Das also ist der Schiffsarzt, der, von dem die Jungen zu berichten wußten, er sei ein Marrane aus Moguer.

»Es ist nichts, Euer Gnaden«, bemerkt er gerade, »oder doch so gut wie nichts. Vielleicht das Wetter. Jedenfalls keine Entzündung zu sehen.«

»Aber ich spüre es doch«, beharrt der Admiral.

»Man spürt manchmal Dinge, die nicht da sind.«

»Das kann ich verstehen. Und andere Dinge sind da, die keiner spürt. Nein, laßt nur, Maestre. Keine Salben, wenn eigentlich nichts ist. Wie ist der Zustand der Mannschaft?«

»Sie strotzt geradezu vor Gesundheit – sieht man einmal von solchen Kleinigkeiten ab wie dem Mal de mar. Euer Arzt wird sich langweilen auf der Überfahrt.«

»Gut so. Ach, da Ihr schon hier seid – versorgt dem Jungen die Hände. Es hindert ihn daran, mich zu bedienen und für mich zu schreiben. Du bist entlassen, Pedro. Ich lasse dich rufen.«

15

Meine Rückkehr aus der Toldilla des Admirals auf die Planken des Schiffs ist nicht gerade ein Triumphzug. Gehässige Blicke und boshafte Bemerkungen von allen Seiten. Kein Gedanke, daß man die Anweisung des Admirals befolgt und mich vom Dienst auf dem Schiff ausnimmt. Als erstes wird mir ein Eimer und ein Ginsterbesen in die Hand gedrückt, obwohl ich gar keine Wache habe. Ich muß das Deck schrubben und wässern – in der Hitze schrumpfen die Planken leicht und es gibt Risse und Verwerfungen. Natürlich werden meine mit Salbe bestrichenen Handflächen zum Gegenstand des Hohns. »Don Fantástico hat seinem Schoßhündchen die Pfoten balsamiert!« lachen die Peones.

Ich schweige und mache die Arbeit, die man mir aufträgt, obwohl ich mich schwach und schwindlig fühle. Ich habe kaum geschlafen und eine halbe Ewigkeit nichts mehr gegessen – der Admiral hat mir nichts angeboten von den Dingen, die auf seinem Tisch standen, und ich war auch zu aufgeregt und zu anderwärts beschäftigt, um meinen Hunger zu verspüren. Nun krampft sich mein gemarterter Magen zusammen. Die Zeit des Wachwechsels ist vorbei, also wird es vor Mittag nichts geben.

In einem freien Augenblick entdecke ich, daß mein Bündel durchwühlt worden ist. Ich danke dem Himmel, daß ich die Gebetsriemen meines Vaters vergraben habe, bevor ich zu Schiff ging. Sie haben nichts Verdächtiges entdecken können. Da sind nur ein paar alte Hosen und mein zweites Hemd, die zerschlissene Schärpe, es zu binden – das besorgen jetzt die Taue um meinen Bauch – , ein hölzener Kamm, ein Messer, so stumpf und schartig, daß sie es nicht einmal für wert hielten, es zu klauen. Mein Geldbeutel enthielt ohnehin keinen Maravedo mehr. Das ist alles beim Schiffsschreiber draufgegangen.

Ich schnüre die Sachen wieder zusammen und versetze dem Bündel einen verächtlichen Fußtritt. Ob ich das habe oder nicht.

»Hat dich wer beklaut?« fragt mich einer der Matrosen. »Das waren bestimmt die Basken. Alle Basken sind diebisches Volk.«

»Mich hat keiner beklaut, weil es nichts zu klauen gibt«, erwidere ich.

»Na ja, trotzdem. Halt dich nicht soviel mit den Basken auf. Du bist doch 'n Andalusier, nicht wahr? Die Andalusier sollten zusammenhalten.«

Ich zucke die Achseln. Sehe nicht den geringsten Grund, der mich zu den Andalusiern treiben soll, zu Alonso und Konsorten. Die Basken sind freundlich zu mir.

»Ich denke, der Schiffseigner ist auch ein Baske?« frage ich.

»Nicht bloß der!« verrät mir mein Gesprächspartner. Er senkt die Stimme. »Das ganze ist eine einzige Verschwörung von Basken und anderen Ausländern. Wenn wir nicht aufpassen, kippen sie uns alle eines Nachts über Bord.«

»Warum denn?«

»Einfach so. Weil sie Scheißkerle sind. Sie wollen uns los sein, damit sie das Gold für sich allein haben.«

Noch hirnverbrannter geht es gar nicht. Andalusischer Verfolgungswahn. »Versteh ich nicht«, sage ich. »Dann haben wir doch zu wenig Mannschaft. Dann macht doch keiner die Arbeit.«

»Richtig!« sagt der Bursche, als hätte ich ihm gar nicht widersprochen. »Wir machen für die die Arbeit. Und sie wollen alles einheimsen. Wart mal ab. Irgendwann zeigen die ihr wahres Gesicht. Stecken alle unter einer Decke – Basken, Genueser, Venezianer, Mauren, Juden.«

Darauf habe ich gewartet.

»Und wo sind die, die Mauren und Juden?« frage ich herausfordernd.

»Die werden sich schon noch entpuppen. Wir entlarven sie!« sagt er drohend. Mir wird ganz mulmig. Aber zum Glück ruft Garcia nach mir.

»He, Junge, wenn du sowieso arbeitest, auch wenn du nicht dran bist, dann geh mir doch gleich mal zur Hand. Bring mir Feuerholz und hilf mir, die Rüben zu putzen.«

»Laß dich nicht von dem schikanieren!« rät mein andalusischer Freund mir noch. Aber ich bin froh, etwas für Garcia zu tun. Er ist mir wohlgesonnen, und solange ich etwas für ihn arbeite, können die anderen nichts wollen. Außerdem ist es mir bei meinem Riesenhunger mehr als recht, gleich an der Quelle zu sitzen.

Aber – neues Entsetzen! Die Rüben, die heute zubereitet werden, kocht Garcia versetzt mit dem Pökelfleisch aus der Tonne. Mit Schweinefleisch.

Damit haben sie immer wieder die Conversos als Marranen entlarvt, mit diesem Schweinefleisch. Die jüdischen Speisegesetze bezeichnen das Schwein als unreines Tier. Juden ekeln sich nun einmal davor, Schweinefleisch zu essen, auch wenn sie zum Christentum übergetreten sind. Das muß überhaupt nichts mit dem Glauben zu tun haben. Es gehört einfach zu den Lebensgewohnheiten. Kein Mensch in Spanien, gleich ob Moslem, Christ oder Jude, wäre in der Lage, beispielsweise Maden oder Schmeißfliegen zu verzehren. Dabei schmecken sie ja möglicherweise gar nicht schlecht. Und nur, wenn einer daherkommt und auf einmal predigt: Eßt Maden, eßt Schmeißfliegen! Sie sind köstlich und bereichern den Speiseplan!, so würde deshalb doch niemand in der Lage sein, von heute auf morgen seinen Ekel zu überwinden. Er ist so erzogen. Genauso ist es mit dem Schweinefleisch. Da mochten sie aus tiefstem Herzen christlich geworden sein und hinbeten zum dreieinigen Gott – aber sie brachten das Fleisch des unreinen Tiers nicht über die Zunge. Und schon hieß es: Aha. Euer Christentum ist nur Heuchelei. Denn ihr haltet ja die Speisevorschriften der Juden weiter ein ...

Ich bin keine Conversa. Ich müßte nicht einmal so tun, als würde ich dergleichen essen wollen. Ich kann und will es nicht. Ich bin eine Jüdin, die die Gebote hält. Ich weiß. Vor dem Fall Granadas, als der Hunger die Mauren peinigte, sollen sie sogar Leichenteile vertilgt haben. Aber ich stehe nicht vorm Hungertod, auch wenn ich Hunger habe. Ich werde nichts hiervon essen.

Also täusche ich einen neuen Anfall der Seekrankheit vor, und während der Duft der Rübensuppe verführerisch meine Nasenlöcher kitzelt, tue ich so, als würde ich über der Reling hängen. Ein Stück Vizcocho wird sich schon finden zu Beginn der nächsten Wache.

16

Die Fumos, die Rauchzeichen des Kohlebeckens der *Santa Maria,* rufen die beiden anderen Schiffe der Flotille heran zur Kapitänsbesprechung. Wir machen noch immer volle Fahrt, und inzwischen bin ich in der Lage, zu bewundern, mit welch vollendeter Leichtigkeit sich die beiden Karavellen der Pinzons an unser schwerfälliges Nao heranmanövrieren. Der Admiral, wieder im roten Mantel, das Barett auf dem weißen Haar, steht oben auf dem Achterkastell, das Sprachrohr in der Hand. An der

Besprechung nehmen die Schiffsführer und die Navigatoren, die Piloten, teil. Ich bemerke, daß niemand von der Besatzung, die Bootsmaate vielleicht ausgenommen, sich für das interessiert, was da verhandelt wird. Navigation und Strategie sind Sache der Offiziere. Das muß den gemeinen Mann nichts angehen. Der führt Befehle aus.

Aber auch ich kann kaum folgen. Der Wind verweht die Stimmen, sicher kann sich der vieles zusammenreimen, der weiß, um was es geht, und dazu gehöre ich nicht. Ich bekomme aber mit, daß die Navigatoren der *Pinta* und der *Niña* die Berechnungen des Columbus hinsichtlich der Geschwindigkeit – wie nannte er es? Schätzen? Nein, Gissen – voll bestätigen. Sie allerdings haben das Logscheit, die Corredera, zu Hilfe genommen.

Dann geht es, wenn ich recht verstehe, noch um die Form der Segel. Die *Santa Maria* und die *Pinta* haben große viereckige Segel. Die zierliche kleine *Niña* benutzt Dreieckssegel, die sie Lateinersegel nennen. Der Admiral will, daß die *Niña* auf den Kanaren ihre Betuchung umrüstet, und Kapitän Yañez Pinzon widerspricht. So sei die Karavelle wendiger und schneller.

»Andere Winde erwarten uns!« tönt der Befehlshaber durch seinen Sprechtrichter. »Wartet ab, wenn wir erst hinter den Inseln kreuzen! Eure Segel werden sein wie die Flügel eines Schmetterlings im Gewitter!«

Dann folgen noch Anweisungen, die die Takelage betreffen und die bei den Herren Kapitänen der Karavellen nichts auslösen außer Schweigen und betretene Gesichter. Kein Kommentar und keine Widerworte.

Als sich die Schiffe wieder trennen, um weiter Fahrt zu machen, stiebt die *Niña* so übermütig und elegant davon wie ein junges Mädchen zum Fandango, und der Wind bläht ihre dreieckigen Segel, als seien es Jungfernhemden.

Aber dann, als alle Schiffe ihre Position eingenommen haben, werden überall die gleichen Befehle erteilt, deren Sinn mir erst klar wird, als sie durchgeführt sind: Die Takelage wird verkürzt, die oberen Leinwände werden gerefft bis fast zur Hälfte des Mastes. Mit einem hohlen Heulen stürzt sich der Wind ins Tauwerk, es knattert und pfeift, knallend nehmen die verbliebenen Segel, gebaucht wie Fässer, den Druck in Empfang. Wir bewegen uns nun anders, ruckartiger, und auch langsamer.

Indes wird die Glocke angeschlagen, und einer der Peones plärrt: »An Deck, Ihr Herren Seeleute von der richtigen Partie! An Eure und des Herrn Piloten Wache. Schon ist es Zeit, flink auf die Beine ...«

Das nun ist meine eigentliche Wache, und ich begebe mich als erstes zum Stundenglas, um es zu wenden, wie es sich gehört, wobei ich im stillen Gott danke, daß ich einmal wieder drum herum gekommen bin, die Rahen zu erklettern.

Einer der baskischen Matrosen, die ich schon kenne, zurrt neben mir eine der Wanten am Block fest. Er ist ein bißchen langsam, aber nicht von der groben Sorte.

»Weißt du, was das zu bedeuten hat?« frage ich und deute mit dem Kinn zu unseren leeren Masttoppen hoch.

»Hm«, knurrt er und zieht den Törn fest. »Ich kann's mir zumindest denken.«

Davon bin ich auch nicht schlauer. Aber wie ich mitbekomme, bin ich nicht allein mit meiner diesbezüglichen Neugier. Die Stimmung ist gedrückt, und aus halben Andeutungen mache ich mir schließlich ein Bild.

Die Portugiesen! Das ist die einhellige Meinung.

Offenbar befürchtet der Admiral, daß hier portugiesische Schiffe auf Abfangkurs sein könnten. Darum läßt er die Segelfläche verkleinern, damit man uns erst später am Horizont ausmacht. Die Vermutung wird bestätigt, als die besten Leute mit den schärfsten Augen nach oben ins »Krähennest« geschickt werden, um den Nordosten im Auge zu behalten. Dann sind wirs nämlich, die die Portugiesen zuerst sehen, und können versuchen, ihnen zu entwischen.

Die Portugiesen also. Nein, es herrscht kein Krieg zwischen Spanien und Portugal. Man befindet sich nur in einer Art Wettlauf um Handelsplätze, Absatzgebiete und Einflußsphären, doch darin ist der Kampf gegeneinander so heftig, daß der Papst höchstpersönlich eingegriffen hat und sozusagen mit eigener Hand eine Demarkationslinie durch das Meer zog, die portugiesische und spanische Gewässer trennt. Doch auch wenn wir uns jetzt in spanischem Seegebiet befinden – das Eindringen von Piraten beider Seiten in das andere, verbotene Gewässer ist nicht selten. Höchste Vorsicht und Aufmerksamkeit ist also geboten. Zumal wir völlig unbewaffnet sind, wenn man von der einen Bombarde absieht, die losdonnern soll, wenn Land in Sicht ist. Ein einziger bewaffneter portugiesischer Schnellsegler kann diese ganze Flotille in den Grund bohren.

Schöne Aussichten! Die Frage bleibt, warum sie gerade auf uns so scharf sein sollen, daß wir uns hier langschleichen müssen, geduckt wie ein Kaninchen vor der Schlange.

In einer freien Minute getraue ich mich, Garcia danach zu fragen. Er verzieht den Mund zu einem schiefen Grinsen.

»Die Portugiesen lieben unseren Admiral über alles«, sagt er und zieht das untere Augenlid mit dem Finger herunter. »Weißt du nicht, daß er schon mal in Portugal versucht hat, seine Schiffe für diese Fahrt nach Indien zu kriegen?«

»Doch, das weiß ich«, entgegne ich, obwohl es nicht stimmt. »Aber König Johann hat ihm wohl nicht geglaubt.«

Garcia nickt. »Hm. Mag sein, daß es ihm jetzt leid tut. Mag sein, daß es so ist wie mit dem Hündchen, das seinen Knochen erst fressen will, wenn man nach dem großen Hund ruft. Wenn Fernando und Isabel, die Majestäten, Señor Colon ernst nehmen, dann muß ja was dran sein. Kann sein. Kann aber auch ganz anders sein.« Er macht eine bedeutungsvolle Pause und fährt dann mit gedämpfter Stimme fort: »Es heißt, unser Admiral mußte damals Hals über Kopf weg aus Lissabon. Sie waren ihm auf den Fersen. Es heißt, er hätte etwas mitgehen lassen, von dem sich die Majestäten sehr ungern trennten. Ein Staatsgeheimnis.« Er legt die Hand an den Mund. »Señor Colon soll in seiner Hosentasche die Kopie einer geheimen Seekarte aus dem portugiesischen Kronarchiv mitgenommen haben. Und so was haben die hohen Herren nun überhaupt nicht gern.«

Darüber kann ich nun nachdenken, während ich meine Arbeit mache.

Es ist richtig, Seekarten sind Staatsgeheimnisse. Sie sind ja gleichzeitig Schatzkarten, Führer zu den Teilen der Welt, wo es etwas zu holen gibt, und je schneller und genauer man die ansteuert, desto größer wird der Lohn sein. Jeder Kapitän versucht, seine Segelkarte zu verschleiern, so sehr, daß es manchmal fast lächerlich ist. Das weiß jedes Kind. Das wissen sogar die ungebildeten Matrosen dieses Schiffs. Aber eine Karte, um derentwillen eine königliche Flotte auf Abfangkurs geht? Ich erinnere mich dunkel, daß mein Vater mir von einem italienischen Gelehrten erzählte, der Toscanelli hieß und der für Portugal eine Art Weltkarte gezeichnet haben sollte. Aber damals war ich ein Kind, und außerdem interessierte ich mich nicht für Karten, gleich, ob darauf die Antipoden oder die Gewürzinseln Reicharabiens abgebildet waren. Mein Interesse für Geographie erwachte erst, wie das vieler tausend Juden, als es darum ging, nach Ländern zum Überleben zu suchen ...

Die Weltkarte des Toscanelli. Und Don Cristobal sah sie und hat sie kopiert ...?

Jedenfalls segeln wir mit äußerster Vorsicht, einen ganzen Tag lang, bis der Admiral Entwarnung gibt und wir wieder voll über die Toppen Segel setzen. Woher er weiß, daß die Gefahr vorbei ist, kann mir keiner erklären. Sie zucken nur die Achseln und sagen: »Er kennt eben das Wasser.«

17

Nun haben sich offenbar auch die hohen Herren Passagiere von der Seekrankheit erholt. Sie kommen aus ihren Löchern gekrochen, noch grün im Gesicht und auf schwankenden Beinen, stehen mit geschlossenen Augen an der Reling und atmen tief die salzige Luft, und der Mann, den Garcia als einen Majordomus vom Hof der Majestäten bezeichnet und der wohl so eine Art Diener für die Señores ist, kommt zu Diego und verlangt von ihm dies und das zum Wohlbefinden der feinen Leute. Diego gibt sich Mühe, höflich zu sein. Die rote Wollmütze gezogen, hört er sich die Ansprüche an und nickt mit dem Kopf, aber man sieht ihm an, daß er vor Ungeduld beinahe platzt.

Ich sitze neben Garcia, meine Wache ist vorbei, ich bin todmüde und knabbere an einem Stück steinharten Fladenbrots mit Käse. Bei Garcia fühle ich mich beschützt. Er scheint mich zu mögen, und solange ich in seiner Nähe bin, traut sich keiner der Peones an mich heran. Jetzt macht er seine Bemerkungen über die Mitreisenden, während er sein Feuerchen schürt und sich von mir Reisig kleinbrechen läßt – denn die Herren wollen speisen. Ich höre aufmerksam zu. Alles, was ich weiß, kann mir von Nutzen sein.

»Diego de Harana«, quetscht Garcia durch die Zähne

und weist mit seinem Kochlöffel auf einen Lockenkopf mit Blatternarben im Gesicht, »unser Alguacil, unser Polizeibeamter für alle Schiffe. Ich denke, sein bester Kunde dürfte er selbst sein. Ein Kuppler aus Cordoba, hat seine eigene Base dem Genuesen ins Bett geliefert. Der hat ihr ein Kind gemacht, und nun darf Don Diego mit auf große Fahrt. Ein Protektionskind, wie es im Buche steht. Na ja, jeder sorgt für die Familie.«

Garcia vermischt die restlichen Rüben mit einer neuen Portion Schweinepökel. Die hohen Herren kriegen keine Extrawurst. Gegessen wird, was die Kelle gibt. Hätten ja zu Haus bleiben können. Ich muß an den Schiffsarzt und den Übersetzer denken, wie denen diese Kost wohl zusagen wird.

Der Schiffskoch brummelt indessen weiter. »Der mit dem steifen Kragen da – na, wie lange sie das Zeugs wohl auf dem Schiff tragen werden? – das ist der Veedor Real, der Beamte, von den Majestäten an Bord befohlen, damit er die Beute überwacht, wenn wir denn da sind. Vertrauen ist gut, Kontrolle ist besser. Er heißt übrigens Sanchez. Sagt dir das was? Sanchez aus Segovia. Ein Verwandter von Luis Santangel. Und Santangel ist der Mann, von dem die netten, kleinen Maravedis stammen, mit denen der Admiral die Schiffe hier gemietet hat, verstehst du? Also im Auftrag von den Majestäten. Und der Brötchengeber ist Luis Santangel.«

Ich weiß das länger als er. Aber immerhin bin ich beeindruckt von dem, was sich so in den Hafenkneipen herumgesprochen hat.

»Der da«, fährt Garcia fort und macht wieder eine Kochlöffelbewegung, »ist der Flottenschreiber, Señor Escobedo. Der hat's faustdick hinter den Ohren. Der nimmt's von den Lebendigen.« Also das kann ich bestätigen. Über Escobedo muß man mir nichts erzählen.

»Und wer ist dieser Lange da?« frage ich, während ich Garcia das Feuerholz Scheitchen für Scheitchen zuschiebe. Er genießt es sichtlich, wie ich auf sein Spiel eingehe, und grinst mich schief an. »Das ist der große Unbekannte. Don Geheimnisvoll«, entgegnet er. »Gutierrez heißt er. Pedro, wie du. Pedro Gutierrez. Fährt angeblich als Privatmann mit. Soll die Überfahrt sogar bezahlt haben.«

(Da ist er nicht der einzige, denke ich.) Indes fährt Garcia fort und kneift verschwörerisch ein Auge zu: »Wenn du mich fragst, *das* ist er überhaupt: Auge und Ohr von Isabel und Fernando. Ich verwette meinen Ohrring gegen eine schimmelige Sardine, wenn der nicht bei der Heiligen Bruderschaft ist.«

Ein Gefühl von Kälte kriecht mir den Rücken herunter. Die Heilige Bruderschaft, Santa Hermandad, das sind die Schnüffler der Inquisition, diejenigen, die den geistlichen Herren die Opfer verraten und zutreiben und dafür nicht nur die himmlischen Freuden versprochen bekommen, sondern auch noch auf Erden klingenden Lohn. Freilich, in der letzten Zeit schien es, als sei die Hermandad ganz überflüssig, denn jeder gute Spanier von reinem Blut übernahm diese Arbeit mit Freuden. Ich weiß, daß es eine der Bedingungen von Santangel war, keinen Priester und keinen aus der Bruderschaft mit auf die Reise zu nehmen.

Ich versuche, ruhig zu bleiben. Garcia ist ein einfacher Matrose, und er bringt bestimmt auch Sachen durcheinander oder sitzt Gerüchten auf. Durchaus möglich, daß die Majestäten noch einen persönlichen Informanten oder Aufpasser mitgeschickt haben. Aber darum muß er doch nicht gleich mit dem Großinquisitor Torquemada zu tun haben ... Diesen Gedanken muß ich einfach verdrängen. Es gibt genug, worüber ich mir den Kopf zerbrechen muß hier an Bord, um zurechtzukommen.

Die Sache mit der möglichen portugiesischen Verfolgung hat die Zungen der Männer gelöst. Es kommt ihnen allen wohl so vor, als seien sie einer wirklichen Gefahr entronnen, nicht nur einer angenommenen, und nun plaudern sie, wenn der Dienst es zuläßt, über das, was auf sie zukommt.

Ich sitze mal wieder bei den Basken; es hat sich so ergeben, weil ich die Wache mit ihnen geteilt habe, und außerdem sind sie mir nun mal sympathischer als die Andalusier. Von ihnen weiß ich wenigstens, daß keiner einen meiner Verwandten in einen Kessel mit kochendem Wasser gesteckt hat oder, um ihn zu bekehren, einem Vater seinen Knaben weggenommen und zuschanden geschlagen hat, wie es meinem Onkel mit meinem Vetter geschah. Die baskischen Männer hier waren alle entweder auf großer Fahrt im letzten Jahr oder da oben im Norden, in ihrem Land. Außerdem haben sie, bis auf Garcia und Diego, die mir freundlich gesonnen sind, die liebenswerte Eigenschaft, mich einfach nicht zur Kenntnis zu nehmen. Und da der Schiffseigner ein Baske ist, werden die Seeleute aus dem Süden des Landes zur Zielscheibe ihres Spotts.

»Da hat doch einer dieser andalusischen Tölpel wirklich gemeint, die Welt ist so was wie 'ne Suppenschüssel und wir segeln nun auf den Tellerrand zu«, bemerkt ein rundgesichtiger Kerl mit Doppelkinn und typisch nördlichem Akzent und ruft damit das abfällige Gelächter der baskischen Fraktion auf den Plan. So was von Dummheit aber auch! Das weiß doch jeder Anfänger, wenn er nur einmal zur See gefahren ist, daß man von fremden Schiffen am Horizont erst die Mastspitzen und die Segel sieht und dann den Schiffsrumpf. Sonst hätte der Admiral ja nicht die Segel oben stutzen lassen. Klarer Fall.

»Hm«, gibt ein Jüngerer zu bedenken, während er sich mit seinem Entermesser einen angerissenen Fingernagel amputiert, »trotzdem versteh ich was nicht. Wieso kann ein Schiff den Berg hochfahren?«

Einen Augenblick herrscht nachdenkliches Schweigen. Dann sagt Chachu der Bootsmann überlegen: »Dummkopf! Der Wind schiebt es den Berg hoch. Der Wind und die Strömungen.« Diese Erklärung scheint allen einleuchtend. Trotzdem sitzen sie da und grübeln.

»Ist einer von euch schon mal über die Inseln vorm Wind hinausgereist?« fragt der Jüngere wieder.

»Von uns keiner«, brummt Chachu. »Aber frag mal die da!« Er zeigt mit dem Daumen auf eine Gruppe von vier Männern, die es irgendwie eingerichtet haben, daß sie immer gemeinsam Wache haben und sich deutlich von den anderen absondern. »Die hat der Admiral persönlich angeheuert, und es heißt, er hat sie aus – na, lassen wir das. Ich will mir hier nicht das Maul verbrennen. Die sollen schon mal mit ihm gefahren sein. Raus ins grüne Meer der Dunkelheit da vorn im Westen.«

Das Grüne Meer der Dunkelheit. In das auch wir bald aufbrechen werden. Nicht gerade eine vertrauenerweckende Bezeichnung. Sie ruft unbehagliches Schweigen hervor. Und diese vier nach irgendwas zu fragen, scheint auch niemand die rechte Lust zu haben. Das kann ich verstehen. Sie sehen nicht unbedingt so aus, als wenn sie gern mit jemand plauderten.

»Na ja,« sagt der mit dem Doppelkinn schließlich und schneuzt sich. »Die Portugiesen fahren ja auch da rum in der Gegend.«

»Das ist ein feiner Trost«, erwidert Garcia der Schiffskoch mit einem trockenen Auflachen. »Daß wir diesen Kopfgeldjägern möglicherweise auch noch hinter den Kanaren begegnen werden. Außerdem weiß jeder, daß die Portugiesen nur sozusagen 'nen Umweg fahren, um nach Afrika runter zu kommen. Sie lassen dies verdammte Meer der Dunkelheit einfach steuerbords liegen, versteht ihr! Und segeln südsüdwest.«

»Wir segeln auch südsüdwest«, läßt sich noch wer vernehmen, und wieder herrscht betretene Stille.

»Ich möchte eure Sorgen haben!« mischt sich jetzt ein Graukopf mit einem Halstuch aus maurischer Seide ein, von dem er sich offenbar niemals trennt. Seine Stimme klingt gereizt. »Welchen Kurs wir setzen, das ist nicht unsere Sache. Das haben die Herren Kapitäne zu machen, dafür hat sie Gott der Herr bestimmt. *Die* haben zu machen, daß wir heil hin und zurück kommen. *Die* müssen sich verantworten vor Gottes Gericht für das Schicksal ihrer Mannschaft. Wenn wir anfangen, uns *ihren* Kopf zu zerbrechen – da kämen wir weit. Jeder auf seinem Platz, sage ich immer! Ob Südsüdwest oder Nordost – das ist mir gleich.« Er hebt den Bojito und läßt den Strahl, gemischt aus Wein und Wasser, in seinen geöffneten Mund fließen.

»Ist ja richtig!« sagt Garcia beschwichtigend. »Trotzdem. Wenn mich die Fische fressen oder die Portugiesen an die Rahe hängen, ist mir das auch kein Trost, daß dafür der Admiral in die Hölle kommt.«

Die Männer lachen.

»Nichts mit Fischen und nichts mit Portugiesen«, bemerkt Chachu forsch und aufmunternd. Schließlich ist er als Bootsmann ja so eine Art Zwischenglied zwischen Offizieren und Mannschaften und muß die Moral hochhalten. »In Gold werden wir schwimmen! Juan de la Cosa hat's gesagt. Und die Pinzons auch. Ich halt sonst nichts von denen aus Palos und Moguer, aber die Pinzons haben 'ne Nase für Gold, das laßt euch gesagt sein. Und der Admiral hat 'ne Nase fürs Gold. Alle Genuesen wissen, wie sie ihr Schäfchen ins Trockene bringen. Wenn wir erst mal angekommen sind – «

»Ja, *wenn* wir erst mal angekommen sind«, läßt sich wieder der Jüngere vernehmen, und wieder senkt sich das Schweigen auf die Männer herab.

»Wir haben 750 Leguas im Vertrag«, erwidert Chachu energisch. »Und wir segeln keine Handbreit weiter. Dafür wird der Schiffseigner schon sorgen. Ich kenne de la Cosa, ich bin seit Jahren mit ihm hier auf der »Gallega« – auch wenn sie jetzt *Santa Maria* heißt. Der läßt sich nicht bescheißen.

»Na schön«, sagt der mit dem Doppelkinn. »Alles mal angenommen. Es klappt. Wir sind da. Wir kriegen mehr Gold, als wir tragen können. Wunderbar. Aber wie kommen wir wieder zurück?«

»Wie meinst du das?« fragt der Jüngere nervös.

»Daß die Erde keine Suppenschüssel ist, weiß jedes Kind. Sie ist so was wie 'n Ball. Oder wie der Apfel hier.« Er langt rüber zu Garcias Vorratskorb und nimmt sich einen Apfel, ehe der einschreiten kann, und das Messer des Jungen dazu, mit dem der sich gerade seine Nägel gesäubert hat, und fährt auf der Haut des Apfels entlang. »Also seht mal. So. Wenn hier Spanien ist – hier sind wir. Und nun segeln wir immer hier runter. Immer so rum. Immer vorm Wind. Klar haben wir guten Wind und Wasser. Geht ja bergab. Aber zurück? Da müssen wir doch gegen den Wind und gegen die Strömung. Wie sollen wir da wieder hochkommen?«

Sein Messer fährt in den Apfel, er teilt ihn und beginnt ihn unter Schmatzen zu verzehren. Ich hebe die Hände an den Mund, um mein Lachen zu unterdrücken, und dann fällt mir ein, daß dies Argument der ungebildeten Seeleute – wie kann ein Schiff bergauf fahren? – auch bei einem Kongress der Gelehrten in Salamanca benutzt wurde, und hüte mich vor Überheblichkeit. Woher sollen sie's wissen? Natürlich wollen sie wieder zurück. Nicht, wie ich und möglicherweise noch ein paar andere, nur hin.

»Paß mal auf«, sagt mein Schiffskoch, »wenn du hier mit deinen windigen Ideen kommst als Vorwand, weil du dir 'nen Apfel klauen willst, dann hau ich dir als nächstes 'nen Holzscheit über den Schädel! Bergauf – bergab – alles Unsinn! Wenn ihr hier weiter rumhocken wollt und rumphantasieren, dann macht das nur. Ich hab dazu keine Zeit. Ich muß noch was vorbereiten für morgen. Komm, Pedro, geh mir zur Hand. Keine Müdigkeit vorschützen, Muchacho.«

Im Weggehen höre ich noch, sozusagen als Auftakt der nächsten Runde: »Aber es heißt nun mal Grünes Meer der Dunkelheit, und keiner hat's je zuvor ganz gesehen.«

Garcia geht mit dem wiegenden Schritt, mit dem man sich hier auf Deck am sichersten vorwärts bewegt, zur Proa, dem Vorschiff, und ich tapse hinter ihm her. Keine Ahnung, was er da will. »Es ist wegen dem Señor Sanchez«, knurrt der Koch und wartet, bis ich auf seiner Höhe bin, um mir so einen Schulterblick zuzuwerfen. »Der hat vom Admiral 'ne Sondererlaubnis. Hat so 'n empfindliches Gekröse, der Herr Veedor Real, der Königliche Aufsichtsbeamte. Also er verträgt nun mal überhaupt kein Schweinefleisch. Ist ja wahrscheinlich nicht der einzige an Bord. Aber der einzige mit Privilegien.«

»Was meinst du?« frage ich beklommen, während mir das Herz bis zum Hals schlägt.

»Was wohl. Wir schlachten ein Huhn.«

Das hatte ich im Trubel dieser Tage überhaupt nicht mitgekriegt. Es gibt tatsächlich Hühner auf diesem Schiff. Sie hocken in einem tragbaren Verschlag, eng aneinander gedrückt, und sind offenbar so verschüchtert, daß sie bis jetzt noch keinen Ton von sich gegeben haben. Ob sie wohl auch seekrank waren? Jedenfalls sehen sie nicht so aus, als wenn sie Eier legen würden. Sie sind wohl ausschließlich für Garcias Kochtopf bestimmt.

»Das Braune da in der Ecke«, sagt der Baske und öffnet die Tür des Verschlages. »Das wirkt sowieso schon, als wenn es bald abkratzen will. Na, los.«

Ich begreife in aufsteigendem Entsetzen, daß ich das Tier packen soll – mit diesen meinen Händen, ein warmes, zuckendes, sich sträubendes Wesen, ein Wesen, das zum Tod bestimmt ist.

Der Koch deutet mein Zögern falsch und bemerkt: »Einfach an den Flügeln packen, dann kann sie nicht weg. Mach schon«, und er zieht die Machete aus dem Gürtel.

»Nein«, sage ich tonlos.

»He, Junge«, sagt Garcia warnend. »Mach mal hier keine Zicken. Willst du eins hinter die Ohren?« Dann sieht er mich an. Ich spüre, daß meine Lippen zittern, und presse sie krampfhaft zusammen. »Hm«, knurrt er. »Hast du so was noch nie gemacht?«

Ich schüttle stumm den Kopf. Inzwischen bin ich wie in einer Lähmung.

»Ich fürchte, ich kann dir das nicht erlassen«, seufzt Garcia. »Wenn wir allein wären. Aber bei allem, was man hier macht, guckt das halbe Schiff zu. Das bringt viel mehr Fragen ein, als vielleicht gut sind, wenn du daneben stehst. Also: entweder du greifst das Huhn, oder du haust zu.« Er streckt mir die Machete entgegen. »Komm«, sagt er forsch. »Spiel nicht den Zierbengel.«

Ich kann das nicht anfassen. Etwas, das Angst hat. Etwas, das entkommen möchte. Meine Finger würden sich wie von selbst öffnen und es freilassen – frei wozu? Zu einer johlenden Hetzjagd übers ganze Schiff, vom Schiff herunter – wer war das Trampel? Dieser Grumete? Na, der kriegt seine Abreibung ...

Ich strecke die Hand nach der Machete aus.

Garcia greift in den Verschlag, und in dem Wirbel aus aufstiebenden Federn und dem wilden verzweifelten Gegacker packt er mit sicherem Griff das zum Tod bestimmt Tier und legt seinen Hals auf eine Ankerwinde.

Ich nehme das Schlachtbeil in beide Hände. So wie Judith das Haupt des Feldherrn Holofernes abschlug, als der Jerusalem belagerte. Plötzlich durchfährt mich ein wildes Gefühl des Hasses. Ja, töten, vergelten, zurückzahlen, was man mir und den meinen angetan hat! Es ist bloß ein Huhn. Ein Huhn für den großen Converso

Sanchez. Ich kneife die Augen schmal und schlage zu. Das Blut spritzt in hohem Bogen. Garcia läßt den Körper des Tiers los, und der kopflose Rumpf rennt unterm Gelächter der Männer in einem blutigen Regen übers Deck.

»Na, siehst du«, höre ich meinen Koch gerade noch sagen, »Es geht doch. Dafür kriegst du von mir auch 'nen Schlag Suppe extra.«

»Unnötig«, sage ich. Dann falle ich um.

Blut, überall Blut. Auf den Stufen unseres Hauses, in den Straßen der Alhama. Sogar die Wassertröge unter den Brunnen der Judenstadt sind rot gefärbt. Es ist unreines Blut, sagen sie, es gehört vergossen. Nur christliches Blut soll es noch geben in Kastilien. Darum hat sich Kastilien zu seiner Heilung eine Ader geöffnet und läßt das Ketzerblut davonströmen ... Blut an den Wänden der Häuser, so wie es verspritzt oder vergossen wurde. Aber manchmal auch wurde es benutzt, um damit ein Bild zu machen, wie es ein Maler mit Farbe macht. Ein Kreuz des Triumphes vielleicht über einem Mann mit Hut, Tallith und Gebetsmantel, der auf einem Scheiterhaufen steht ... Einen sechsstrahligen Stern, den man mit dem Christuskreuz übertüncht hat.

Nein, nein! Nicht weiter, Pedro! Dabei spüre ich die Hitze schon an meinen Füßen, ich rieche den Geruch ...

»Gottes Tod, laßt den Jungen in Ruhe, oder ihr kriegt es mit mir zu tun!«

Ich öffne die Augen, und gleichzeitig wird ein Schwall Wasser über meine Füße ausgekippt. Über mir steht breitbeinig Garcia, die Pütz in der Hand. Zwischen meinen Zehen stecken zwei gepichte Tau-Enden, deren Spitzen verkohlt sind. Offenbar haben sie gebrannt – der Scheiterhaufen an meinen Füßen.

»Man nennt das bei uns andalusisches Autodafé.

Kleiner Muntermacher. Was denkst du, wie schnell der wieder auf die Beine gekommen wäre!« vernehme ich die Stimme meines Kumpans Alonso, und mehrere lachen. Nicht so Garcia. Er ist fuchsteufelswild. »Andalusische Schurkerei nenne ich so was! Aber was soll man von euch Scheißkerlen aus dem Süden schon anderes erwarten. Dem eigenen Kumpel die Füße ansengen! Pfui Teufel!«

»Na, reg dich ab«, sagt wer anders aus der Mannschaft. »War doch bloß 'n Witz. Und was das damit zu tun hat, daß wir aus dem Süden sind, das würde ich gern mal genauer wissen.«

»Das kannst du genauer erfahren, unter Deck nach der nächsten Wache, wenn du Mumm hast.«

»Klar! Unter Deck und bei der nächsten Wache! So reden sie alle, die baskischen Hosenscheißer, wenn sie sich drücken wollen. Hier spielt die Musik, und so sieht die Gitarre aus!« Und zu meinem Entsetzen zieht er sein Entermesser halb aus der Scheide.

Garcia steht breitbeinig da, beguckt ihn sich von oben bis unten und bemerkt dann bedächtig: »Ach gucke, 'n Messerheld! Die haben wir aus dem Norden besonders gern. Einer von der Sorte, die sich lieber nicht auf ihre Fäuste verlassen. Na, kein Wunder. Sind eben alles Schlappschwänze. Übrigens, ein Messer hab ich auch.« Er hebt das Küchenmesser auf, das noch vom Blut des Huhns gerötet ist, und dann spuckt er dem anderen genau und gezielt vor die nackten Füße.

Aus der andalusischen Fraktion erhebt sich ein lautes Geknurr.

»Hurensohn! Baskischer Fischkopf! Komm bloß näher!«

Bloß nicht! Bloß nicht, daß sie anfangen, sich zu schlagen und auch noch mich zum Anlaß nehmen! Unausdenkbar, was daraus wieder für mich erwachsen könnte! Ich richte mich schnell auf und sage: »Laßt mal gut sein, Muchachos. Nicht soviel Aufregung. War doch wirklich bloß ein Witz, Garcia. Danke für den Beistand. Macht keinen Blödsinn, nein?«

Mit wackeligen Knien erhebe ich mich und entferne dann die angekohlten Taustücke von meinen Zehen. Wirklich ein hundsgemeiner Streich, den man jemandem auf diese Weise spielt. Ich versuche zu lachen. »Alles halb so schlimm.«

Noch immer stehen sie sich gegenüber und messen sich wie die Kampfhähne im Ring. Zu Garcia sind auch noch ein paar von den Basken getreten. Dann dreht sich zu meiner Erleichterung der Andalusier weg und sagt: »Lohnt ja nicht wegen der halben Portion. Ein andermal vielleicht.«

Die Kerle murren, aber sie sind wohl ganz froh, daß die Situation sich nicht zuspitzt. Soviel Verstand haben sie ja, um sich klarzumachen, was ihnen blüht, wenn sie sich gegenseitig an den Kragen gehen. Bestimmt kommen sie an den Mast und beziehen Prügel. Da beläßt man es doch lieber bei Drohungen, und nun haben sie ja wieder mich als Zielscheibe.

»Du mußt mir auch noch in den Rücken fallen!« schimpft Garcia, während die um Alonso höhnen: »So ein Weichei! So ein Muttersöhnchen! Kann kein Huhn schlachten! Kippt gleich um! Kann kein Blut sehen!«

»Vielleicht hab ich einfach zuviel Blut gesehen«, sage ich unbedacht, aber zum Glück kommen sie nicht auf die Idee, nachzufragen. Garcia drückt mir die Pütz in die Hand und bemerkt: »Na, wenn du's nicht sehen kannst, dann schrubb die Schweinerei hier vom Deck.«

Womit sich der Vorfall erledigt hat. Ich atme auf. Noch mal gut gegangen.

Während ich die Pütz am Strick ins Meer schmeiße, um das rotgefärbte Wasser auszugießen und frisches zu schöpfen, bemerke ich, daß ich beobachtet werde. Es ist der vierte der »Herren Passagiere«, jener Dolmetscher

Luis de Torres, den ich während seiner Seekrankheit habe hebräisch beten hören. Ob er wohl was abkriegt von der Hühnersuppe des Veedor Real? Jedenfalls, die Art, wie er mich beobachtet, gefällt mir gar nicht. Wenn ich mir nur darüberklar werden könnte, wie ich mich ihm gegenüber verhalten soll. Manchmal denke ich, das beste wäre, ihn einfach anzusprechen auf die Sache hin. Aber dann überkommen mich Zweifel. Es ist doch viel wahrscheinlicher, daß er annimmt, ich habe, geschüttelt vom Mal de Mar und als der dumme Teufel, für den er mich hält, überhaupt nicht mitgekriegt, was er gemacht hat. So grinse ich ihm so einfältig zu, wie ich es nur fertig kriege, aber das war wohl schon zuviel, denn er fährt zurück, als wenn ich einen Dolch gezückt hätte.

Oder ist so ein Lächeln von einem »Moses« schon zuviel Vertraulichkeit für eine Person von Stand? Immerhin bin ich der Moses, der als Page beim Admiral arbeitet. Oder gerade deswegen?

Natürlich. Er hat mitgekriegt, daß ich mehr auf dem Kasten habe als ein gewöhnlicher Grumete und daß ich in der Toldilla Dienst tue, und also hat er Angst vor mir...

Na gut, oder vielmehr schlecht, aber daran ist nun nichts zu ändern. Ich kann mich nur still verhalten ihm gegenüber. Vielleicht begreift er dann, daß er vor mir nichts zu befürchten hat.

Nein, der »Standesunterschied« kann es nicht sein: Während ich das Deck wische, kann ich sehen, daß er sich nicht zu fein ist, mit einem der Peones zu reden, und sogar bei Alonso scheint er sich anzubiedern.

Ich werde als nächstes eingeteilt, mit anderen zusammen die Vorräte im Laderaum umzustapeln und zu sortieren. Das ist wichtig. Die Lebensmittel müssen bewegt werden, damit sie nicht durch Ratten und Kakerlaken angefressen oder verdorben werden. Ich bin Diego dabei hochwillkommen mit meinen Schreibkünsten. Mit einer Tafel in der Hand stehe ich da und mache Strichlisten nach Diegos Angaben. So und so viel Sack Kichererbsen und Bohnen, soviel Faß Pökelfleisch und soviel Krüge Oliven, gedörrte Fischfilets und Laib Käse ... manchmal macht der Despensero Stichproben, um die Qualität zu prüfen. Es passiert immer wieder, daß man noch im Hafen bei der Lieferung betrogen wird. Heimlich tauschen die bestochenen Matrosen das gekaufte Gut gegen minderwertiges aus.

Meine Arbeit ist leicht. Bis auf den Gestank und die Hitze hier unten habe ich nichts auszustehen. Aber den Peones bin ich ein Dorn im Auge. »Nichtstuer! Hosenscheißer!« knurrt der eine mich an, als er ein Netz mit Vizcocho an mir vorbeischleppt. Sie lassen keine Gelegenheit aus, mich anzurempeln, wenn der Proviantmeister wegguckt. Ich muß sehr auf der Hut sein. Aber es läßt sich nicht verhindern. Als Diego kurz den Kopf aus der Luke steckt, um seine schweißnasse Stirn im Wind auszulüften, läßt der eine der beiden Handlanger ein kleines Mehlfaß mit voller Wucht auf meinen nackten Fuß fallen. Ich schreie auf.

»Was ist Pedro?« fragt der Despensero. Mir ist schwarz vor Augen. Mit gepreßter Stimme erwidere ich: »Nichts, Patrono. Hab mich gestoßen. Meine Dummheit.«

Vorsichtig hebe ich das Faß an, ziehe meinen Fuß darunter hervor und bewege ihn. Zum Glück scheint nichts gebrochen.

Der Kerl, der es gemacht hat, spuckt in die Teerbrühe des Schiffsrumpfs. »Dein Glück, daß du mich nicht verpfeifst an diesen Basken, Bürschen«, flüstert er heiser. »Würde dir auch nicht bekommen. Weißt du, was wir mit Angebern machen?« Er packt blitzschnell eine der großen Kakerlaken, die aufgescheucht hin und her huschen und versuchen, sich im Dunkel zu verbergen, und zerdrückt das Tier zwischen Daumen und Zeigefinger. Es knackt widerlich. Die beiden Männer lachen.

Meine Wache endet mit dem Abendgebet, dem gesungenen Salve Regina. Die Besatzung kniet an Deck, die Mützen gezogen, und plärrt das Lied. Es klingt scheußlich. Der Admiral läßt sich zu dieser Übung nicht blicken. Er zieht es vor, in seiner Toldilla allein mit Gott zu reden.

Mein Fuß ist dick. Ich ziehe mir einen Eimer Wasser hoch und kühle die Schwellung. Inzwischen bin ich schon so an das Auf und Ab des Seegangs gewohnt, daß es für mich wie eine Wiegenbewegung ist. An den Mast gelehnt, döse ich vor mich hin, und gerade wollen mir die Augen zufallen, als ich die Stimme des Maats höre: »Wo ist der Grumete? Wo ist dieser verdammte Pedro? Der Admiral wartet auf ihn.«

19

Der Tisch ist aufs Beste gedeckt. Frischer Fisch ist da – vorhin, bevor ich in die Bodega abtauchte, hatte Garcia Schleppangeln auswerfen lassen. Und Brot, normales Brot, keine steinharten Fladen. Oliven, Essig und Öl für den Käse, Wein im Krug, gedörrte Aprikosen, Mandeln und Rosinen als Naschwerk. Alle Gefäße gut am Tisch befestigt.

Gedeckt ist für den Admiral und einen Gast. Für den langen Gutierrez, »Don Geheimnisvoll«. Soll ich hier etwa servieren? Vor Hunger läuft mir das Wasser im Mund zusammen. Ich habe ja seit einer Ewigkeit nichts gegessen.

Aber das darf mich auf keinen Fall ablenken. Vielleicht erfahre ich hier wichtige Dinge, lebenswichtige sogar ...

»Pedro«, sagt Don Cristobal nicht unfreundlich,« wie lange muß man nach dir rufen? Hast du geschlafen?«

Ich schlucke. »Ja, Euer Gnaden. Ich habe geschlafen«,

erwidere ich. Auch wenn er mich nicht direkt ansieht, weiß ich, daß ihm nichts entgeht. Weder der Teer- und Schweißgeruch, der von mir ausströmt, noch mein Humpeln.

Er nimmt eine Aprikose, ißt sie aber nicht, sondern dreht sie zwischen den Fingern. »Man schläft viel mehr, als es notwendig ist. Ich will mich bemühen, auf dieser Reise so weit es geht, auf den Schlaf zu verzichten. Du solltest das auch tun. Jetzt gieße dem Herren Wein ein. Und dann hole das Schreibzeug aus dem Fach. Vielleicht gibt es etwas zu protokollieren.«

Vorsichtig, um bei den Schlingerbewegungen des Schiffs nichts zu verschütten, kippe ich den Becher des langen Menschen voll, der sich zurückbeugt, um meinem Gestank zu entgehen, und hinke zu der beschlagenen Truhe, um Tintenfaß und Feder und Papier zu holen. Da der Tisch mit Lebensmitteln überladen ist, hocke ich mich mit untergeschlagenen Beinen auf den Fußboden und nehme mein Schreibzeug auf meine Knie. Es ist in jeder Hinsicht besser. So muß ich die Speisen nicht ansehen.

»Ich glaube nicht, daß es Grund gibt, hier etwas zu protokollieren«, sagt dieser Gutierrez. Seine Stimme klingt nörglerisch, mit jenem arroganten nasalen Ton, der bei Hof Mode sein soll und um den sich deswegen jeder hergelaufene Provinzhidalgo bemüht.

Aber manchmal verändert sich seine Sprechweise. Dann klingt er schrill und hart, gewinnt eine befremdliche Schärfe – und zieht sich dann wieder zurück in den »Hofton«. Es ist, wie wenn jemand eine Klinge aus der Scheide zieht und sie dann wieder wegsteckt.

Auch seine Augen beunruhigen mich. Selbst wenn er lächelt, machen die Augen nicht mit. Sie bleiben die ganze Zeit zupackend und wach und huschen, wenn er sich unbeobachtet glaubt, von einem Winkel des Raums zum anderen, als suche er etwas.

»Also nicht mit Protokoll!« wiederholt er, und diesmal scheint es fast ein Befehl zu sein. »Ich habe nichts weiter vor, als eine Frage vorzutragen, Almirante. Eine Frage bedarf nicht des Protokolls.«

»Da habt Ihr recht, Don Pedro«, stimmt Columbus zu. »Doch zunächst bedient Euch bitte. Frischer Fisch. Lebendiges Brot. Danach fragt.«

Er ist untadelig höflich.

Der Gast kommt offenbar der Aufforderung zum Essen nach. Ich höre ihn lautstark damit umgehen. Don Cristobal ißt nichts. Ich sehe seine beiden Hände. Die eine dreht immer noch die Aprikose. Die andere hängt müßig herab. Aber sie wird nicht still gehalten. Die Finger spreizen sich, dann ballt sich eine Faust, öffnet sich wieder. Ich hatte einmal eine Katze. Die hat ihre Krallen so ausgefahren und eingezogen.

Inzwischen ist »Don Geheimnisvoll« wohl endlich mit seiner Mahlzeit fertig und näselt: »Meine Frage betrifft den Kurs, den die Flotille im Augenblick nimmt.«

Die Finger kommen für einen Atemzug lang zur Ruhe. Dann fragt Columbus: »In welcher Eigenschaft wollt Ihr diese Frage an mich richten?«

Ein Lachen. Es klingt unglaublich hochmütig. »Aber Don Cristobal, Ihr wißt doch sehr gut, daß ich nichts bin als ein Passagier. Freilich ein zahlender Passagier.« Da ist sie wieder, die Messerklingenschärfe in der Stimme, das Bedrohliche. »Schließlich ist es ein offenes Geheimnis, daß auf diesem Schiff nicht all und jeder mitfahren kann. Ich hatte die Fürsprache der Majestät König Fernandos, rundherausgesagt. Nun, das tut nichts zur Sache.« Die Stimme wird wieder ölig. »Ich bin mit Euch ausgezogen auf Euer Versprechen, binnen einer Reiselänge von 750 Leguas nach Indien zu gelangen, immer westwärts gesegelt. Und was muß ich erleben? Die Karavellen nehmen Kurs nach Südsüdwest.«

Einen Augenblick herrscht Schweigen. Columbus'

Fäuste sind jetzt so stark geballt, daß seine Knöchel weiß werden. Dann sagt er, und es klingt ganz beherrscht und verbindlich: »Meine Bewunderung Euren nautischen Kenntnissen, Don Pedro. Für jemanden, der kein Seemann ist, recht erstaunlich.«

Gutierrez lacht laut und hämisch. »Ihr müßt nicht nur mit Dummköpfen rechnen auf dieser Reise«, sagt er. »Einige passen auch auf.«

»Aber gewiß. Was habt Ihr an dem Kurs auszusetzen?«

Jetzt ist die Stimme des anderen nur noch Messerklinge. »Nun, ich möchte irgendwann da ankommen, wo Ihr vorgebt, hinzusegeln.«

»Was habt Ihr an meinem Kurs auszusetzen?« wiederholt Columbus, und jetzt ist auch in seiner Stimme Schärfe.

Gutierrez lenkt ein, nimmt wieder zurück, was er eben vorgezeigt hat. »Bitte erregt Euch nicht, Señor Don Cristobal. Das ist ganz und gar unnötig. Ich habe nichts an dem Kurs auszusetzen, Almirante. Niemand würde sich erdreisten, etwas an Euren Befehlen auszusetzen, Ihr seid der Leiter des Unternehmens und habt das Vertrauen der Majestäten.«

»Also?«

»Ich möchte es nur verstehen.«

Die Hand des Admirals, die bewegte Hand, vollführt jetzt eine andere Geste. Achtungheischend werden zwei Finger in meine Richtung ausgestreckt und hin und her bewegt. Ich begreife. Man fordert mich auf, mitzuschreiben. So lautlos wie möglich tauche ich die Feder ein und führe sie übers Papier, bemüht, kein kratzendes Geräusch entstehen zu lassen.

»Nun, Señor, wir sind im Begriff, die Kanarischen Inseln anzusteuern.«

»Mit welchem Ziel?«

»Mit dem Ziel, die Karavellen vor ihrer großen Fahrt

noch einmal teeren und kalfatern zu lassen, bei der *Niña* die Segel auszuwechseln, frisches Wasser und frischen Proviant zu fassen. Zufrieden?«

»Noch nicht ganz, Almirante. Noch nicht ganz«

»Ich höre.«

»Besteht nicht die Gefahr, daß, wenn ein Zwischenhafen angelaufen wird, einige ängstliche Gemüter es sich anders überlegen und von Bord desertieren könnten?«

»Damit rechne ich, Don Pedro.«

»Ihr rechnet damit?«

»Gewiß. Diese Unentschlossenen kann ich auf der Reise nicht gebrauchen. Ich werde sie durch andere ersetzen. Das Dekret der Majestäten erlaubt mir, überall Schiffsvolk auszuheben. Sogar Verbrecher können bei mir anmustern, es wird ihnen eine Amnestie gewährt.«

»Das ist mir bekannt, Almirante.«

»Das ist Euch bekannt? Erstaunlich. Es ist sehr wenigen Personen bekannt.«

»Nun, als jemand, der bei Hof ein und aus geht, hört man dies und das.«

Meine Feder rast übers Papier. Wäre dieser Gutierrez nicht so damit beschäftigt, sich schlau aufzuführen, müßte er das Knirschen und Kratzen hören. Die Hand des Admirals ist inzwischen zur Faust geballt und bleibt so. Seine Stimme jedoch ist unverändert beherrscht und weich.

»Wäre das alles? Dann würde ich bitten, dies mich ehrende Gespräch abzubrechen. Meine Pflichten rufen mich.«

»Gewiß, Don Cristobal. Stimmt es, daß Euer Gnaden einen Brief der Majestäten an den Großkhan von China mit sich führt?«

»Darüber habe ich Euch keine Rechenschaft abzulegen, Don Pedro.«

»Wer redet hier von Rechenschaft! Es ist nur, daß dieser Brief den Schluß zuläßt, die Majestäten würden erwarten, in reiche und hochberühmte Länder vorzudringen, um Handel zu treiben und politische Kontakte zu knüpfen.«

Schweigen.

»Wie vereinbart sich aber damit die Ladung von Glasperlen, Spiegeln und Kindertand, wie man sie den Eingeborenen im Berberland schenkt als Preis für Gold und Sklaven?«

Der Admiral hat sich erhoben. »Don Pedro. Ich bedaure, dies Gespräch beenden zu müssen. Definitiv zu beenden.« Der Stimme ist nichts anzumerken.

Auch Gutierrez ist aufgestanden. »Es war mir eine Ehre und ein Genuß, Euer Gnaden Gastfreundschaft gewürdigt zu werden und Gehör für meine Fragen zu finden.« Er verbeugt sich, geht an mir vorbei, ohne mich und meine Tätigkeit zu beachten, verläßt die Toldilla.

Er ist widerlich, eingebildet, bedrohlich. Aber trotzdem kann ich nicht umhin, seine Fragen bedenkenswert zu finden.

20

»Komm mit deinem Schreibzeug zum Tisch, Pedro«, sagt der Admiral, »und lies vor, was du aufgeschrieben hast.« Er schiebt mit einer Bewegung seines Unterarms das beiseite, was Gutierrez von der Mahlzeit übriggelassen hat, um mir Platz zu machen, ohne darauf zu achten, daß er zum Teil die fest verzurrten Gefäße umstößt oder die Speisen aus den Näpfen über den Tisch verschüttet. Direkt vor meiner Nase bildet sich eine Lache von Essig und Öl, die auf das schöne frische weiße Brot zuläuft und von ihm aufgesogen wird – wenigstens gibt es keine Flecken auf dem Papier.

Ich habe mich bemüht, das Gespräch so wörtlich wie möglich aufzunehmen, und holpere mich stockend durch meine Notizen. Als ich fertig bin, sagt er nichts.

»Genauer ging es nicht da unten, und so leise wie möglich«, sage ich zaghaft. »Sind Euer Gnaden unzufrieden?«

»Nein, nein, es reicht«, erwidert er knapp. Ich sehe zu ihm auf. Seine meerfarbenen Augen sind dunkel vor Zorn, und fleckige Röte färbt sein Gesicht.

»Dieser Schnüffler! Dieser kriechende, widerwärtige Spion! Serpente maledetto!« bricht es aus ihm heraus, ohne daß er laut wird. »Von Gomera, der Kanareninsel aus kann er sich eine Rückfahrgelegenheit suchen! Ich werde ihm davonsegeln, si, è vero!«

Ich bin ganz still.

»Ich *habe* den Brief an den Großkhan. Und ich segele, wohin immer ich will, in welcher Zeit und wo immer es mir paßt! Öffne den Tresor, Pedro!«

Ich folge seiner Anweisung. Die Tür ist unverschlossen. Er greift aus dem Stapel von Papieren und Karten ein prachtvoll mit Siegeln versehenes, in schönster Kanzleischrift ausgefertigtes Pergament, das er mir in die teerigen und tintenbekleckşten Finger gibt. »Lies vor!« befiehlt er, und während ich lese, frage ich mich, warum das denn jetzt sein muß. Er wird ja wohl kaum *mir* beweisen wollen, daß er im Besitz seiner Vollmachten ist.

»Aus dem Munde vieler unserer Untertanen und anderer, die zu uns gekommen sind –« fange ich an, und er unterbricht mich: »Lauter.« Ich lese weiter, und dann befiehlt er mir noch einmal, lauter zu lesen, an der Stelle, an der es heißt: »– haben Wir verfügt, unseren edlen Kapitän Cristobal Colon zu entsenden ... wir bitten Euch, seinem Bericht Vertrauen zu schenken –«

Ich begreife, daß er annimmt, belauscht zu werden, entweder duch den Herrn Gutierrez selber oder durch eine von ihm gedungene Kreatur.

»So«, sagt er, als ich mit der Verlesung zu Ende bin, nimmt mir das Dokument aus der Hand und verschließt es wieder. »Das mag genügen. Jetzt laß uns deine Aufzeichnungen ergänzen.«

Habe ich recht gesehen? Ist so etwas wie ein Grinsen auf seinem Gesicht erschienen? Nein, ich täusche mich nicht: Columbus sieht vergnügt auf den Tresor mit den verschlossenen Dokumenten. Und eine verhaltene Ahnung beschleicht mich. Hat dieser Gesichtsausdruck ausschließlich mit der Lektion zu tun, die er Gutierrez erteilen wollte, oder verbirgt sich mehr dahinter? Ich kann meinem Gefühl nicht »nachdenken«, denn er fängt jetzt an, mir zu diktieren. Jede Wendung des Gesprächs ist in seinem Gedächtnis geblieben, und obwohl ich nicht verstehen kann, warum er es für so wichtig hält, bewundere ich seine Genauigkeit.

Dicht vor meiner Nase liegt das herrliche Stück frisches Brot, getränkt mit Essig und Öl, und ein Häufchen Rosinen und Mandeln gemischt, und mir ist vor Hunger ganz zittrig.

Ich bin kurz davor, meine Beherrschung zu verlieren und einfach zuzugreifen, mir dies weiche weiße Brot in den Mund zu stopfen, mit vollen Backen zu kauen und zu schlucken ... Meine Feder macht einen unfreiwilligen Ausflug quer übers Papier. Eine lange Schliere zieht sich durch mein Protokoll. Ich konnte die Hand nicht ruhig halten. Ihm entfährt ein Ausruf des Unmuts.

»Euer Gnaden verzeihen«, sage ich mutig. »Ich habe seit Tagen nicht mehr richtig gegessen.«

»Du warst seekrank«, sagt er. »Aber seit gestern Abend bist du es nicht mehr. Heute Mittag gab es eine nahrhafte Speise, soweit ich mit erinnere. Rüben und gepökeltes Fleisch. Du hast nicht gegessen?«

»Ich hatte wieder das Mal de Mar«, sage ich. Er sieht mich an. »Mach eine Pause in deiner Arbeit und nimm dir von dem Brot.«

»Danke, Euer Gnaden«, murmle ich und gebe mir Mühe, trotz meines mörderischen Hungers nicht zu stopfen und zu schlingen, sondern manierlich zu essen. Er sieht mir zu und sagt kein Wort. Dann geht er zur Tür der Toldilla, späht nach draußen und schließt sie, trotz der stickigen Hitze im Raum.

Mit leiser Stimme fragt er: »Wann hast du dich taufen lassen, Pedro?«

21

»Ich komme aus einer Familie altgläubiger Christen«, höre ich mich herleiern. Das würde ich auch sagen, wenn mich jemand aus dem Schlaf risse. Es ist der Satz für das Überleben. Aber im gleichen Atemzug presse ich vor: »Woher –«

Kein Wort weiter! Gib es nicht zu! Gib es nie zu, bevor du nicht gerettet bist und dem Herrn danken kannst, lauthals und mit erhobenem Haupte! Das habe ich mir eingeschärft. Aber wie soll ich das tun, vor diesen Augen?

»Das war nicht schwer für mich zu erkennen«, antwortet er. Durch seine Finger kreisen nun wieder die Perlen des Rosenkranzes. »Ich ahnte es von dem Moment an, als du mich anredetest bei der Einschiffung. Dein Gruß war ›Gelobt sei der Herr‹ anstatt ›Gelobt sei Jesus Christus‹. Mein Verdacht wurde zur Gewißheit, als ich dich schreiben ließ. Du warst es gewohnt, von rechts nach links zu schreiben und setztest deine Feder einen Augenblick rechts oben an. Die Sache mit dem Schweinefleisch hat meinen Verdacht bestätigt. Du bist ein Converso, und zwar von der frischesten Sorte. Ich habe noch mehr davon auf dem Schiff. Du bist sehr geschickt. Aber sei auf der Hut. Du kennst ja die Meinung der spanischen Christen zu den Marranen.«

Ich schweige. Ich bin noch viel geschickter, als er denkt, denn ich bin kein Converso und kein junger Mann, und er hat es nicht gemerkt.

Er scheint Gedanken lesen zu können. »Vielleicht verbirgst du ja auch noch anderes. Ich will nicht hinter dein Geheimnis kommen, sei ohne Furcht«, sagt er und senkt seine Stimme noch mehr. »Doch bedenke: Dich und mich abgezogen, sind an Bord achtunddreißig Mann Besatzung. Das heißt, daß achtunddreißig Paar Ohren dich belauschen und achtunddreißig Paar Augen dich belauern. Ein Schiff voller Feinde. Alle sehen zu, den zu stoßen, der vielleicht stolpert. Selbst der elendeste Peon. Und alle an Bord denken an Gold und Macht. Deswegen sind sie unterwegs. Ich kann sie deshalb nicht schelten, denn ich bin ebenfalls für Gold und Macht unterwegs. Aber mir weist der Herr den Weg.«

Er sieht an mir vorbei.

»Gestern habe ich Befehl gegeben, dich von der Wache zu befreien. Ich habe sehr wohl bemerkt, daß es nichts genutzt hagt. Ich bin nicht blind. Ich sehe deine Hände und den Teer an deinem Hemd. Ich sehe auch, daß dein Fuß verletzt ist. Aber ich kann und will nicht eingreifen. Wohl kann ich dich vor den Offizieren und den Beamten schützen, nicht vor den Seeleuten. Ich war selbst auf Schiffen, seit ich laufen kann, Pedro. Ich war noch weniger als ein Grumete. Es geht, wie es gehen muß. Und vielleicht ist es auch gottgewollt, das von Oben nach Unten, von Stark auf Schwach. Es ist eine Ordnung. Und Ordnung muß sein an Bord, sonst ist das Schiff verloren.

Geh jetzt. Ich habe zu tun. Sieh zu, daß sie dich schlafen lassen. Morgen sollst du mir bei den Notizen und beim Bordbuch helfen, und ich mag nicht, wenn du Kleckse und Tintenstriche aufs Papier setzt wie bisher. Es soll übersichtlich sein.«

22 Draußen empfängt mich die Nacht, und ich taumle so hilflos über die Planken, als wäre ich die ersten Minuten an Bord und hätte noch nicht gelernt, bei Seegang zu laufen.

Ich bin außer mir vor Bestürzung – fühle mich gleichzeitig befreit.

Bestürzt, verwirrt von den seltsamen Worten dieses Mannes, dieses zwielichtigen Genuesen, der im gleichen Atemzug zurücknimmt, was er sagt, und unterstützt, was er verurteilt, der mich zu sich erhebt und gleichzeitig allein läßt. Ich muß nachdenken über das, was er gesagt hat. Später. Denn es ist eine solche Erlösung, mich wenigstens zum Teil aus der Einsamkeit meines Geheimnisses herausgeholt zu sehen – und auch, daß *er* es ist, der es getan hat.

Ich meine auf einmal, daß ich es keinen Tag, keine Stunde länger ausgehalten hätte, mit dieser Lüge herumzulaufen, ohne eine einzige Seele, die etwas von mir weiß. Am liebsten möchte ich heulen.

Nimm dich zusammen, Esther! befehle ich mir. Er selbst hat dich gewarnt. Schon daß du dich in Gedanken mit deinem Mädchennamen anredest, ist gefährlich und verboten. Du darfst nicht loslassen. Loslassen ist Sich – Verlieren. Du hast deine Legende, Pedro, der Grumete. Du bist aus altchristlichem Haus. Deine Eltern haben dich einem Kaufmann in die Lehre gegeben. Deshalb kannst du lesen und schreiben. Deine Eltern sind an einer Seuche gestorben. Du bist der Lehre entlaufen, um gegen die Mauren zu kämpfen, die verfluchten Ungläubigen, aber da war der Krieg schon aus, Señores, die Katholischen Majestäten hatten die muslimischen Hunde zu Paaren getrieben und weggepustet übers Meer nach Afrika ...

Verzweifelt hocke ich in der Dunkelheit, im Auf und Ab von Wind und Wellen, auf schwankenden Brettern dem Ungewissen zutreibend, und bete zum Himmel.

Gott meiner Väter, gerechter Gott, bete ich, gib mir Kraft. Erlaube mir nicht, mich selbst zu verlieren. Ich bin wie verschnürt und gebunden, und ich weiß es, ich darf nicht locker lassen. Nur so kann ich mich bewahren. Wenn eine der Schnüre an diesem Bündel gelöst ist, wird es alsbald auseinanderfallen. Es ist wie ein Knäuel, das abspult. Dann wäre ich verloren. Erbarme dich, Gott meiner Väter, gib mir Kraft.

Ich fühle, daß meine Augenhöhlen überschwemmt sind von den Tränen, die ich mir zu weinen verboten habe. Ach, es ist sehr gut, im Dunkel zu weinen. Nur ein kleines bißchen. Ein paar Tropfen Salzwasser mehr oder weniger, was ist schon dabei.

Von irgendwo aus dem Dunkel dringen Befehle und Rufe. Mir egal. Nicht meine Wache. Mich gibt es jetzt nicht. Ich gestatte mir für die Dauer einer halben Nacht auf diesem windbewegten Schiff, unter dem knatternden Segel, die Tränen fließen zu lassen. Und mir auszumalen, wie süß es wäre, es ihm zu erzählen.

Don Cristobal, ich heiße Esther Marchadi. Ich bin die Tochter des Rabbi Judah Marchadi aus Cordoba, des weisen, des berühmten Rabbi, des glücklichen. Er ist vom Herrn gesegnet und von den Seinen geliebt. Ein einziger Tropfen Wermut ist im Kelch seines Lebens: der Herr hat ihm keine Söhne gewährt. Aber er hat eine Tochter, und jener Tochter läßt er all das angedeihen, was sonst ein Sohn bekommt. Die Tochter darf mit ihm die Schriften der Weisen studieren, sie liest mit ihm den Talmud und, da der Rabbi Judah nicht nur ein weiser Mann ist, sondern auch ein weltoffener Freund der Wissenschaften, lernt sie auch die Sprache Latein, damit sie die Bücher der Andersgläubigen lesen und deren Denkweise verstehen kann.

Als Esther zehn Jahre alt ist, segnet der Herr den Leib ihrer Mutter, und die Freude ist groß. Alle beten um einen Sohn für den Rabbi. Aber Gottes Wege sind unerforschlich. Die Mutter gebiert einen toten Knaben und stirbt ebenfalls bald danach. Nun ist Esther ganz allein mit ihrem Vater. Sie lernt mit noch größerem Eifer als vorher, das hilft ihr über den Schmerz hinweg und tröstet den Vater. Manchmal sagt er, daß kein Sohn ihm soviel Freude bereiten könne, wie sie es tut.

Dann beginnt der Großinquisitor Torquemada seine Arbeit.

Es war im März des Jahres 1491 – also 5251 nach unserer Zeitrechnung –, als er den Fall fand, den er gesucht hatte: einen konvertierten Stoffhändler namens Benito Garcia, in dessen Gepäck Betrunkene angeblich eine geschändete Hostie gefunden hatten. Auf der Folter gestehen die Leute alles. Garcia gestand, daß die Juden Christenkinder schlachten und bei den Sabbathfeiern das Bild des Gekreuzigten bespeien. Mehr brauchte die Inquisition nicht, um gegen mein Volk vorzugehen. Aber noch war der Krieg gegen die Mauren nicht gewonnen. Die Majestäten konnten ihre Kräfte nicht verzetteln.

Im Januar dieses Jahres fällt Granada. Die Mauren sind erledigt. Nun können sich die Majestäten gegen die Juden wenden. Sie wollen ein rein christliches Land.

Meine Erinnerung tappte einher mit so vorsichtigen Schritten wie ein Kind, das sich fürchtet, in eine Fallgrube zu geraten. Wagt es sich zu weit vor, stürzt es ab ins Dunkle, dann überwältigt mich das Entsetzen, und ich bin verloren.

Ich habe diesem Kind Erinnerung verboten, weiter zu gehen.

Zögernd tastet es sich am Rand entlang.

Der Tag, als sie Marta, meine christliche Dueña , steinigten, weil sie nicht fort wollte von mir und weiter bei dem verfluchten Juden arbeitete.

Der Tag, an dem mein Vater die Schrift zitierte, den Prediger Salomonis: »Selig sind die Toten, die schon gestorben sind. Und dreimal selig, die nie geboren wurden.« Das war kurz bevor sie an unsere Tür klopften und –

Halt! Halt, nicht weiter! Keinen Schritt weiter, oder du stürzt ab. Umgeh die Fallgrube des Schreckens, so wie meine Füße mich dann, später, forttrugen von all den Orten, die ich zu fürchten hatte. Da trug ich schon diese Jungenkleider. Und ich umging alle Marktflecken, um nicht den Geruch verbrannten Menschenfleisches zu wittern und das Geschrei der Menge zu vernehmen: Brenne, Ketzer, brenne!

Als ich zu meinen Verwandten nach Segovia kam und sie das von mir hörten, was ich vergessen will und vergessen haben muß, da starrten sie mich an, als sei ich Jonas, der dem Walfisch entronnen sei. Sie gehörten nicht zu den besonders mutigen Leuten, diese Marchadi aus Segovia, und vor ihren Augen und Ohren spielte sich gleiches ab, wie ich es erlebt hatte, und täglich. Noch waren sie verschont. Sie sagten zu mir: »Du hast Mut und der Herr ist mit dir, Esther, sonst wärest du nie hierher gelangt. Du wirst die Richtige sein, auszuführen, was wir in unseren Gedanken hin und her bewegt haben, wozu wir aber den Weg nicht fanden. Denn wir kommen von hier nicht fort.«

Es ist richtig, daß die Alhamas, die Stadtviertel der Juden, schon von der Santa Hermandad kontrolliert wurden. Aber man kam sehr wohl fort, wenn man sich nur traute.

Sie aber sagten weiter: »Die Juden von Segovia sind bereit, für ihr Leben und ihr Bleiben in Spanien zu zahlen, so wie sie es immer getan haben. Geh, Esther, und überbringe, was wir unter uns gesammelt haben, zusammen mit diesem Brief, dem großen Don Isaak Abrabanel, dem Vertreter unseres Volkes, der Ansehen genießt am Hof, ihm, der dem König Geld geliehen hat für seinen Feldzug gegen die Mauren. Er wird sein Ohr schwerlich unseren Bitten verschließen. Wir zahlen. Geh zu Abrabanel. Er wird uns helfen.«

Sie wickelten um meinen dünnen Leib jene Schärpe, die noch immer in meinem Bündel liegt, und in ihr verstauten sie das Geld, das sie gesammelt hatten, und den Brief an Abrabanel. Und so zog ich los mit ihren Segenswünschen. Ich hatte keine Angst, nein. Zuviel lag hinter mir. Es gelang mir, meinen Auftrag zu erfüllen. Aber es war schon zu spät. Don Isaak hatte dem König bereits unvorstellbare Summen versprochen, falls er das Austreibungsedikt außer Kraft setzen würde. Aber Torquemada, der Großinquisitor, war stärker gewesen. Die Kirche hatte gesiegt.

»Der Heilige Israels sei dein Geleit, Tochter,« sagte Abrabanel zu mir. »Du hast Mut und Kraft. Wenn du schon sonst niemand retten kannst, so rette dein Leben. Behalte das Geld, das dir deine Verwandten gegeben haben, geh nach Palos und versuche auf eines der Schiffe zu gelangen, die mein Freund und Vetter, des Königs Finanzminister Luis Santangel ausstattet, um die Länder der Hoffnung zu finden. Geh zum Flottenschreiber. Er ist bestechlich. Vielleicht gelingt es dir, zu entkommen.«

Ich bin entkommen, Don Cristobal. Das ist meine Geschichte. Oder jedenfalls der Teil der Geschichte, den ich Euch anvertrauen würde, falls ich überhaupt jemandem etwas anvertrauen würde.

Was ich Euch aber gewiß nicht erzählen würde, Señor, das ist, daß die Natur etwas mit mir bewirkt hat, was beinah wie ein Wunder ist und wofür ich Gott täglich danke.

Kurz bevor es begann, dies schreckensreiche Jahr 5252, werde ich vom Kind zur Frau und muß, wie es Sitte ist bei uns, die monatliche Reinigung vornehmen im Tauchbad. Aber dann, nachdem alles geschehen ist und ich mich in die Hosen eines kleinen Landstreichers und sein verdrecktes Hemd verkrochen habe und davongerannt bin um mein Leben – dann ist es wieder vorbei. Ich bin wieder, wie ich als Kind war. Zwar spüre ich alle vier Wochen ein Ziehen im Bauch und warte mit Bangen darauf, daß es wiederkommt. Aber nichts geschieht, der Herr sei gelobt, Hunger und Schrecken haben wohl das ihre getan. Ich kann mich, zumindest, was das angeht, nicht verraten. Ich blute nicht. Und wer will mir verdenken, daß ich es als ein Zeichen des Höchsten nehme? Ich werde überleben. Als eine überleben, die nicht zur Conversa geworden ist.

Irgendwann pfeift mich Garcia zu sich. »Ich hab weiß Gott was anderes zu tun, als den Herren Staatsbeamten den Fraß zu servieren, wenn ich schon extra etwas kochen muß« knurrt er, »und Diego ist auch anderwärts beschäftigt. Traust du dir zu, den Topf hier aufs Achterdeck zu balancieren, ohne was zu verschütten? Das ist das verflixte Huhn. Mach in Zukunft nicht so 'n Aufstand um dich, Junge, klar? Das schafft böses Blut.«

»Ich werd mir Mühe geben«, erwidere ich und lasse offen, ob ich damit auf den ersten Teil seiner Ansprache antworte oder auf den zweiten. Insgeheim frage ich mich, warum er mich schickt und nicht selbst geht – so beschäftigt sieht er gar nicht aus. Scheut er vielleicht den Umgang mit Standespersonen, oder hat er sich den Auftrag nur ausgedacht, um mir gleichzeitig einen Wink zu geben?

Der tönerne Topf ist so heiß, daß ich meine Hemdsärmel herunterkrempeln muß, um ihn damit zu tragen. Er ist mit einem Vizcocho zugedeckt, auf dem der Löffel und ein Salznapf liegen. Vorsichtig, mit wiegenden Schritten, transportiere ich meine Bürde zur Popa. Ich finde den hohen Beamten auf einer Art Segeltuchstuhl achterschiffs, mit einem improvisierten Bretter-Schreibpult, auf dem er ärgerlich versucht, einige Papiere zu sichten, die im Wind flattern und in der

Schiffsbewegung schlingern. Die Lampe blakt. Als er mich sieht, klappt er seine lederne Schreibmappe zu und sagt ärgerlich: »So eine Seereise ist die Vorstufe zur Hölle. Bringst du mir meine Mahlzeit?«

»Zu Diensten, Euer Gnaden«, erwidere ich und stelle den Topf auf seinem Pult ab, neben dem Schreibkram, er fängt gleich an zu nörgeln: »Was denn, kein weißes Brot? Kein Pfeffer? Keine Serviette?«

Darauf habe ich nichts zu sagen. Er hebt den Schiffszwieback-Deckel ab und schnuppert mißtrauisch am Essen. Tja, denke ich, daß es koscher zubereitet ist, das kann ich nicht versprechen. Es ging ja nur um den empfindlichen Magen. Don Antonio Sanchez ist ein bulliger Mann mit schwarz nachwachsendem Bart auf den runden Wangen und einem schweren Kinn. Für ihn ist es bestimmt wichtig, gut zu essen. »Geh zu unserm Quartier und sag meinem Pagen Bescheid, daß er mir ein Mundtuch bringt. Und nimm dies hier gleich mit. Trag es vorsichtig. Es sind wichtige Schriftstücke.«

»Ich hab es gesehen, Euer Gnaden«, entgegne ich. Er macht sich über sein Essen her, sieht noch mal auf und fragt, den Mund voll Huhn: »Bist du der Junge, der bei Don Cristobal Schreibarbeiten macht?«

»Zu Diensten.«

»Aha«, bemerkt er und betrachtet mich nachdenklich. Das Essen duftet verlockend. »Aha, der bist du. Kamst du nicht mit einem Brief zu Don Escobedo?«

»Euer Gnaden wissen das«, sage ich und verbeuge mich tief. Mir ist die Aufmerksamkeit dieses Mächtigen nicht lieb. Mir ist überhaupt niemandes Aufmerksamkeit lieb, außer die von einem einzigen.

»Der Admiral hatte Besuch von Don Gutierrez«, redet Sanchez weiter. »Weißt du zufällig, was der Inhalt ihres Gesprächs war?« Ich schüttele den Kopf. Das hier ist mir gar nicht geheuer. Was will er von mir? Nun, damit rückt er schnell raus.

»Du könntest dir sein paar Münzen verdienen, wenn du mich auf dem laufenden hältst über solche Gespräche. Wenn du schreiben kannst, bist du doch bestimmt ein kluger Junge. Du kannst dir was merken. Es geschieht zum Wohle des Admirals, Kleiner. Du tust nichts Unrechtes. Na, wie ist es?«

»Ich bin niemals dabei, wenn der Admiral sich mit anderen Herren oder Kapitänen unterhält«, lüge ich. »Ich weiß gar nichts, Señor Veedor Real.«

»Aha«, sagt er noch einmal. Er hat die Brauen gerunzelt. »Wie du meinst. Nun steh hier nicht herum. Du kannst es dir ja überlegen.«

Er vergäbt seine Zähne im Hühnerschenkel, und ich nehme die Beine in die Hand.

Später sehe ich, daß der Dolmetscher, jener Luis de Torres, den ich beim Beten auf Hebräisch überrascht habe, an ihn herantritt und mit ihm redet, dabei schielt er zu mir herüber. Aber ich habe anderes zu tun und vergesse es sofort wieder. Ich vergesse diesen ganzen hochmögenden Converso, so schnell es geht. Ich hab genug andere Probleme. Und daß ich mich zum Spitzel anwerben lasse, da sei Gott der Gerechte davor.

Ich mache mir weiter auf dem Schiff zu schaffen und hoffe darauf, daß ich nochmal in die Toldilla gerufen werde zu meinem Admiral und ertappe mich dabei, daß ich »mein Admiral« denke, und das verwirrt mich ziemlich.

Nichts mit Träumen, nichts mit Gefühlen, Pedro, rede ich mir selbst ins Gewissen. Du mußt einfach nur am Leben bleiben. Du darfst dich nicht gehen lassen, unter keinen Umständen, und schon gar nicht, solange du auf diesem Schiff bist. Aber es läßt sich nun einmal nicht leugnen, daß ich mich auf manche Sachen hier sehr ungern einlasse und mich auf andere regelrecht freue. Ja, ich freue mich auf die Arbeit für diesen Señor Colon, die mich herausfordert, mein Denken schärft und meine Sinne empfindsam macht, ich freue mich auf die neuen verwirrenden Erkenntnisse, die ich bei ihm gewinne, und ich erwarte voll Spannung den Augenblick, wo ich mich vergewissern kann, daß diese Augen wirklich und wahrhaftig die Farbe des Ozeans haben.

Das ist einfach nur ein Stückchen Leben. Was kann daran falsch sein? Man wird mich schon in meine Grenzen verweisen. Da bin ich ganz sicher.

23

Ich arbeite hart den ganzen nächsten Tag. Scheuere im Kielraum die Bilge mit Essigwasser, um das Faulen zu verhindern, räume kleinere Ballaststücke hin und her, räuchere die Bodega, um das Ungeziefer zu vertreiben. Manchmal stehe ich bis zu den Knöcheln im fauligen Brackwasser – die Matrosen meinen, man wird bald pumpen müssen – und bin kurz vor einer Ohnmacht wegen des Gestanks, aber wenigstens bin ich allein und muß nicht auf der Hut sein vor den Tücken anderer. Ratten, Spinnen und Kakerlaken fürchte ich nicht. So was kann mich nicht mehr erschüttern. Als ich noch Esther war, ein verwöhntes junges Mädchen, habe ich auch vor Ekel aufgeschrien wie andere, wenn meine Katze eine Maus oder eine Ratte fing und mir vor die Füße legte. Inzwischen ist mir eine andere Haut gewachsen, ob ich sie wollte oder nicht. Was könnte mir eine Ratte schon zufügen?

Wir haben weiterhin eine schwere See und segeln am Wind. Die beiden Karavellen tanzen uns voraus wie zwei große weiße Schmetterlinge, die über die Meeresoberfläche dahinfliegen. Oft müssen sie die Segelfläche vermindern, um sich nicht zu weit von der schwerfälligeren *Santa Maria* zu entfernen, und der Admiral ärgert sich sichtlich über unseren plumpen Kasten und gibt immer wieder ungeduldige Befehle, um durch nautische Tricks unsere Segelkraft besser auszunutzen. Die Männer kommen gar nicht zur Ruhe, hängen in den Wanten und Rahen, scheuern sich die Hände an den nassen Tauen auf, fluchen und lachen. Aber die Stimmung ist nicht schlecht. Ich schnappe auf, wie Juan de la Cosa, der Schiffseigner, dem Piloten zuraunt: »Der verfluchte Genuese segelt wie der Teufel!«

Bei Anbruch der Dämmerung befiehlt mich Don Cristobal endlich zu sich. Wieder arbeitet er mit Zirkel und Lineal auf der Karte, trägt am gegißten Besteck Kurs und Geschwindigkeit ein, erklärt mir seine Schätzungen. Dann helfe ich ihm, sein echtes und sein gefälschtes Logbuch anzulegen. Es verwirrt mich, wie ruhig und selbstverständlich das geschieht. Er lügt sozusagen mit aller Überzeugung. Aber das tue ich schließlich auch. Im Lügen nehmen wir uns nichts. Der Unterschied ist, daß ich die Gründe für meine Lügen kenne. Sie sind lebenswichtig. Die seinen sind mir unbekannt – oder zumindest scheint mir das, was er mir gesagt hat, nicht stichhaltig. Die Fragen von Pedro Gutierrez fallen mir wieder ein. Ich hätte sie auch gern beantwortet.

Auf dem Achterkastell, wohin wir uns dann begeben, ist es zu dieser Stunde angenehm frisch nach der Hitze des Tages. Der beständige Wind streicht durch mein Leinenhemd und kühlt meine salzschrundige Haut. Er läßt das Haar des Admirals um seine Stirn wehen. Die Bugwelle zischt beidseits des Schiffs vorbei wie eine schaumgekrönte Mauer. Über uns sind die Sterne sehr groß und zum Greifen nahe.

Don Cristobal hat den Quadranten mit hinausgenommen und visiert nun einen Stern an, ich denke mir, daß es der Polarstern ist.

»Warum tun Euer Gnaden das?« frage ich leise. »Ich

erinnere mich, daß Ihr mich gelehrt habt, dieses Instrument sei wertlos bei bewegter See und nur von Nutzen, wenn der Untergrund ruhig ist.«

Er steht mit gespreizten Beinen, das Gerät in der Hand, eine große Silhouette vor dem Himmel, und sagt: »Das hast du dir richtig gemerkt. Ich tue es nur für das Schiffsvolk, damit es mein Wissen bewundert.« Um ein Haar hätte ich aufgelacht. Aber er meint das ganz ernst.

»Könnt Ihr den Kurs nach dem Stand der Sternbilder bestimmen?« will ich wissen.

Er läßt sich auf der Reling nieder, sitzt, ohne sich festzuhalten, – ein Manöver, bei dem ich unverzüglich über Bord gehen würde. »Das kann man im Mittelmeer«, erklärt er, »hier nicht. Dies ist ein anderer Ozean mit anderen Gesetzen.«

»Aber wie kann man dann navigieren?«

»Das habe ich dir doch schon erklärt«, erwidert er, ein bißchen ungeduldig. Seine Finger trommeln einen Rhythmus auf dem gepichten Schanzkleid der Reling. »Ich habe den Kompaß. Ich schätze die Fahrt, die wir machen. Ich dachte, du hast es verstanden. Ich kenne das Wetter.«

»Wie kann man das Wetter kennen? Gott der Herr allein gebietet den Winden.«

»Gelobt sei er in Ewigkeit«, sagt er und bekreuzigt sich. »Es ist, wie du sagst, Pedro. Aber er gebietet ihnen nach Gesetzen, die er selbst geschaffen hat. Durch Erfahrung können wir diese Gesetze erkennen. Ich bin zu Schiff gefahren innerhalb der Grenzen der bewohnten Welt. Ich war in den Ländern des ewigen Eises und im brennenden Süden. Dem Wetter liegt ein System zugrunde. In einem Hafen in England, der Bristol heißt, betragen die Unterschiede des Wasserstands zwischen Ebbe und Flut wohl zwanzig Ellen. Ich habe es mit eigenen Augen gesehen. Das tut die Kraft des Mondes mit dem Wasser. Warme und lebenspendende Winde kommen aus dem Westen. Man nutzt sie, wenn man nach Guinea reist. Auf sie ist Verlaß. Andere wiederum treiben dich beständig der untergehenden Sonne entgegen. Auf die baue ich bei dieser Reise. Man kann messen und rechnen.«

»Ich bewundere Euer Gnaden«, sage ich leise.

»Es tut gut, mit einem so klugen jungen Menschen zu reden«, bemerkt er. »Ich wollte, jemand von deiner Auffassungsgabe wäre in Salamanca gewesen, als ich meine Thesen vor den Doctores der Theologie vortrug.«

Womit habe ich ihm meine Klugheit bewiesen? Ich habe ja nur zugehört. »Waren die Herren Euren Argumenten nicht zugängig?« frage ich und spüre, daß die Wut in ihm aufsteigt. Er steht auf, macht ein paar Schritte, fängt sich wieder. »Ich glaube,« sagt er beherrscht, »sie hielten meine Argumentation für eine Art zu scherzen. Aber Gott hat mir den Sieg verliehen. – Komm mit mir in meinen Raum. Du sollst mir etwas vorlesen aus einem Buch.«

»Gern, Euer Gnaden. Wie Ihr befehlt.«

Er geht an mir vorüber, nennt beiläufig die Knoten, die das Schiff macht, und die Zahl der Leguas, die wir heute nacht zurücklegen werden.

»Ihr seid ein großer Seemann« sage ich ehrfürchtig.

Er erwidert: »Ich bin der größte Seemann dieser Zeit.« Er sagt es so beiläufig, als würde er mir mitteilen, in welcher Hafenkneipe zu Lagos es die beste Paella gibt.

24

»Bild der Welt«, so heißt das Buch, aus dem ich ihm vorlesen soll, »Imago Mundi«, und stammt aus der Feder eines Kardinals aus Paris. Es ist in Lateinisch abgefaßt, und ich kenne es. Rabbi Judah hatte es seiner Tochter einmal zum Lesen gegeben – mit einem Lächeln, denn es ist ein ziemlich einfaches Stück Lektüre gegenüber wissenschaftlichen Werken wie etwa die des Ibn Esra aus Arabien. Eigentlich hat der Pariser Theologe nur alte Texte zur Geographie und zum Weltbild zusammengestellt, die von den großen Autoren der Antike stammen.

Aber als ich es aufschlage und darin blättere, sehe ich etwas, das mich mit Erregung erfüllt: Das Buch wimmelt von Randbemerkungen in seiner Handschrift, der wunderbar klaren, gut lesbaren und kleinen Schrift des Kartenzeichners, der gewohnt ist, eine Kontur zu ziehen, ohne die Feder abzusetzen.

Der Navigator ruft ihn ab nach draußen, und ich nutze die Gelegenheit, begierig in dem Buch zu blättern.

Für jemanden wie mich, jemanden, der mit Büchern aufgewachsen ist und durch die Schrift seine Welt kennengelernt hat, ist die Handschrift eines Menschen etwas Magisches. Sie ist ein Teil seiner selbst und gehört zu ihm wie seine Haut und sein Haar. Jedenfalls spüre ich in diesen Randbemerkungen, auch ohne ihren Inhalt zu kennen, den Geist des Genuesen auf eine Weise, die mich erschauern läßt.

An manchen Stellen hat er, um die Wichtigkeit des Textes zu markieren, einen zierlichen Zeigefinger gemalt, der darauf hindeutet. Keinen Pfeil oder Strich, einen Finger! Ich beiße mir auf die Lippen. Es wirkt so spielerisch, es hat den Humor, den er im Umgang mit seinen Leuten überhaupt nicht hat – und mir fallen *seine* Finger ein, diese langen schlanken, stets bewegten Finger ... Die meisten seiner Annotationen sind in Spanisch abgefaßt. Sie sind verblüffend simpel. So simpel, daß man auf den ersten Blick gar nicht begreift, wie bedeutend sie sind. So schlicht wie Steine, wie Fundamente, auf denen man ein Gebäude errichtet. *Jedes Land hat seinen Westen und seinen Osten,* steht da und an anderer Stelle: *Der Ozean ist mit Ländern übersät.*

In den Kneipen von Palos und Moguer spotteten sie, daß Don Fantastico nach Westen fahren will, um den Osten zu finden. Ja, so ist es. Eine lateinische Notiz hier: *Totum mare navigabile. Ein jegliches Meer ist mit Schiffen befahrbar.*

Ich hebe den Kopf und sehe nach draußen, in die ozeanische Nacht, die unser Kiel durchpflügt, auf einer Reise, die eigentlich noch gar nicht begonnen hat. Totum mare navigabile.

Er ist hinter mich getreten, so leise wie ein Geist. Nie hört man ihn kommen. »Steck neue Wachslichte auf«, sagt er, »aber sieh dich vor, daß du nichts auf das Buch tropfen läßt. Es ist mir wichtig. Und dann lies mir die Ptolemäus-Zitate vor. Lies vor und übersetze.«

An den Ptolemäus-Zitaten im »Imago Mundi« stehen die meisten seiner Anmerkungen.

»Warum wollen Euer Gnaden Ptolemäus hören?« frage ich. »Ich habe gesehen, daß Ihr Euch mit diesem Autor schon sehr beschäftigt habt.«

»Ja«, erwidert er einfach, »aber vieles habe ich nicht verstanden. Oder ich bin mir nicht sicher, daß ich es verstanden habe. Mein Latein ist sehr mangelhaft, weißt du. Es erleichtert mir das Denken, wenn du übersetzt.« –

25

Was für ein Schlaf-Abgrund war das, in den ich da versunken bin, und wie süß und friedlich bin ich erwacht! Kein übler Traum hat mich heimgesucht. Ich liege weich und bequem, und auf der Schwelle zwischen Schlaf und Wachsein denke ich einen Augenblick, ich sei das Mädchen Esther im Haus des Rabbi Judah und läge in meinem Bett. Die Erinnerung an eine sanfte Berührung, die mir im Schlaf geschah, ist in meinem Körper, als habe jemand mich mit einer

Flaumfeder gestreichelt, als habe der Wind durch mein Zimmer geweht.

Als ich die Augen öffne, sehe ich weiße Vorhänge um mich. Die Vorhänge meines Bettes im Hause meines Vaters waren aus bräunlichem Brokat.

Ich richte mich auf. Ich habe im Bett des Admirals geschlafen.

Vor Entsetzen bin ich sofort hellwach. Als erstes taste ich an meinem Körper herunter. Aber, dem Ewigen sei gedankt, ich stecke noch immer in meinen von Teer und Salzwasser starrenden Kleidern. Sind diese Knoten so, wie sie gestern abend waren? Ich kann mich nicht erinnern. Jedenfalls bin ich bis zum Halsausschnitt verschnürt und gegürtet.

Was ist geschehen? Ich habe aus »Imago Mundi« vorgelesen und übersetzt. Irgendwann muß mich der Schlaf überwältigt haben. Wahrscheinlich ist mein Kopf auf das Buch gesunken, male ich mir aus, mitten im Wort bin ich verstummt, habe vielleicht noch eines der Wachslichte umgerissen. Unvorstellbar! Was für eine Situation! Und er, Columbus? Ruft er mich an? Rüttelt er mich vielleicht an der Schulter und stellt fest, daß mein Schlaf so tief ist wie der eines Säuglings, daß nichts mehr meine Erschöpfung durchdringen kann?

Und dann, statt jemanden von der Mannschaft zu rufen und mich hinausschaffen zu lassen – hebt er mich auf und trägt mich auf sein eigenes Bett, deckt mich zu, schließt die Vorhänge und geht hinaus, weiter nach den Sternen zu sehen ...

Mich überläuft es siedend heiß. Ich auf den Armen des Admirals, mein Kopf auf seiner Schulter – auf einmal ist mir, als wenn ich seinen Geruch spüren würde, sicher haftet er hier an den Laken und Kissen, ein starker, guter, kräftiger Geruch, nicht vergleichbar dem Gestank von uns ungewaschenen Besatzungsmitgliedern. Mir ist schwindlig. Und wenn er auf die Idee gekommen wäre, zu alledem noch ein paar Verschnürungen aufzumachen an Pedros Hemd, damit er es bequem hat? Noch einmal sehe ich mir die Knoten an. Ich habe keine Ahnung ... Hat er meinen Körper gesehen? Hat er mich berührt? Die Vorstellungen und Gefühle, die mir im Moment zusetzen und die so stark sind, daß sie sogar meinen Schrecken in Grenzen halten, die muß ich mir ganz und gar verkneifen. Sei auf deiner Hut, Pedro!

Aber ich bin sechzehn, nicht wahr? In diesem Alter braucht man nun manchmal etwas Schlaf. Der Rat Don Cristobals, am besten ganz darauf zu verzichten – ja, den wird er wohl auch selbst nicht so ganz befolgen können.

Ich bin sechzehn. Das war eine ganz sachliche Aussage bisher, und wenn sie überhaupt mit Gefühlen zu tun hatte, dann war es das bittere Staunen darüber, daß es mir gelungen war, im Jahre 5252 als Jüdin sechzehn zu werden und nicht vorher umgebracht zu sein. Auf einmal hat das einen ganz anderen Beigeschmack. Es hat etwas von Herausforderung und Hoffnung. Ich bin sechzehn ...

Pedro, gib bloß acht.

Vorsichtig schiebe ich den Bettvorhang beiseite und spähe in den Raum.

Die Toldilla ist leer und sonnenbeschienen. Ich weiß nicht, welche Wache Dienst hat, aber auf alle Fälle ist es Morgen. Ich muß zusehen, daß ich irgendwie hier herauskomme, ohne daß es jemand merkt. Nicht auszudenken, was das wieder geben würde.

Gerade bin ich im Begriff, die Vorhänge zu teilen, als ich Schritte höre. Zwei Männer betreten die Kajüte, und vor Schreck werfe ich mich erst einmal wieder zurück auf das Bett, bäuchlings, flach, den Atem anhaltend. Wen bringt der Admiral mit? Nimmt er an, ich sei schon fort?

Aber dann höre ich: Das ist ja gar nicht der Admiral. Eine Stimme, die ich nicht einordnen kann, sagt: »Keine

Sorge, er hat jetzt auf der Proa zu tun. Läßt mittels Rauchzeichen den Kurs festlegen. Das dauert.«

Und der andere antwortet: »Gut, gut. Ich bin Euch sehr verbunden.« Die zweite Stimme kenne ich sehr wohl. Das ist der näselnde, nörglerische Tonfall von »Don Geheimnisvoll« Gutierrez, über dessen Unterredung mit dem Admiral Señor Sanchez so gern etwas von mir erfahren wollte. Er redet weiter: »Ich war ziemlich erschrocken. Es hieß, wir gehen weiter auf Westkurs. Keiner hat von den Inseln gesprochen. Und nun segeln wir offenbar dicht an den portugiesischen Gewässern vorbei. Ist da Verrat im Spiel? Ich habe ihm noch nie getraut, vergebt mir bitte, auch wenn Ihr ihm nahesteht. Und seine Majestät König Fernando auch nicht. Also Ihr meint, er hat eine geheime Karte?«

»Ich bin mir ganz sicher«, antwortet die erste Stimme. »Ich hab sie zwar nie gesehen, aber meine Base hat mir davon berichtet. Die Karte war in ihrem Hause, und sie muß hier an Bord sein. Hier in diesem Kasten.«

Ich höre, wie er sich an dem Tresor zu schaffen macht, während ich fieberhaft überlege: »Meine Base?« Hat mir nicht Garcia, oder war es Diego, erzählt, der Profos de Harana sei verwandt mit einer Geliebten des Admirals? »Auch wenn Ihr ihm nahesteht« – Sicher, es muß der Alguacil, der Polizeimeister sein.

Indes geht die Unterhaltung weiter. Sie wird übrigens mit halber Stimme und in ziemlichem Tempo geführt.

»Und Ihr meint, es ist nicht die Karte des Toscanelli, die er den Majestäten als unseren Seeweg gezeigt hat?«

»Wenn wir nach der Karte des Toscanelli segelten, dann würde es geradewegs gen Sonnenuntergang gehen, nicht wahr? Tun wir aber nicht.«

»Señor Alguacil, ich wittere unerhörten Verrat. Er steckt mit diesen Juden unter einer Decke. Der Veedor Real deckt ihn. All diese Ketzer haben nur ein Ziel: unseren heiligen Glauben zu untergraben und die Katholischen Majestäten zu hintergehen. Das muß verhindert werden!«

Seine Stimme überschlägt sich fast, und de Harana klappert mit dem Schloß des Tresors. »Wenn überhaupt, steckt das Papier in diesem Kasten«, bemerkt er. »Er hat damals extra eiserne Bänder dafür anfertigen lassen und einen zweiten Schlüssel bestellt. Er ist ein sehr mißtrauischer Mann.«

»Wo hat er den Schlüssel?« fragt Gutierrez, und de Harana: »Wie ich ihn kenne, trägt er ihn am Leibe, oder in den Taschen seines Rocks. Vielleicht liegt er unterm Kopfkissen ...?«

Ich werde noch flacher auf dem Bett und halte den Atem an. Meine Handflächen sind feucht.

»Unterm Kopfkissen? Nein, nein!« Gutierrez lacht leise auf. »Er schläft doch nicht, wie man weiß. – Señor de Harana, es ist sehr wichtig. Auf den Kanaren können wir ihn noch stoppen. Eure Treue der Krone gegenüber werde ich gebührend zu erwähnen wissen. Eine Stelle am Hof wäre Euch sicher.«

»Ich tue das sehr ungern, Don Pedro«, erwidert der Profos heuchlerisch. »Schließlich lebte er mit meiner Base zusammen, und ich bin ihm verbunden.«

»Señor de Harana! Dieser Kurs! Südsüdwest!«

»Euer Gnaden, es kann auch sein, daß der Grund dieses Kurses ganz anderer Natur ist. Er lebt auf Gomera und hat schwarzes Haar und grüne Augen, und manchmal lösen sich Staatsgeheimnisse als Liebesaffären auf.«

»Gleichviel. Wenn wir erst zurück sind ...«

»Ja, wenn, Don Pedro. Wenn. Aber das hängt ja wohl auch mit dieser Karte zusammen. Ob wir ankommen. Wo wir ankommen. Ob wir zurückkommen.«

»Wie gelangen wir an dies Papier?«

»Mir fällt schon etwas ein. Aber laßt uns jetzt fortgehen. Uns könnte doch jemand sehen. Vielleicht kann dieser Junge, der hier aus und ein spaziert ...«

Und damit sind sie draußen, und ich richte mich auf, schweißgebadet und mit zittrigen Händen und versuche das, was ich da gehört habe, zu verstehen und einzuordnen.

Verraten und verkaufen will dieser de Harana, das Protektionskind des Admirals, seinen Gönner an den Herrn von Hofe. Geheimnisse, eine andere Karte, die Don Cristobal für sich behält, Furcht vor einem Komplott mit den Juden – Sanchez, Santangel, der andere Kurs – mir schwirrt der Kopf. Und was ist das mit der Liebesaffäre und dem schwarzen Haar und den grünen Augen?

Was war das da zum Schluß? »Dieser Junge, der hier ein und aus spaziert«? Soll ich jetzt nicht nur für Sanchez, sondern auch für den anderen Beamten der Krone spionieren?

Einen Augenblick sitze ich noch auf diesem Bett und versuche mich zu sammeln. Dann schlage ich die Vorhänge zurück, schlüpfe in den Raum und spähe nach draußen. Die Luft scheint rein zu sein.

Gebückt husche ich aus der Tür der Toldilla und vom Achterdeck herunter zur Luke, wo ich niemandem begegne als diesem Dolmetscher, der mir einen schiefen Blick zuwirft. Mit dem kann ich mich jetzt nicht auch noch befassen.

Der Fuß tut mir noch immer weh, und ich schone ihn beim Auftreten.

Garcia hantiert an seiner Kochstelle. »He«, fragt er, »wo treibst du dich denn rum? Deine Freunde fragen schon nach dir.«

»Meine Freunde?«

»Na, dieser Alonso, der andere Grumete, der Andalusier. Tat sich ziemlich wichtig. Wann hast du Wache?«

Ich habe keine Ahnung, wann ich Wache habe, denn ich weiß nicht, wie spät es ist. »Jetzt gleich«, sage ich sicherheitshalber. »Aber Alonso ist nicht mein Freund.«

»Hätte mich auch gewundert«, knurrt der Schiffskoch.

Ich bin dem Ekel Alonso aus dem Weg gegangen, wo ich nur konnte, habe mich hinter Diego und Garcia und den Aufträgen des Admirals versteckt. Aber die *Santa Maria* ist auf die Dauer zu klein, um voreinander wegzurennen.

26

Ich entdecke Alonso mittschiffs hinter ein paar Taurollen und einer Lenzpumpe, beim Würfelspiel mit zwei der Peones, und einer von ihnen ist der, der mir in der Bodega das Faß auf den Fuß geknallt hat.

Aber noch bevor ich bei ihm bin, stolpere ich und knalle unsanft mit dem Kopf gegen eine Querstrebe. Jemand hat ein Seil, das vor mir auf den Planken lag, genau in dem Moment angezogen, als ich darüber gegangen bin.

In meinem Kopf dröhnt es. Ich halte mir die Schläfe. Die drei Würfelspieler gucken grinsend zu mir herüber.

»He, Junge«, sagt Alonso, »du hast es ja furchtbar eilig!« Und alles brüllt vor Lachen über den Witz. Ich verbeiße den Schmerz und sage: »Du hast mich gesucht, hab ich gehört. Was gibt's denn?«

»Gesucht hab ich dich schon länger, Mozo«, entgegnet der Grumete. »Hast du im Kielraum gepennt, oder was? Na, komm, nichts für ungut. Trink 'n Schluck mit uns.«

Ein Bojito wird mir gereicht, und damit ich nicht von Anfang an der Spielverderber bin, setze ich an und nehme einen Schluck, aber muß ihn gleich in hohem Bogen wieder ausspucken. Das ist Salzwasser, wenn nicht noch was Schlimmeres. Ich muß würgen. Tränen treten mir in die Augen. Die drei beobachten mich gespannt. Wahrscheinlich wäre es ihnen am liebsten, wenn ich mich jetzt auf sie stürzen würde, dann könnten sie mich verprügeln und noch mit Recht behaupten, daß ich angefangen habe. Aber ich nehme mich zusammen, schmeiße ihnen die Flasche wieder zu – Alonso kippt den Inhalt gleich über Bord – und ich sage gezwungen ruhig: »Genug Späße, ja? Was ist los?«

»Kurz angebunden, der Knabe!« bemerkt einer der Peones drohend. Alonso sagt: »Los ist, daß du deine Wache verpennt hast, Mozo. Und das gibt Ärger.«

Mozo! Was soll das? Ich gehöre nicht zu deiner Kumpanei, denke ich, während mir der Schreck in die Glieder fährt. Eilig versuche ich nachzurechnen. Keine Ahnung, ob das stimmt. Aber ich hab nicht vor, mich einschüchtern zu lassen.

»Das hast du dir bloß ausgedacht!« erwidere ich. »Außerdem ist befohlen, daß ich vom Dienst auf dem Schiff befreit bin, und Señor Chachu weiß das.«

»Ach, was du nicht sagst!« höhnt Alonso. »Das Schoßhündchen des Admirals! Wie geht's denn deinen zarten Händchen und deinem armen Füßchen, wo dir was draufgefallen ist? Ich glaube, du mußt ins Bett!«

Ich merke, daß sich für diese Auseinandersetzung noch mehr von den Männern interessieren. Zwei von den schwarzbärtigen Kerlen, die sich immer abseits halten, hängen in den Wanten und hören zu, und noch ein ungeschlachter Typ von Peon ist dazugekommen und baut sich mit gekreuzten Armen auf. Alonso fährt fort: »Vom Dienst befreit! So was gibt's nicht, Junge. Hier sind schon genug Müßiggänger an Bord, da hat er zufällig mal recht, dieser Baske. Aufseher, Profosse, Ärzte, Übersetzer – stehen rum und fressen den ehrlichen Seeleuten das Brot weg. Dir fällt ja wohl keine Perle aus der Krone, wenn du mit anfaßt und deine Arbeit machst.«

Ich hab keine Lust, klein beizugeben, Nun erst recht nicht.

»Ich mach ja meine Arbeit – in der Toldilla«, sage ich.

Nun lachen sie alle.

»Nando hier hat gesehen, was du da machst! Krakel aufs Papier malen! So was nennst du Arbeit? Das ist Kinderspiel!«

»Kinderspiel, wenn man's kann«, erwidere ich. »Kannst du's? Dann mach es.«

Jetzt steht er auf und kommt auf mich zu. »Freundchen, geh nicht zu weit«, murmelt er. »Ist schon mancher über Bord gegangen bei 'ner längeren Seereise. Die Reling ist ja nicht so hoch. Und auch sonst – es gibt so Sächelchen, da wünschst du dir, du wärst zu Haus bei Mama geblieben.« Er starrt mir in die Augen.

Was er meint, davon habe ich ja wohl ein paar Kostproben gekriegt, eben und vorher, vom gequetschten Fuß bis zur »Andalusischen Verbrennung.« Ich habe keine Lust, mich schikanieren zu lassen. Absolut keine.

»Also was willst du?« frage ich. »Was ist mit der versäumten Wache?«

Er schnaubt durch die Nase. »Keiner hat an der Sanduhr gestanden,« sagt er anklagend. »Meine Freunde hier können's bezeugen, hier, Concho und Nando. Beides ehrenwerte Herren aus Palos, und der Juan da auch. Der Navigator Don Peralonso ist gekommen und hat geschrien: ›Wer von den Grumetes hat das Glas zu wenden?‹ Und Señor Chachu hat gesagt: ›Dieser Pedro, aber der hockt dem Admiral auf dem Schoß!‹ Und da bin ich vorgesprungen, denn man läßt keinen Kumpel im Stich, und habe geschrien: ›Señor Piloto Major, ich übernehm's, ich übernehme die Wache für meinen Kumpel, der Kleine kann nichts dafür!‹ So war das.«

Die anderen haben aufgehört, ihre Würfel zu trudeln. Sie warten gespannt auf den Ausgang der Sache. Ich schweige und denke nach. Mir ist ziemlich ungut.

Das kann so gewesen sein, aber auch genausogut eine Lüge. So aufsässig dies Schiffsvolk insgeheim auch gegen den Genuesen sein mag, so wahren sie doch den Respekt, und wenn der Navigator erfahren hat, daß ich zum Admiral befohlen war, dann hat er eben jemanden andern für die Wache eingeteilt. Und derjenige hat dann geflucht – so wird es sich abgespielt haben.

»Gut, Mozo«, sage ich. »Gottes Lohn. Da bin ich dir dankbar.

Ich kann ja dann eine Wache von dir übernehmen. Außerdem versteh ich das nicht. Eben sagst du noch, ich habe die Wache verpennt. Und dann war ich beim Admiral. Also was denn nun?«

Er hat sich verheddert, und das macht ihn noch wütender. »Riskier hier lieber nicht die große Lippe!« droht er. »Deine Kumpels können dir helfen, wenn du nett bist. Oder sie lassen dich reinrasseln. Das geht ganz schnell, wenn wir alle zusammenhalten. Da löst sich ein Tau oder ein Wasserfaß kippt um oder ein Sanduhr-Glas zerspringt, und wir alle schwören Stein und Bein, daß das der Grumete Pedro war. Da nützt es dir gar nichts, daß du dich in der Toldilla Liebkind machst. Da sagt Señor de Harana Gericht an, und du wirst ausgezogen, an den Mast gebunden und machst Bekanntschaft mit der neunschwänzigen Katze, daß es eine Lust ist. Ist sowieso viel zu ruhig die Überfahrt. Passiert zu wenig.«

Das ist eine Drohung, die mich wirklich erschreckt. Natürlich kriegen sie das hin. Und es wäre schlichtweg mein Ende. Ich beiße mir auf die Lippen. »Was willst du, Alonso?« frage ich. »Du weißt, daß ich nichts habe. Hast mein Bündel doch selber durchwühlt.«

Dazu sagt er nichts. Also wird es wohl stimmen. Er schweigt, überlegt. Dann sagt er: »Wir brauchen von dir nicht irgendwelche lumpigen Maravedis. Hast du vergessen, was uns Kapitän Pinzon versprochen hat? Wir werden alle in Gold waten, da drüben in den indischen

Ländern. Nee, es geht uns um was anderes. Das würde ich aber gern mit dir allein bereden.«

Wo kann man denn hier allein sein?

Aber das hat mein Mit-Schiffsjunge offenbar schon durchdacht.

»Komm«, sagt er. »Wir setzen uns zusammen aufs Scheißhaus.«

Mich überläuft es siedendheiß. Das hat mir gerade noch gefehlt. »Ich muß aber nicht!« sage ich, und dann fällt mir zum Glück noch was besseres ein, und ich füge hinzu: »Was sollen denn die anderen von uns denken, wenn zwei Jungs zusammen dahin gehen? Daß wir was miteinander vorhaben, oder wie?«

Alonso kneift die Augen schmal. »Hm«, murrt er. »Hast du wohl Erfahrungen mit, Schoßhündchen, was? Aber da hast du ausnahmsweise mal recht. Gut, gehen wir in die Wanten.« Und er klettert vor mir mit der Behendigkeit einer Katze die Takelage hoch, ohne sich nach mir umzugucken. Ich muß wohl oder übel hinterher. Mut, Pedro, rede ich mir selbst zu. Das ist das kleinere Übel. Du wirst ja wohl in der Lage sein, dich richtig festzuhalten und einen Fuß vor den anderen zu setzen. Bis ganz oben klettert er ja sicher nicht. Ich habe vor Aufregung einen ganz trockenen Mund. Also los, hinterher.

»Komm, du Hasenfuß!« ruft mir Alonso von der Rah zu, auf die er sich gesetzt hat. »Gütiger Gott, wie du dich zierst! Na los, komm schon.«

Schließlich sitze ich da, halte mich krampfhaft fest und sehe auf das gekräuselte Meer und das Deck der *Santa Maria* herab. Ich merke, daß es gar nicht so schlimm ist, wie ich dachte.

Und nun rückt Alonso mit der Sprache heraus.

»Das Kauderwelsch, das du da vorliest aus dem großen Buch – ist das die Sprache, in der der Admiral flucht?«

Es stimmt, daß man auf diesem Schiff belauscht wird, überall. Don Cristobal hat recht.

»Nein«, antworte ich. »Das ist Latein. So wie der Priester in der Kirche spricht.«

»Ha!« sagt mein sommersprossiger Freund. »Dann hat er mich nicht belogen.«

»Wer? Wer hat dich nicht belogen?«

»Das geht dich gar nichts an. Meine Sache, klar? Aber ich brauche wen, der Latein kann, und meine Freunde auch.«

»Wieso? Wollt ihr verstehen lernen, was euch vorgebetet wird?«, rutscht es mir raus, und mir ist gleich klar, daß ich mich da zu weit vorgewagt habe, denn Alonso sagt drohend und leise: »Noch so 'n Spruch, und du fliegst von hier oben auf die Planken.«

»Ist ja gut«, lenke ich ein und kann nicht verhindern, daß ich mich unwillkürlich fester anklammere. »Also schieß los. Um was geht's?«

»Da ist die Insel, wo wir hinfahren.«

»Viele Inseln.«

»Quatsch. Der Admiral will auf La Gomera anlaufen. Das wissen alle. Die Gouveneurin ist eine Hexe. Sie soll den Admiral behext haben.«

»Ach? Wirklich?« frage ich und muß schlucken, weil mein Mund immer noch so trocken ist. Alonso nickt und fährt fort: »Auf der Insel gibt es eine Kirche. Und um die geht es. Auf der Insel wohnten früher viele Heiden. Aber die meisten hat die Gouverneurin umbringen lassen ...«

Ich bin mit meinen Gedanken woanders. Die Gouverneurin, die eine Hexe ist und de Haranas Gerede von schwarzem Haar und grünen Augen – geht es da um dieselbe Frau?

»Wie? Was?« frage ich. Alonso ist in seiner Mär schon ein Stück weiter und fragt unwillig: »Hörst du mir überhaupt zu?« Ich nicke, und er bemerkt: »Das würde ich dir auch geraten haben. Also. Und dann gingen sie alle durch die Seitentür der Kirche.« (Offenbar fehlt mir ein Stück der Geschichte.) »Aber sie ließ alle umhauen, auf geweihtem Boden. Ein Blutbad. Und als letzten ihren König, der war ein Zauberer.« (Ich habe keine Ahnung, wovon er redet, und nicke infolgedessen eifrig.) »Aber der König hatte ein Amulett. Das machte ihn unverwundbar und unsichtbar. Und als er im Sterben lag –«

Jetzt wird es mir zu bunt. »Wie haben sie ihn denn umbringen können, wenn er so ein Amulett hatte?« frage ich.

Alonso schnaubt unwillig durch die Nase. »Er hatte es nicht um den Hals, sondern in der Hand«, belehrt er mich, als wäre das sonnenklar. »Als er im Sterben lag, ließ er sich taufen von einem jungen Priester. Dem vertraute er das Zauberding an und beschwor ihn, es in der Kirche zu verbergen, an einer Stelle, wo es seine Feinde nicht finden konnten. Und der machte das. Und an drei Stellen in der Kirche schrieb er in Latein auf, wie man das Amulett finden kann. Aber dann wurde er krank und starb. Aber vorher hat er noch jemand anderem gesagt, was Sache ist und wo die Inschriften sind.«

Er schweigt, und mir schwindelt es inzwischen nicht bloß von meinem Platz in luftiger Höhe, sondern von diesem Aberwitz, den er mir da erzählt hat. Was will er denn eigentlich von mir? »Ja? Und?« frage ich.

Er sieht mich an, als ob ich der letzte Idiot wär. »Begreifst du denn gar nichts? Der, der mir das erzählt hat, weiß, wo die Inschriften sind. Und du kannst Latein.«

Endlich dämmert es mir. Alonso will unsichtbar und unsterblich werden ... Wer hat ihm bloß diesen Blödsinn aufgetischt? »Kann ich was fragen?« erkundige ich mich vorsichtig. Sein Schweigen deute ich als Zustimmung und fahre fort: »Dieser Priester oder Mönch – warum hat der dies Amulett nicht selbst genutzt?«

»Weil es Heidenzauber ist«, raunt Alonso und schlägt schnell ein Kreuz, was ich lieber nicht mitmache, weil ich mich mit einer Hand nicht genügend festhalten kann.

»Und was habe ich dabei zu schaffen? Warum geht euer schlauer Freund nicht selbst hin und holt das Ding – für sich selbst oder für dich?«

Alonso schüttelt den Kopf. »Weil der *die* Sprache nicht kann«, erwidert er. »Aber dich hat er plappern gehört. Du kannst es.«

»Ist er also hier auf dem Schiff?«

Alonso schweigt. »Er kennt den Weg«, sagt er dann. »Du kannst es lesen.« Warum tut sich dieser geheimnisvolle Unbekannte nicht gleich mit mir zusammen? Warum soll ausgerechnet der Grumete Alonso das Zauberding kriegen? Ob er sich das mal fragt? Er will mich also zu so einer Art Kirchenraub überreden, wenn ich das recht verstehe. Was haben die bloß vor? Sind die wirklich so blöd, oder tun sie nur so? Aber La Gomera ist weit, und jetzt bin ich auf der *Santa Maria*, und wenn irgendwas unklug wäre, dann, sich mit diesen Burschen noch weiter anzulegen, als ich es schon getan habe. Die schikanieren mich zu Tode.

»Und ich?« frage ich. »Was habe ich davon?«

»Wenn ich das Ding erst habe, werd ich dich beschützen!« verspricht der in Zukunft unsichtbare und unsterbliche Alonso großmütig. Eine entsetzliche Vorstellung. »Bis jetzt sind wir noch nicht da«, sage ich. »*Ich* will jetzt was. Sorg dafür, daß mich keiner mehr piesackt. Ich will an Bord meine Ruhe haben. Sag den Andalusiern, daß sie mich in Frieden lassen. Sag deinen Freunden, den Peones, daß ich in Ordnung bin. Daß ich dein Freund bin. Dann mach ich's.«

Er sieht mich abwägend an. »Na gut«, erwidert er schließlich. »Abgemacht. Und nun klettere runter. Wir müssen das noch besiegeln.«

Was meint er denn damit? Nun, das kriege ich gleich zu spüren. Er springt neben mir auf die Planken und ruft den einen Peon.

»Ich hab was mit dem abgemacht, und nun soll er schwören. Hilf mir mal.«

Jetzt lerne ich, wie das ist, wenn man einem Christen wie Alonso was schwört. Ich werde in die Knie gezwungen. Meine linke Hand wird festgehalten, damit ich nicht heimlich abschwören kann, und die Rechte hochgerissen. »Nun schwörst du bei dem Leben deiner Mutter und bei der Jungfrau und allen Heiligen, daß du tust, was wir abgemacht haben.«

Den Eid kann ich leicht leisten. Ich kann gar nicht meineidig werden, denn meine Mutter ist tot, und die Jungfrau samt allen Heiligen sind für mich soviel wie die bunten Gestalten in den Märchen von Tausendundeiner Nacht.

Um mich herum lachen sie.

»Und du? Schwörst du auch?« frage ich. Er spuckt aus. »Mein Wort gilt auch so«, erwidert er und wendet sich ab.

Manchmal denke ich, das ist kein Schiff, sondern ein Tollhaus.

27

Das »Gespräch« mit Alonso geht mir im Kopf herum, während ich das Deck befeuchte und mit Holunderbesen schrubbe. Und ich frage mich noch einmal, was das ganze soll. Aber noch sind wir ja nicht in Gomera, und der erkaufte Burgfrieden läßt mich aufatmen. Jedenfalls erst mal keine Schikanen von Seiten Alonsos und seiner grobschlächtigen Freunde. Immerhin etwas. Übrigens, ich habe Chachu gefragt. Nein, ich habe keine Wache verpaßt. Das war ein ganz plumpes Manöver. Im Geist lasse ich das Gespräch noch einmal vorüberziehen, um mehr Klarheit zu gewinnen über die Person, die ihm diesen Bären aufgebunden hat, und was sie damit wohl bezwecken will. Es wirkt wie eine Falle. Aber ist sie mir gestellt, oder bin ich bloß der Köder? Und wer bedient sich dieses Dummkopfs von Alonso?

Das ist die eine Sache. Die andere sind die beiden hohen Herren, die ich unfreiwillig in der Toldilla belauscht habe und die an irgendein Geheimnis des Admirals heranwollen, und offenbar meinten sie auch, daß »der Junge«, also ich, dabei eine Rolle spielen müßte.

Mir ist mulmig zumute. Da sind wir gerade drei Tage unterwegs, und ich habe mir alle Mühe gegeben, nicht aufzufallen. Und schon bin ich in irgendwelche Sachen verstrickt wie die Fliege im Netz einer Spinne.

Diese *Santa Maria* ist nicht gerade ein Hort des Friedens, aber das habe ich ja auch nicht erwartet. Es reicht, daß ich darauf bin und am Leben.

Reicht es wirklich? Verwirrt betrachte ich mein Gesicht im Spiegel einer Pütz mit Meerwasser. Im bewegten Hin und Her der Wasseroberfläche sehe ich mein ausgezehrtes Gesicht, tiefe Schatten unter den allzu großen Augen, Stirn und Wangen von der Sonne verbrannt, und diese lange Nase, bedeckt von schuppiger, abblätternder Haut – wie häßlich ich bin! Ich presse die Lippen aufeinander. Als ob das wichtig wäre, Pedro. Wütend gieße ich das Wasser mit großem Schwung übers Deck.

Du wirst übermütig, Pedro. Du hast dich einmal ausgeschlafen, dein Magen knurrt nicht mehr. Du kannst nachts in Ruhe das »Haus der Bedürfnisse« besuchen, wenn dir nicht gerade ein Alonso nachstellt – aber das hat er ja nun wohl nicht mehr vor, nachdem ich so butterweich nachgegeben habe. Im übrigen habe ich auch gelernt, meine Blase zu erleichtern, wenn eine Sturzsee kommt ... Und stinken tun sie hier ja alle.

Grumete Pedro, was willst du? Halt dich besser zurück.

Da bin ich mit Müh und Not entkommen und habe zu tun, abends so einzuschlafen, daß mich nicht die Träume heimsuchen aus dem Grab meiner Vergangenheit. Und keine paar Tage auf diesem schwimmenden Kasten, mach ich mir Gedanken, welchen Grad meine Häßlichkeit erreicht hat! Ich sollte doch wahrhaftig froh sein, wenn mich keiner anguckt. Froh, daß nichts darauf hindeutet, wer oder was ich wirklich bin.

Aber ich bin nicht froh. Ich bekenne, ganz und gar unzufrieden zu sein bei der Vorstellung, daß die grauen Augen des Mannes dort hinten in der Toldilla mich nur als einen unansehnlichen Bengel mit halbwegs gescheitem Kopf und Fertigkeiten in Lesen und Schreiben wahrnehmen.

Ja, Esther Marchadi, bist du denn ganz verrückt geworden? Dies ist der Admiral des ozeanischen Meers, ein Mann von vierzig Jahren. Und du bist ein Etwas von sechzehn. Und er segelt zunächst einmal auf eine Hexe mit grünen Augen und schwarzem Haar zu –

Ach, richtig. Ich muß eine Gelegenheit finden, Don Cristobal vom Besuch der beiden Herren in seiner Kajüte zu berichten, und möglichst bald. Andererseits besteht ja wohl kaum Gefahr, daß die beiden so schnell eine Möglichkeit bekommen ... Meine Gedanken werden jäh unterbrochen. Vom Ausguck ertönt eine Meldung, ein Ruf, den ich nicht verstehe. Während sich auf dem Schiff die übliche Hek-tik breit macht, die eine veränderte Situation anzeigt, erscheint der Admiral auf der Popa, beschattet die Augen mit der Hand gegen die Sonne und sieht in die Richtung, die der Signalgast anzuzeigen scheint. Ich lasse meinen Eimer und Besen stehen und stürze mit den anderen zur Reling. In Luv gibt die *Pinta*, die schöne mövengleiche Karavelle, aufgeregte Rauchzeichen, deren Bedeutung ich nicht kenne. Sie hat beigedreht und tanzt mit rüttelndem Geschirr und flatternden Segeln im Wind. Bei der raschen Fahrt, die wir machen, bleibt sie schnell zurück.

In den folgenden Minuten werde ich mit atemloser Bewunderung Zeuge, was die Besatzung dieses Schiffs, was ihre Offiziere vermögen.

Don Cristobal gibt seine ruhigen, niemals lauten Befehle, die von de la Cosa, vom Navigator und vom Maat Chachu schnell und präzis umgesetzt werden. Segel reffen. Beidrehen. *Niña* ebenfalls zum Beidrehen auffordern. *Pinta* signalisieren, daß der Admiral an Bord kommt. Beiboot zu Wasser fieren – alles ist eine Sache von zwei, drei Vaterunsern. Plötzlich ist diese *Santa Maria*, wo jeder gegen jeden ist, ist dies Spinnennetz von Intrige ein einziger funktionierender Organismus. Nur die Passagiere stören, rennen aufgeregt hin und her und halten die Besatzung von der Arbeit ab.

Beidrehen: was für eine Empfindung! Auf einmal ist es still. Kein Wind pfeift mehr durch die Takelage, keine Bugwelle zischt mehr neben den Bordseiten auf, das Schiff dümpelt und rollt in einer merkwürdigen Bewegung und gibt Klagelaute von sich, ächzt und stöhnt. Mein Sinn für Gleichgewicht droht abzugleiten. Mir wird schwindlig, und ich muß mich an einem Tau festhalten, obwohl sich gar nichts bewegt.

Die Strickleiter wird heruntergelassen, und der Admiral schickt sich an, nach den Rudergästen und Chachu, der wahrscheinlich steuern wird, ins Boot zu gehen, als sein Blick auf mich fällt. Natürlich halte ich, wie alle, die nichts zu tun haben bei dem Manöver, an der Reling Maulaffen feil. Er sagt nichts. Er zeigt nur mit dem Finger auf mich. Und ich, krampfhaft angeklammert an die Seiten der schwankenden Strickleiter, steige mit hinunter in dies Boot, das sich auf der ozeanischen Dünung bewegt wie ein Pferd, das zum ersten Mal den Reiter trägt. Und schließe die Augen.

28

»Almirante a bordo!«

Kapitän Pinzon, den Mund noch schiefer verkniffen im dunklen Bartgestrüpp, die Augen funkelnd vor Ärger, empfängt uns. Die *Pinta* hat einen Ruderschaden. Die rauhe See hat das schwere eichene Ruder aus den Angeln gehoben. Wie wir erfahren, sind zwei der »Fingerlinge«, eiserne Bolzen, die für den Halt verantwortlich sind, weggebrochen. Der dritte hält, aber die *Pinta* ist praktisch manövrierunfähig.

Noch während uns Pinzon in seine Kajüte bittet, werden die Reparaturen in Gang genommen. Vier Seeleute, darunter der Küfer und der Schiffszimmermann, werden von außen herabgelassen und justieren den Schaden. Möglicherweise halb so schlimm. Aber Don Martin schüttet dem Admiral sein Herz aus. Für ihn ist das eindeutig Sabotage, und zwar von Cristobal Quintero, der von Anfang an ein Quertreiber gewesen sei. Weil er nicht Kapitän auf seinem eigenen Schiff hatte sein können. Und weil er außerdem fürchte, daß sein Kahn verloren gehen könne auf der Reise, hätte er als einfacher Seemann angeheuert, mit dem einzigen Ziel, zu verhindern, daß die *Pinta* über die Kanaren hinaussegeln solle.

»Er kennt die Leute alle!« sagt Martin Pinzon. »Da genügt eine kleine Absprache. Und vielleicht hat er ja auch schon in Palos das Ruder manipuliert ...«

»Habt Ihr Beweise?« fragt der Admiral. »Ich lasse den Schuldigen zur Verantwortung ziehen und durch den Schiffsprofos –«

»Beweise!« unterbricht Pinzon. Er schnauft vor Wut. »Das Ruder ist entzwei! Das ist der Beweis!«

Wir sind in der Kapitänskajüte, und die Herren trinken Wein, den ich ihnen servieren darf – ich nehme an, das ist der Trick des Admirals, mich hierher mitzunehmen. Natürlich vermute ich, daß er mich hinterher wieder Protokoll schreiben läßt zu der Sache, und sperre Augen und Ohren auf.

»Das ist kein Beweis, Don Martin«, sagt der Admiral. »Das ist, als würdet Ihr behaupten, der Göpel ist rund, weil der Maulesel im Kreis läuft. So kann ich nichts unternehmen. Habt Ihr Quintero vernommen?«

»Er leugnet! Selbstverständlich leugnet er! Heuchlerisch hat er sich sogar erboten, bei den Ausbesserungsarbeiten zur Hand zu gehen – angeblich, weil ihm an seinem Schiff liegt! Ja, verflucht!« Pinzons Faust kracht auf die Tischplatte, und der Admiral bekreuzigt sich, was ich ihm schnell nachtue – »Er hat nichts anderes vor, als die nächste Havarie vorzubereiten!«

»Ich kann Euren Argumenten nicht folgen«, sagt Don Cristobal kühl. »Es ist lobenswert von Euch, daß Ihr so schnell und tatkräftig versucht, die Schäden zu beseitigen. Aber ich kann mir keinen Mann vorstellen, der ein Schiff besitzt und es selbst heimtückisch zerstört. So lange Ihr keine wirklichen Beweise habt, bitte ich Euch, den Frieden an Bord aufrecht zu halten. Der Herr hat anderes mit uns vor, als daß er zulassen würde, daß sich die Männer auf der *Pinta* um kleinlicher Zänkereien willen die Köpfe einschlagen. Vergeßt nicht, Kapitän: Diese Schiffe stehen in Gottes Hand.« Er erhebt sich, seine grauen Augen fixieren Pinzon. »Ich hoffe, daß Eure Leute eine glückliche Hand haben bei der Reparatur. Aber damit es kein Flickwerk bleibt, solltet Ihr auf alle Fälle den Hafen von Gran Canaria anlaufen. Dort sind treffliche Schiffsbauer, die sich auskennen. Sollte sich die *Pinta* als irreparabel erweisen, so werde ich mich nach einem anderen Schiff umsehen.«

Martin Pinzons Handknöchel seiner geballten Fäuste werden weiß. Mühsam beherrscht sagt er: »Bedeutet das auch eine neue Mannschaft?«

»Gewiß nicht, Kapitän«, erwidert Columbus verbindlich. »Ich brauche Eure Erfahrung. Aber bedenkt, Ihr wäret dann Schiffseigner Quintero los.«

Bevor wir uns wieder zur *Santa Maria* hinüberrudern

lassen, begutachtet der Admiral noch die Arbeiten am Ruder und nickt Zustimmung. »Das ist solide und gewissenhaft«.

Cristobal und sein Bruder Juan Quintero, die roten Mützen gezogen, nähern sich uns. Sie machen bedrückte Gesichter. »Der Kaptän will uns nicht wohl, Almirante«, sagt Juan, der Jüngere. »Er bezichtigt uns hinter unserem Rücken des Verrats.«

»Hat er Gründe dazu, Señores?«

»Sein einziger Grund ist, daß ein Teil der Besatzung auf *uns* eingeschworen ist und nicht auf ihn«, erwidert Cristobal. Er ist ein dünner, graulockiger Mensch mit Hakennase, der Typ, der zu Hitzköpfigkeit neigt.

»Dergleichen will ich nicht hören«, sagt der Admiral und wendet sich ab. »Auf einem Schiff untersteht jeder dem Befehl des Kapitäns. Und Ihr, Señor, habt dafür zu sorgen, daß Eure Leute sich danach richten. Vermeidet Zerwürfnisse. Im übrigen bin ich von Eurer Ehrlichkeit überzeugt.«

29

Gegen Abend signalisiert die *Pinta* die Beendigung der Reparatur, und die Schiffe machen alsbald wieder Fahrt. Der Admiral ruft mich in die Toldilla.

»Euer Gnaden sehen mich noch immer beschämt«, sage ich beim Eintreten mit gesenktem Kopf, »wegen gestern abend. Ich bin über der Lektüre eingeschlafen.« Ich kann nicht verhindern, daß meine Stimme zittert. Als ich mit ihm da draußen auf der *Pinta* unterwegs war, unter den vielen Menschen, war es anders. Hier, in der Enge der Kajüte und allein mit ihm, fühle ich mich beklommen und erregt zugleich, unsicher und aufgewühlt. Er hat mich in sein Bett gelegt –

»Das ist vergessen, Pedro«, sagt er beiläufig. »Komm einmal her und hilf mir.«

Erst jetzt sehe ich, welcher merkwürdigen Beschäftigung er sich hingibt. Er hält in seinen Fingern ein Sück Silberspitze und eine lange, blitzende Nadel und hantiert damit an seinem Samtmantel herum. Offenbar ist ihm der Zierat bei seiner heftigen Art, sich zu bewegen, abgerissen.

»Kein Mensch an Bord hat hierfür die Hand. Hier kann man nur Segel flicken. Versuchst du's, Pedro, mit deinen Schreiberfingern?« Er wirft mir das Knäul in den Schoß, und es fällt prompt zu Boden, weil ich die Beine spreize – wenn man sein Leben lang Röcke getragen hat, ist das normal. »He, sei nicht so ungeschickt!« sagt er ärgerlich. »Das läßt sich nicht gut an. Trotzdem, versuch's.«

Mit unsicheren Fingern versuche ich, den Faden ins Ör zu bekommen, und obwohl er nicht hinschaut, habe ich das Gefühl, daß er mich beobachtet. »Sag mir«, fragt er unvermittelt,« was du von der Havarie auf der *Pinta* denkst.«

»Es steht mir nicht zu, die Worte und Taten der Herren Kapitäne und Offiziere zu begutachten.«

»Basta, basta,« unterbricht er mich. »Tutti gli annessi e connessi! Parla! – Ich meine, du sollst reden, wie dir der Schnabel gewachsen ist.«

»Das habe ich wohl begriffen, Euer Gnaden«, sage ich und habe den Faden immer noch nicht drin, und er nimmt mir die Sache aus der Hand und bewegt in einer einzigen großen ruhigen Bewegung die Nadel auf den Faden zu – nicht umgekehrt, wie ich es gelernt habe, und sagt: »So macht man das. Alles andere ist Weiberkram. Ich stamme von Wollkrämern und Seidenwebern ab.« In seinem Tonfall schwingt ein »wie du weißt« mit, als wenn alle Welt sich für sein Herkommen interessieren müßte. »Also, die Havarie.«

»Ich glaube« sage ich, während ich zusehe, wie seine Finger so schnell wie Weberschiffchen mit der Handarbeit umgehen, »daß die Havarie auf der *Pinta* eine ganz gewöhnliche Havarie ist, verursacht durch die schweren Seen, die solchen Karavellen vielleicht zuviel sind, und daß Señor Quintero ebensowenig damit zu tun hat wie irgend jemand anderes.«

Er nickt, beißt den Faden ab und legt den Mantel zur Seite. »Siehst du, so geht das«, sagt er. Mir ist unbehaglich zumute bei dieser Einlage. Warum führt er mir vor, wie man eine Borte annäht? »Und Pinzon?« fragt er knapp. »Was meinst du zu Pinzon?«

Wozu examiniert er mich hier eigentlich? Meine Meinung zu Pinzon wird ja die seine kaum beeinflussen. Ich kann nicht mehr an mich halten und frage: »Warum wollen Euer Gnaden dergleichen von mir wissen? Ich bin hier der Schiffsjunge.«

Mir scheint, als würde ein Schatten der Belustigung über sein Gesicht zucken. »Richtig«, erwidert er. »Also überhebe dich nicht. Trotz allem bist du nun einmal der einzige hier, der einen eigenen Kopf hat. Hoffentlich nicht zu eigen, das ist selten gut. Denk einfach, daß es mich amüsiert, dir zuzuhören, und daß ich dich benutze wie einen guten Hund, mit dem man auch manchmal redet.« Forschend sieht er mich an. Ich presse die Lippen aufeinander. Wie liebreich!

»Nun aber deine Antwort!« fordert er.

»Der Kapitän duldet niemanden neben sich«, sage ich vorsichtig.

»Der Kapitän ist zerfressen von Ehrgeiz und Goldgier! Ich traue ihm jede Verräterei zu!«

Röte überwölkt sein Gesicht. Er ballt die Hände.

»Aber Euer Gnaden haben ihn und seinen Bruder selbst angeheuert in Palos, so habe ich gehört.«

»Ich hätte keine Mannschaft gefunden ohne ihn«, sagt er leise. »Ein paar Mörder und Halsabschneider, die durch die Amnestie eine Gelegenheit sahen, ihrer Strafe zu entfliehen, keine Seeleute. Ich wäre mit ihnen nicht über die Inseln hinaus gelangt, die wir jetzt ansteuern. Mehr noch, man hat mir und den königlichen Edikten eine Nase gedreht in Palos, man hat jaja gesagt und nichts getan. Ich hätte ohne die Pinzons nicht einmal ein Schiff, Pedro. Sie sind erstklassige Seeleute. Aber sie sind einfach und schlicht Piraten. Sie haben die Mannschaften mit dem Gold gelockt, das wir finden werden, und die Männer hatten Vertrauen. Räuber finden bei Räubern Vertrauen. Und Martin Pinton will selbst der erste sein in der Welt hinterm Wasser, und er will nicht nur die Schätze für sich, sondern auch den Ruhm.«

»Wie sollte das möglich sein, da doch jedermann weiß, daß Euer Gnaden allein den kühnen Plan gefaßt und die Majestäten überzeugt haben?«

»Pedro, die Falschheit der Welt ist groß, und der Neid hat schon viele aufrechte Männer zu Fall gebracht. Ich habe viele Neider.«

Ich nicke und überlege, ob das der geeignete Moment ist, ihm von den beiden heute früh zu erzählen, als ich in seinem Bett lag und den Atem anhielt. Und da er offenbar wirklich vorausahnt, was man sagen will (oder was ich sagen will!), dreht er sich zu mir herum, daß sein Stuhl fast umkippt, und fragt: »Gibt es etwas, was du verschweigst, Pedro?«

Ich fühle, wie mein Gesicht heiß wird. »Es war heute noch keine Gelegenheit, Don Cristobal«, entgegne ich, und er scharf: »Es steht dir nicht zu, nach deinem Gutdünken zu entscheiden, wann du mir etwas mitteilst und wann du es mir vorenthältst!«

Sein Unwillen trifft mich wie eine Ohrfeige. Ich stammele: »Gütiger Herr, Gott sei mein Zeuge, daß ich nicht vorhatte –« »– mit dem Vertrauen zu spielen, das ich in dich setze?« ergänzt er meinen Satz. Ich schüttele heftig den Kopf. Mir ist, als stünde ich in Flammen.

»Also berichte!« befiehlt er, ohne die Schärfe seiner Rüge zu mildern.

»Ich wachte auf, als sie in die Toldilla kamen«, sage ich stockend. »Gewiß hätte ich ihnen gleich entgegentreten sollen. Aber ich befand mich noch dort –« Ich weise auf das Bett mit den geschlossenen Vorhängen, und er nickt. »So habe ich gehört, was sie gesprochen haben.«

»Wer?« Die Frage ist wie ein Fechthieb.

»Don Gutierrez. Und Señor de Harana, von dem es heißt, daß er mit Euer Gnaden – verwandt ist –, deshalb dachte ich auch halb und halb, er sei vielleicht befugt ...«

»Er ist ein Vetter von Doña Beatriz, der Mutter meines Sohns«, sagt er beiläufig, als müsse das ganze Schiff wissen, von welchen Frauen Kastiliens er Kinder hat. »Und er ist *nicht* befugt. Weiter.«

Ich berichte ihm von dem Gespräch vor dem Tresor und bemühe mich, es so wörtlich wie nur möglich wiederzugeben: die Suche nach den Schlüsseln, das Versprechen einer Belohnung. – Auch daß die letzten Worte, die ich hörte, sich auf mich bezogen und daß ich befürchte, sie wollten über mich Zugang bekommen zu dem, was sie suchen.

Als ich fertig bin, schweigt Columbus. Er hat den Kopf abgewandt, und ich kann sein Gesicht nicht erkennen. Schließlich sagt er: »Danke, Pedro. Der Zufall und dein jugendlicher Schlaf haben uns gute Dienste erwiesen.« Das Schroffe ist wieder gewichen aus seiner Stimme. »Es ist immer von Nutzen, Verrat rechtzeitig zu erkennen.«

»Ich tappe ganz im Dunkeln, Euer Gnaden«, wage ich zu sagen. »Um was für eine Karte handelt es sich? Und in wessen Auftrag arbeitet Don Gutierrez?«

»Was das zweite angeht, so wüßte ich es selbst gern, Pedro. Über das erste möchte ich eigentlich nicht mit dir sprechen – obwohl: deine Aufgewecktheit und dein Interesse tun mir wohl. Also: Zum Wesen der Seefahrt gehört auch das Geheimnis. Alle großen Kapitäne hatten ihre Karten, die nur ihnen bekannt waren, ihre Überlieferungen, ihre Tricks. In den Kontoren der Stadt, aus der ich komme, nennt man das Discrezione.« Er überlegt einen Moment und übersetzt dann ins Spanische: »Delicadeza«, und ich muß lächeln, weil er sich solche Mühe gibt, denn das Wort »Discreción« existiert auch im Kastilischen, aber offenbar entspricht es nicht dem, was er ausdrücken möchte.

»Die Schlüssel aber«, fährt er fort, und ich hebe abwehrend die Hände. Bloß nicht! *Das* will ich nicht wissen! »Almirante, weiht mich nicht in Dinge ein, die mich nichts angehen!«

Der Schatten eines Lächelns huscht um seine Lippen. »Du hast recht«, sagt er sachlich. »Und nun verlaß mich. Ich werde die Ereignisse des Tages allein in mein persönliches Bordbuch eintragen. Du kannst deine Arbeiten morgen erledigen. Geh nur.«

Ich weiß nicht, ob er noch immer zornig auf mich ist, oder ob sein Mißtrauen mich einschließt. Ich forsche in seinen Zügen, aber er sieht mich nicht an, und als ich nach seiner Hand hasche, um sie zu küssen, entzieht er sie mit einer abrupten Bewegung.

Garcia löscht seinen Herd, als ich zu ihm komme. »Ärgerlich«, brummt er und fährt sich durch den dichten Haarschopf. »Der Despensero hat vergessen, beim Admiral anzufragen, ob er morgen eine warme Suppe will. Nun weiß ich nicht, wann ich Feuer schlagen soll.« Er sieht zweifelnd zu mir hinüber. »Du gehst ein und aus in der Toldilla«, sagt er. »Fragst du einmal nach?«

»Ich weiß nicht«, sage ich zögernd. »Ich kann es versuchen.«

Ich laufe hoch zu der Kajüte auf dem Achterkastell.

Meine nackten Füße patschen leise auf den Schiffsplanken, wie immer wird auch diese Annäherung sofort bemerkt. Die Tür zu dem kleinen Raum steht offen, und ich trete in den Rahmen. Aber Christophorus Columbus sieht und hört mich nicht. Er betet.

Ich habe die Christen beten sehen in ihren Kirchen und weiß, daß sie anders mit ihrem Gott reden als wir Juden. Ich habe sie gesehen zusammengekrümmt in Büßerhaltung oder mit gebreiteten Armen, als wollten sie das Kreuz ihres Herrn besteigen, ich habe sie gesehen mit gefalteten Händen und geschlossenen Augen, demütig meist und zerfließend. Aber noch nie habe ich jemanden so beten sehen wie den Admiral. Er kniet mitten im Raum, aber nicht wie ein Büßer, sondern mit gestrafftem, hochgerecktem Körper, eher vielleicht wie ein Vasall des Königs, der den Ritterschlag erhalten soll. Das Kreuz des Rosenkranzes hat er mit beiden Händen gegen die Brust gepreßt. Sein Kopf ist erhoben, und ich ahne, daß seine Augen weit offen sind. Er ist in einem ernsten, einem dringlichen Dialog mit IHM. Das Licht der Kerzen wirft unruhigen Widerschein über sein weißes Haar. Und er spricht entrückt die Worte der Psalmen Davids: »Herr, auf dich steht mein Hoffen. Laß mich nicht zuschanden werden!« Und noch einmal, fordernd, fast zornig: »Laß mich nicht zuschanden werden!«

Ich entferne mich, so leise ich kann. »Don Cristobal ist nicht erreichbar«, sage ich zu Garcia.

30

Am nächsten Tag geht die See noch höher, der Wind frischt auf, und die drei Karavellen machen wieder gute Fahrt. Am Horizont heben sich die Berge und Wolkengürtel der Inseln aus dem Dunst, und ich stehe, wenn ich nichts anderes zu tun habe, vorn auf der Proa und starre hinüber zum Land, dem ersten Land, das ich nach fünf Tagen Seefahrt zu Gesicht bekomme. »Tierra a la vista!« – Land in Sicht! Wann wird dieser Ruf zum nächsten Mal aus dem Krähennest ertönen, und was werden wir dann zu sehen bekommen? Indien?

Aber zunächst einmal erreichen wir weder Indien noch die Kanaren. Die *Pinta* signalisiert erneute Havarie. Diesmal gehen wir nicht an Bord, sondern lassen uns von drüben Bericht erstatten. Schiffsführer Cristobal Quintero, der »Saboteur«, kommt selbst herüber zum Flaggschiff und entert das Fallreep mit der kleinlautesten Miene der Welt. »Der verfluchte Seeräuber macht mir die Hölle heiß!« höre ich ihn zu unserem Navigator sagen; und wir erfahren, daß das Ruder diesmal regelrecht ausgebrochen ist. Außerdem hat die *Pinta* ein Leck.

Der Admiral tobt. Ein Leck! Was bedeutet ein Leck! Lecks sind Routinesache! Wozu sind Küfer und Kalfaterer an Bord? Wenn sich Martin Pinzon schon jetzt, sozusagen bevor alles begonnen hat, derartig anstelle, dann frage er sich wirklich, ob er den geeigneten Kapitän auf der Karavelle habe!

Er läuft wütend auf und ab, bleibt zwischendurch stehen und herrscht Quintero an. » Sagt Don Martin, daß ich nicht vor habe, hier liegenzubleiben und abzuwarten, bis er eine Lösung findet! Ich werde mit der *Santa Maria* und der *Niña* voraussegeln und hoffe, den Havaristen irgendwann im Hafen von La Palma vorzufinden.«

Quintero druckst herum. Ob der Admiral erwarte, daß er dies wortwörtlich seinem Kapitän mitteile?

»Warum nicht?« fragt Columbus, noch immer laut, und Quintero: »Weil ich befürchte, dann gehen wir mit dem Messer aufeinander los, Don Cristobal!«

»Was für eine Borddisziplin ist das? Führt Euren

Auftrag aus, Señor Quintero, und erzählt mir nicht dergleichen Schauergeschichten. Ihr seid als Seemann an Bord, also gehorcht Eurem Kapitän. Und darüber hinaus gehorcht Eurem Admiral. Oder soll ich den Profos, Señor de Harana, gleich mit auf die *Pinta* senden, damit der für Ordnung sorgt?«

Quintero verläßt die *Santa Maria* ziemlich bedrückt, und ich finde Don Cristobals Verhalten unverständlich. Gestern hat er sich auf die Seite Quinteros gestellt. Heute kanzelt er ihn ab. Außerdem bin ich gar nicht so glücklich, daß die Reise so schnell weitergehen soll. Denn die aberwitzige und gefährliche Geschichte, die ich für Alonso ausführen soll, rückt damit in greifbare Nähe, und bis jetzt habe ich keine Ahnung, wie ich mich verhalten werde. Und als habe der Gott meiner Väter meine Bangigkeit gesehen, läßt die steife Brise nach, und schließlich hört der Wind ganz auf. Flaute. Die Gipfel der Inseln verschwinden im Dunst. Nichts mehr. Der Admiral läßt alles Zeug reffen. »Con botavara seca« – mit trockenem Baum – lenzen wir in der Dünung.

31

Es ist entsetzlich heiß. Aber eine Flaute bedeutet auf einem Schiff nicht, daß man die Hände in den Schoß legen kann. Sofort werden wir kommandiert, am Rumpf nachzuteeren, die Pumpen zu überholen, an der Takelage auszubessern, Taue zu spleißen, das Deck mit Wasser zu übergießen und zu putzen. Eigentlich ist es einfacher, wenn wir Fahrt machen. Da geht es nur darum, daß das Notwendige getan werden muß, schnell und gut. Dazwischen hat das Schiffsvolk Ruhe. Jetzt werden wir vom Schiffsführer Juan de la Cosa, vom Navigator Niño und vom Maat Chachu zugleich geschurigelt.

Die Herren Passagiere stehen überall im Wege und behindern die Besatzung an der Arbeit.

Der Übersetzer, jener Mann, den ich in seiner Seekrankheit zum Gott unserer Väter habe beten hören, macht ständig einen großen Bogen um mich. Einmal tuschelt er mit dem Flottenschreiber, und mir kommt es so vor, als würde er auf mich zeigen. Aber ich kann mich auch irren.

Gereizt wie ein Löwe, geht Don Cristobal derweil auf dem Achterkastell auf und ab. Die Verzögerung stellt seine Geduld offenbar auf eine harte Probe. Er beruft auch ein Consilium ein, bestehend aus Schiffseigner und Navigator, Flottenschreiber und königlichen Beamten, vielleicht, um sein Vorgehen, für den Fall, die Flaute endet und er segelt voraus, absegnen zu lassen. Ich weiß es nicht. Ich bin nicht dabei. Señor Escobedo protokolliert. Dazu ist er ja auch mitgenommen worden.

Übrigens fällt nicht nur mir auf, daß der lockenköpfige Alguacil, der Generalprofos Diego de Harana, nicht hinzugezogen wird zu dem Gespräch.

Gegen Abend regt sich noch immer kein Lüftchen. Zumindest bietet die Flaute der Besatzung Gelegenheit, über Bord zu springen und sich im Meer abzukühlen. Viele allerdings lassen sich nur an den Schleppleinen herunter, die für den Fischfang ausgelegt sind: Sie können nicht schwimmen. So absurd es klingt: Ein großer Teil der christlichen Seeleute hält Schwimmkünste für ein Werk des Teufels. Denn wenn ein Matrose in Seenot gerät, ist es das beste, der Herr nimmt ihn schnell zu sich, ehe er sich noch stundenlang schwimmend herumquält und dann doch ersäuft. Eine gewisse Logik hat es schon.

Ich selbst gehe nicht ins Wasser. Ich schwimme sehr gut, aber ich habe Angst, daß man durch die nasse Kleidung meine bescheidenen Formen sich abzeichnen sieht – zumindest das, was ich *nicht* habe, würde auffallen –, und so erkläre ich: »Wasser hat keine Balken, das hat mein Großvater, Gott hab ihn selig, schon gesagt. Außerdem tut allzuviel Reinlichkeit nicht gut.«

Sie lachen. So was akzeptieren sie sofort. Wenn die wüßten, wie ich mich nach dem kühlenden und reinigenden Bad sehne!

Gegen Abend wird der Schiffsarzt zu Don Cristobal gerufen.

»Wetterumschwung«, sagt einer der Männer. »Da tun alte Wunden weh.«

»Was für Wunden?«

Sie sitzen zusammen, ich unter ihnen, mit untergeschlagenen Beinen, das große Segel zwischen uns, und es wird dämmrig. Man gerät ins Schwatzen. Ich fühle mich wohl, da mich keiner schikaniert. Alonso scheint Wort zu halten.

»Wißt ihr nicht? Er hat eine Seeschlacht mitgemacht, vor zwanzig Jahren. Bei Cap Sao Vicente da oben, in Portugal. Er war auf einem portugiesischen Kauffahrer, im Verbund mit fünf anderen Schiffen. Weiß der Himmel, was die Pfeffersäcke geladen hatten. Jedenfalls hat ein Freibeuter sie aufgetan, und es kam zum Gefecht. Die Portugiesen warfen Feuer, aber der Wind war heftig und die Schiffe zu dicht beieinander. Alles brannte. Massen von Toten! Gott sei ihrer Seele gnädig.«

Die Männer bekreuzigen sich mechanisch und, da sie schon einmal die Arbeit ruhen lassen, kreist auch der Bojito, der diesmal eindeutig mehr Wein enthält als Wasser.

»Und unser Admiral?«

»Er soll einen Pfeilschuß abbekommen haben und ist rechtzeitig über Bord gesprungen, um bis Lagos zu schwimmen. Manchmal ist Schwimmen eben doch nützlich.«

Ein Disput über die Nützlichkeit der Schwimmkunst schließt sich an. Alles ist friedlich.

Aber so was hält auf diesem Schiff nie lange an. Irgendwer aus der Mannschaft sagt: »Guckt mal, wer da angeschlichen kommt! Der langnasige Marrane aus Moguer!« In der Tat nähert sich uns Segelflickern Maestre Bernal, umgeht das ausgestreckte Bein eines Matrosen so gleichmütig, als habe er nicht gemerkt, daß man ihn habe zu Fall bringen wollen und sagt freundlich: »Der Admiral braucht eine Heilsalbe. Ich bitte den Grumete Pedro, mit mir zu kommen und sie in Empfang zu nehmen.«

Ich erhebe mich, während die Herren Seeleute ihrer Verachtung für den »Marranen« durch Rülpsen, Grunzen und Pfeifen Ausdruck verleihen – immerhin trauen sie sich nicht, ihn mit Worten zu attackieren, dank der Ordnung dieses Schiffs. Und man weiß ja auch nicht, ob man ihn nicht selbst mal braucht, diesen Arzt.

Bernal tut nicht, als ginge ihn das etwas an. Hinten, in der mit Segeltuch überdachten Ecke, wo er mehr schlecht als recht mit seinem Medikamentenkasten und seinem chirurgischen Besteck haust, rührt er eine Mixtur zurecht, zu der außer verschiedenen Pülverchen und Wässerchen vor allem Olivenöl gehört, und sagt: »Der Admiral kann damit nicht nur seine Wunde behandeln, sondern es auf jede Stelle der Haut auftragen. Es macht geschmeidig, entspannt und regt die Lebensgeister an, wenn man erschöpft ist, aber wenn die Säfte in Aufruhr sind, vermag es auch zu sänftigen.«

»Ein Wundermittel also,« sage ich scherzhaft, und er wirft mir einen schrägen Blick zu, während er schmunzelnd meint: »In welchem Glauben immer du es anwendest.« Eine nicht ganz eindeutige Bemerkung, scheint mir.

Ich schnuppere an dem Tiegel. »Melisse«, mutmaße ich. »Lavendel, Zitrone. Das soll bei einer alten Wunde helfen?«

»Die Wunde des Admirals ist in keinem kritischen

Zustand. Unser Herr braucht eine Medizin, um seiner Seele Balsam zu geben«, erwidert der Arzt und lächelt mich jetzt unverhohlen an. »Bring sie ihm. Er wartet.«

Ich nehme die Mixtur, und als ich mich schon zum Gehen gewendet habe, höre ich ihn murmeln: »Nimm dich in acht vor Don Luis de Torres. Er will dir nicht wohl.«

Luis de Torres ist der Übersetzer.

»Das kann ich mir fast denken«, erwidere ich. »Aber was will er mir tun?«

»Ich habe nichts gesagt«, flüstert Bernal. »Ich weiß von nichts. Ich weiß nur, daß dieser Mann Angst hat. Die meisten Hunde beißen aus Angst.«

Nachdenklich gehe ich zum Achterkastell.

32

»Ich habe auf dich gewartet, Pedro«, empfängt mich Don Cristobal. »Übertrage den Kurs von gestern ins zweite Logbuch – mit den üblichen Veränderungen, wie du sie kennst. Danach sage ich dir an, was du notieren sollst.«

»Ich bringe die Medizin für Euer Gnaden«, sage ich, aber er winkt ab. Ich soll den Tiegel abstellen und mit der Arbeit beginnen. Noch ist es hell genug, daß man ohne Kerzen auskommen kann. Außerdem staut sich die Hitze so in dem kleinen Raum, daß die zusätzliche Flamme des Lichts uns geradezu wegschmelzen lassen würde. Der Admiral trinkt Wasser aus einem Bojito, der zur Kühlung mit feuchten Tüchern umwickelt ist, und gibt auch mir davon. Ich nehme es gierig – der Wein, den ich beim Segelflicken getrunken habe, erzeugt einen Druck in meinem Kopf. Ich muß klar denken.

Unter den Augen des Admirals nehme ich das »Logbuch 2« und kopiere den von ihm in sein privates

Tagebuch eingetragenen Kurs mittels des Zeichenbestecks, wobei ich die Korrekturen, also die Unterschlagungen von Entfernung und Veränderungen in der Richtung vornehme, wie er sie selbst in diesen Tagen praktiziert hat. Er beobachtet mich schweigend, ohne zu loben oder zu tadeln, und diktiert mir dann seine Bemerkungen, wobei er in dem kleinen Raum auf und ab geht. Immer nur drei Schritte.

Wegen der Hitze hat er sein Wams ausgezogen, es hängt über dem Stuhl, auf dem ich sitze. Er ist mir sehr nah.

Als ich mit meiner Arbeit fertig bin, beugt er sich über mich und prüft die Eintragung und die Zeichnung. »Bald kannst du das auch ohne mich«, sagt er, und ich nehme es für ein Lob. »Mein Bestreben ist einzig und allein, Euer Gnaden zufriedenzustellen«, erwidere ich.

Er seufzt. »Ich wollte, alle Mitglieder dieser Flotille würden so denken.« Seine Unruhe scheint sich auf mich zu übertragen. »Kann ich Euch noch in irgend etwas zufriedenstellen?« frage ich. Ich weiß nicht, wieso, aber am liebsten möchte ich auf und davon. Es ist einfach zu heiß hier.

»Ja«, sagt er. »Diese Salbe. Der Balsam von Maestre Bernal. Trag ihn auf die Narbe auf.«

»Wie denn? Ich soll ...« stammele ich und presse die Fingernägel in die Handflächen. Aufpassen, Pedro! Vergiß nicht, daß du Pedro bist! Warum sollte ich nicht?

Wie es scheint, hat er meinen Einwurf auch gar nicht beachtet.

Er löst die Verschnürungen seines Hemds, streift es mit einer Bewegung seiner Schultern herab, so daß es auf der Hüfte aufliegt, und präsentiert mir seinen Rücken. Noch nie habe ich den unbekleideten Oberkörper eines Mannes so nah gesehen, geschweige denn, ihn berührt. Vor meinen Augen flimmert es. Ich blicke auf die Struktur seiner kraftvollen Muskeln entlang der

Wirbelsäule, die breiten Schultern und den Ansatz seines Nackens. Die Narbe ist ein schmales erhabenes Band, das sich unter seiner linken Schulter entlangzieht.

Ich merke, daß ich zittrige Finger habe, als ich von der Salbe schöpfe und sie vorsichtig auftrage. Seine Haut erschauert. »Fester«, sagt er. »Es tut nicht weh.«

Meine Fingerspitzen gleiten die Narbe entlang, als wanderten sie auf einem Sims, und umkreisen sie. Ich erinnere mich an meine Kinderfrau und versuche zu tun, was sie mit mir machte, wenn sie mir die Bauchschmerzen wegstreichelte. Er atmet tief aus. »Du machst es sehr gut«, sagt er leise.

Ich muß schlucken. Was ist mit mir los? Ich bin verwirrt, ein Zittern überfällt mich. In mir ist ein unbezwingbares Verlangen, ihn weiter zu berühren. Bisher ist es mir noch nicht einmal gelungen, seine Hand zu küssen ... »Maestre Bernal sagte, dieser Balsam ist nicht nur für die Wunde gedacht. Wollen Euer Gnaden gestatten, daß ich Euch weiter damit salbe?« frage ich, mühsam meiner Stimme einen festen Klang gebend, und bin von meiner eigenen Kühnheit wie berauscht. Der Kopfschmerz ist verflogen.

»Nur zu«, erwidert er, läßt sich rittlings auf den Stuhl nieder, auf dem ich eben gesessen habe, legt die Arme auf die Lehne und den Kopf darauf. »Wenn du meinst, daß du dergleichen Künste beherrschst?«

»Das wird sich zeigen«, sage ich, und schöpfe von der Creme, aber nur soviel, um mir die zerstochenen Fingerspitzen geschmeidig zu machen. Und nun ist es, als würde ich einer Kraft gehorchen, die nicht aus meinem jungen Leben kommt. Einer Kraft, die älter ist als ich, die ganz aus meiner Tiefe erwächst. Ich bin wie betäubt. Fest und sanft liegen meine Hände an seinen Halsmuskeln, und wieder erschauert er, als sie beginnen, sich mit leichtem Druck über die Schultern abwärts zu bewegen.

Ich spüre, wie mir der Schweiß in feinen Tropfen aus dem Haar die Schläfen entlang läuft. Seine Haut hingegen ist trocken wie Zunder. Heiß und trocken. Da, wo meine Finger entlanggleiten, müßten eigentlich Funken springen, so kommt es mir vor.

Langsam verlasse ich seine Schultern und führe meine Hände an seiner Wirbelsäule entlang nach unten, fühle die Stränge seiner Muskeln und bemühe mich, weniger mit den Fingern als mit der ganzen Handfläche zu arbeiten, um ihn zu entlasten und jene Kräfte, die ich auf geheimnisvolle Weise bis in meine Poren spüre, auf ihn zu übertragen.

Er seufzt. »Du hast die Hände eines Heilers«, sagt er mit halber Stimme. »Du tust mir sehr gut, Pedro.«

Meine Handflächen sind heiß, die Finger pulsieren. Von seinen Hüften gehe ich langsam und sanft wieder nach oben, führe kleine kreisende Bewegungen entlang seines Rückgrats aus, als würde ich eine Katze streicheln, wende dann die Hände, Fläche nach außen und drücke meine Fingerknöchel zwischen seine Rippen.

»Wo hast du das gelernt?« fragt er, und ich erwidere, genauso leise, wie er spricht: »Nirgendwo, Euer Gnaden. Die Stunde gibt es mir ein.«

Wieder seufzt er, diesmal noch tiefer, ganz aus dem Innersten heraus. »Ich war voller Unruhe«, sagt er. »Nun sammeln sich all meine Kräfte in mir. Es verstört mich, wenn das Schiff keine Fahrt macht. Aber nun weiß ich, daß ich diese Nacht nutzen kann.«

»Das ist der Balsam des Maestre Bernal«, murmele ich, und er: »Nein. Das bist du.«

Draußen ist es noch immer hell. Ein sanfter Luftzug erhebt sich und läßt das Stück Leinen vorm Fenster der Toldilla wehen. Ohne den Kopf zu heben, bemerkt er: »Morgen werden wir Wind haben, aber aus der falschen Richtung. Wir werden kreuzen müssen.«

Segelt er schon wieder davon, fort aus dieser Stunde?

So behutsam, als hätte ich ein Kartenhaus gebaut, entferne ich meine Hände von diesem Körper.

»Du beendest die Dinge, ehe sie sich erfüllt haben«, flüstert er, und ich: »Sie zu erfüllen, ist Sache von Euer Gnaden.«

»Ja, da hast du recht.«

Er steht von dem Stuhl auf und befiehlt ruhig: »Hilf mir beim Auskleiden.«

Unsere Blicke kreuzen sich. So hat er mich noch nie angesehen. Es ist, als wenn zwei Fechter die Klingen kreuzen. Er setzt sich auf das Bett, und während ich mich vor ihm hinknie, um ihm Schuhe und Strümpfe auszuziehen, löst er den Bund seiner Hose. Meine Hände sinken herunter.

Er atmet schwer, beißt sich auf die Lippe. Dann stemmt er in einer vorsichtigen und gleichzeitig entschiedenen Geste seine Hände gegen meine Schultern und schiebt mich von sich.

»Der Herr wird mir Ruhe geben«, sagt er heiser. »Er wird mir Schlaf senden. Verlaß mich. Ich danke dir.«

Mit einer abrupten Bewegung wendet er sich ab und schließt die Bettvorhänge vor mir.

»Ich wünsche Euer Gnaden eine gesegnete Nacht«, sage ich mit erstickter Stimme.

Ich weiß nicht, wie ich zur Tür herausgekommen bin. Mir ist, als stünde ich am ganzen Körper in Flammen.

Ich habe mir alle Mühe gegeben, es nicht zu sehen. Aber ich habe gesehen. Nicht nur, daß das Fleisch des Cristobal Colon erregt war nach meiner Berührung. Der Admiral des ozeanischen Meeres ist außerdem beschnitten.

33

Brith Milah, die Beschneidung, die Entfernung der Vorhaut eines Knaben am achten Tag nach einer Geburt, ist das Zeichen des Alten Bundes. Durch diese Weihe tritt das jüdische Kind ein in sein Judentum.

Es ist ein Fest, und ich habe oft genug an diesem Fest teilgenommen. Ich weiß, was ich eben gesehen habe. Und ich weiß auch, was es bedeutet. Es ist das Siegel des Bundes, und es kann nicht verleugnet werden. Nur der Tod hebt das auf. Ich bin die Tochter des Rabbis. Ich kenne mich aus. Welchen Glauben Christobal Colon auch immer bekennt, er wird vor Gott und in den Augen der Juden ein Kind des jüdischen Volkes sein, ein Jude.

Es ist der Segen des Herrn, und es ist der Fluch vor den Völkern der Welt. Keine Taufe hebt das auf. Du kannst dich nicht unkenntlich machen, so wie ich es tue. Und ein jeder Converso, der sich ehrlichen Herzens zu dem anderen Glauben bekannt hat, muß zittern, daß ihn der christliche Mob eines Badehauses »entlarvt« – da magst du dein Vaterunser und Ave Maria noch so perfekt herunterplappern.

Ich sitze im Schatten des Segels, zusammengekrümmt, die Knie um die Arme gelegt, und gebe mir alle Mühe, nicht mit den Zähnen zu klappern trotz der Wärme dieses Abends. Vergeblich versuche ich, den Aufruhr meiner Sinne und den Wirrwarr meiner Gedanken zu meistern.

Mein Kopf scheint wie im Nebel, und in meinen Fingern, mit denen ich meine mageren Beine umklammere, ist noch immer das Wissen um den Körper, den ich eben berührt habe.

Pedro, Pedro, paß auf dich auf! Du hast gelernt, eins und eins zusammenzuzählen. Du hast denken gelernt, um zu überleben und ...

Ich atme tief und stockend aus. Herr, erleuchte meine

Sinne! bitte ich, obwohl ich das sicher auch bleiben lassen kann. Der Herr hat bestimmt wichtigere Sachen zu tun, als sich um den verwirrten Kopf der Tochter eines Rabbi zu kümmern, die auf dem Schiff *Santa Maria* bei Flaute herumhockt und eben eine verblüffende Entdeckung gemacht hat, ganz davon abgesehen, daß sie die Haut eines Mannes berührt und sein Geschlecht gesehen hat, und das, obwohl sie erst sechzehn ist.

Ja. Aber ja. Auf einmal ergibt sich ein anderes Muster. Auf einmal werden Dinge einleuchtend, über die ich mir den Kopf zerbrochen habe, seit ich mich mit Hilfe meiner Maravedis und eines Briefes von Don Abrabanel auf dies Schiff geschlichen habe. Auf einmal verstehe ich, warum der mächtigste Mann nach dem König und der mächtigste Converso, warum Luis Santangel bereit war, diese Reise zu finanzieren, und zu diesem Zeitpunkt – warum ein Übersetzer für hebräische Sprache an Bord dieses Schiffes ist und warum der Vertraute des Königs unbedingt an Don Cristobals Tresor heranwill.

Nein, wir segeln nicht nach Indien – oder doch? –, aber selbst *wenn* wir nach Indien segeln, so suchen wir dort noch etwas ganz anderes – oder nicht? – Ich werde den Admiral morgen danach fragen.

Alles, was bisher vage Vermutungen waren, all das, wovon ich annahm, es sei sozusagen hinter dem Rücken des Admirals oder nur mit seinem halben oder erkauften Einverständnis geschehen – es würde zum Teil eines Plans werden. Die Stücke würden sich zu einem Bild zusammensetzen.

Ich fühle mich wie berauscht. Meine Furcht und Unsicherheit ist einem großen Glücksgefühl gewichen. Sollte dies die Rettung sein, meine Rettung und die meines Volkes? Sollte ich sie erspürt haben, mit meinen Fingerspitzen, da, wo ich den Rücken dieses Mannes berührt habe, der jetzt in der dunklen Hütte auf dem Achterkastell schläft?

Ich stehe auf und trete an die Reling. Die Brise hat sich wieder gelegt. Noch immer Windstille, noch immer Dunst überm Wasser. Aber da oben teilen sich lautlos die Wolken, als ziehe jemand einen Vorhang auf, und ein paar Sterne funkeln mich an. Ich kann nicht anders. Ich breite meine Arme aus, summe die ersten Takte eines Liedes, das mir Marta damals in unserem Garten beigebracht hat, und wiege mich in den Hüften. Am liebsten würde ich tanzen.

In diesem Moment trifft mich ein Stoß in den Rücken. Ich verliere das Gleichgewicht, taumele, stolpere und stürze über die Reling ins Meer.

34

Man taucht ziemlich tief, wenn man von Bord eines Schiffs fällt, und man bekommt einen mächtigen Schreck, wenn man nicht freiwillig ins Wasser geht. Aber als ich auftauche und prustend nach Luft schnappe, bin ich schon wieder bereit, dies Bad, das ich mir verweigert hatte und das andere mir bereiten, zu genießen, die unglaubliche Erfrischung, die das Wasser bringt. Nur, ich hatte ja behauptet, ich könne nicht schwimmen. Derjenige, der mich von der Reling gestoßen hat, wollte mir ganz gewiß keine Wohltat angedeihen lassen. Er wollte meinen Tod.

Ich drehe mich auf den Rücken, lasse mich treiben und spähe nach oben. Die *Santa Maria* liegt finster und schwerfällig wie ein Gebirge vor mir. Es ist absolut still, nur das leise Schwappen der Dünung und das Knarren des hölzernen Ruders und der Planken ist zu hören. Niemand sieht von Bord auf mich herunter, und doch habe ich das Gefühl, daß mich irgendwelche Augen beobachten.

Eigentlich ist es ganz einfach. Ausguck und Ruder

sind besetzt, mindestens sechs Mann auf diesem Schiff haben auch zur »Friedhofswache« Dienst. Ich muß also nur laut genug rufen. Die *Santa Maria* macht keine Fahrt, kann mir also nicht davonsegeln. Es gibt keine Gefahr.

Und nachdem ich mir das klargemacht habe, überlege ich, ob es angebracht ist, zu rufen. Eben habe ich noch vor den Ohren der halben Mannschaft erklärt, daß ich nicht schwimmen kann – deshalb treibe ich ja jetzt im Wasser. Warum also habe ich gelogen? Rufen kann ich immer noch.

Mit langen Schwimmzügen, bemüht, möglichst leise zu sein, umrunde ich das Schiff. Garcias Schleppangeln sind ausgeworfen. Vermutlich hofft er, daß nachts noch etwas anbeißt. Ich überlege, ob ich mich an so einem Tau an die Außenwand der *Santa Maria* heranhangeln kann und sie dann besteige, wie die Jungen in Cordoba auf Palmen klettern. Aber erstens bin ich kein Junge, und zweitens ist der Leib des Schiffes ja oben breiter als unten. Ich brauche es gar nicht erst zu versuchen.

Die Ankerluke? Was für ein Unsinn! Da komme ich niemals hin! Also doch rufen? Langsam kriege ich es mit der Angst zu tun. Diese See ist unberechenbar. Sie ist nicht sanft und leicht bezwinglich wie das Wasser eines Flusses oder einer stillen Bucht hinter der Hafenmauer. Nicht umsonst haben auch die Schwimmer unter den Matrosen die Leinen nicht losgelassen, als sie gebadet haben. Ich muß aufpassen, wohin mich die Wellen tragen, muß alle Kraft und Taktik anwenden, um nicht vom Schiff weggetrieben zu werden. Und so erfrischend dies »Bad« zuerst auch war – langsam wird mir kalt in dem schwarzen Wasser.

Ich bin jetzt auf der Lee-Seite und laufe keine Gefahr, gegen den Schiffsrumpf gedrückt zu werden, die See ist hier stiller. Während ich hinaufblicke und nach einer Möglichkeit suche, mir aus eigener Kraft wieder auf die

Santa Maria zu helfen, entdecke ich an einer der Speigatten ein Tau. Vielleicht hat jemand einen Eimer daran befestigt und es dann vergessen – eine Sache, die Maat Chachu bestimmt nicht ungestraft würde durchgehen lassen. Aber vielleicht kann ich mir damit helfen. Gleich über dem Gatt befindet sich eine der Luken, die in den Frachtraum führen. Ich warte ab, bis die Schiffswand tief ins Wasser taucht, greife nach dem Seil und schaffe es wirklich, mit der anderen Hand das Gatt zu fassen. Mit Ach und Krach ziehe ich mich hoch, wobei ich mir den Bauch aufschürfe und beinah auf der anderen Seite wieder herunterfalle, als das Schiff eine Krängbewegung vollführt. Krampfhaft halte ich mich fest und presse meinen Rücken an das gepichte Schanzkleid, rittlings auf diesem großen Rohr. Über mir, aber nicht in Reichweite, ist die Luke. Also war alles umsonst. Mein Augenmaß hat mich getrogen.

Den Kopf im Nacken, sehe ich am Schiff hoch und entdecke genau über der Luke einen kräftigen Haken.

Schön, aber dazu bräuchte ich wieder das Seil. Und das hängt jetzt außer meiner Reichweite.

Wieder ins Wasser springen und rufen kann ich immer noch. Während ich verschnaufe und mein Gleichgewicht auf diesem Speigatt ausbalanciere, fällt mein Blick auf die Seile, mit denen ich, dem Beispiel der anderen folgend, gleich zu Beginn dieser Reise mein Leinenhemd gegürtet habe. Da ich bisher – zum Glück! – noch nicht in der Takelage arbeiten mußte, habe ich sie nicht gebraucht.

Es ist ein Akt wie auf einer Schaukel, auf der man sich nicht festhalten kann, oder auf einem ungesattelten Pferd. Das triefendnasse Zeug ist starr und widerspenstig, und ich habe das Gefühl, daß es eine halbe Ewigkeit dauert, bis ich eines davon gelöst habe, – andererseits läßt es sich mühelos in eine große steife Schlinge formen, und irgendwann treibt mich die Wut und die

Verzweiflung so an, daß diese Schlinge tatsächlich über den Haken gleitet.

Ich nehme all meine verbleibende Kraft zusammen und hieve mich durch die Luke. Keuchend, am Ende, lasse ich mich ins Innere der *Santa Maria* rollen, immer gewärtig, daß mein unsichtbarer Gegner mich hämisch beobachtet hat und nur darauf wartet, mir jetzt hier drinnen eins über den Kopf zu geben. Als ich meine nassen Handflächen an einem der aufgestapelten Säcke abtrocknen will, hinterlasse ich im grauen Dämmer eine dunkle Spur und brauche einen Moment, um mir klarzumachen, daß meine Handflächen bluten.

Ich verschnaufe, dann schleiche ich nach oben, stekke den Oberkörper so vorsichtig durch die Luke wie ein Wild, das aus dem Wald ins Freie tritt.

Um mich herum nur schlafende Männer. Keiner, der auf mich lauert. Alles wunderbar friedlich.

Mit einiger Mühe finde ich mein von mir selbst in die Ecke gefeuertes Bündel, gehe in die Bodega in einen unbeobachteten Winkel und vertausche die nassen Sachen gegen das trockene Hemd und die andere, noch fadenscheinigere Hose. Das nasse Zeug mit den Blutschlieren von meinen Händen nehme ich mit nach oben und hänge es zum Trocknen am Gangspill auf, wie die Männer, die gebadet haben, das auch getan haben. Mag der, der mich heruntergestoßen hat, es sehen. Ich bin am Leben. Mögen es alle sehen.

Dann gehe ich und wecke vorsichtig Maestre Bernal, der zwischen seinem Arzneikoffer und seiner Seekiste hingekrümmt auf einem Sack schläft. Er ist sofort hellwach. Ich zeige ihm meine Hände. Schließlich will ich morgen meinen Schreibdienst versehen. Er sagt kein Wort, salbt und verbindet mich. Jetzt habe ich unförmige Pfoten wie ein großes tapsiges Tier. Aber meine Finger sind beweglich.

Erst, als ich mich zum Schlafen in der Nähe der Luke

niederlasse, wo wie durch ein Wunder ein Platz ist, breche ich in Schluchzen aus. Ich bin erschöpft. Ich presse die Verbände gegen meine Lippen und ersticke jeden Laut.

35

Natürlich ziehen sie mich am nächsten Tag auf mit meinen verbundenen Händen und fragen mich, ob ein Stachelrochen an Deck gekommen sei, aber ich lächle nur und sage nichts und sehe mich herausfordernd um, auf der Suche nach einer Miene, die Erstaunen oder Schuldbewußtsein ausdrückt oder ein paar Augen, die mir ausweichen. Aber nichts dergleichen. Auch meine nassen blutverschmierten Kleider lasse ich unkommentiert, und sie rätseln, mit wem ich mich wohl nächtens gedroschen haben könnte. –

Nein, nein. Natürlich sagt er nichts. Das habe ich auch nicht erwartet. Da kommt sein Grumete und Page an mit Händen aus weißem Leinzeug, aus dem nur die Finger hervorschauen, und er sagt nichts. Aber ich denke, ich werde ihn heute zum Reden kriegen.

Entgegen seinen Voraussagen haben wir wieder Flaute. Er kommt mir vor wie ein Gericht, das auf kleinem Feuer kocht. An der Oberfläche ist nichts zu sehen, aber steck nur den Finger hinein, und du wirst sehen, was für eine Hitze sich drin befindet. Aber ich bin auch nicht aus Eis, selbst wenn man versucht hat, mich heute nacht auf ziemlich radikale Weise abzukühlen.

»Was wünschen Euer Gnaden, daß ich tue?« frage ich, während ich etwas unbeholfen mit meinen bandagierten Flossen das Schreibzeug justiere, die beiden Logbücher bereitlege, das Besteck für den Kurs, den richtigen und den falschen, und einen Stapel Pergament-Blätter.

Ein schneller Blick trifft mich aus seinen Ozean-Augen. Dann wendet er sich ab. Habe ich Röte auf seinem Gesicht gesehen? Einen Moment ist Schweigen im Raum. Dann fragt er: »Wozu holst du das alles herbei – Pedro? Du siehst so gut wie ich, daß wir heute keine Fahrt gemacht haben.«

Ich sehe ihn an. Der Tag hat ihn wieder.

»Ich dachte, Ihr wolltet wieder ein paar geheimnisvolle Korrekturen vornehmen, Don Cristobal«, sage ich aufsässig, und er fährt mir sofort über den Mund: »Halt dich zurück, Junge. Versuche nicht, deine Stellung hier zu mißbrauchen.«

Es knistert. »Halt dich zurück, Junge«. Genau das hab ich nicht vor.

Seine Finger trommeln eine Seguidilla auf der Tischplatte. Wie üblich, sieht er irgendwo hin, nur nicht zu mir.

»Ich werde dir einen Brief diktieren, den ich von den Inseln aus absenden werde. An meinen Sohn Diego.«

Das kommt mir sehr zupaß. Ich habe die Feder gespitzt – sie ist mir dabei zweimal aus den ungelenken Fingern gerutscht, ohne daß er geruhte, es »wahrzunehmen« – und lege den Bogen bereit.

»Schreib das Datum«, ordnet er an, »und das übliche.«

Das Übliche. Das ist das Kreuzeszeichen vor der Anrede, oben in der Briefmitte, das »im Namen des Erlösers« bedeutet. Wer es in Spanien auf einem Schriftstück nicht anbringt, macht sich verdächtig.

Statt dessen rücke ich meine Feder zurück nach rechts, dort, wo im jüdischen Text das Zeilenende wäre, und male in hebräischer Schrift das Beth und das Hei – die Buchstaben für den Beginn von Baruch ha Schem: Gelobt sei der Herr.

Er stand gar nicht am Tisch. Aber er ist mit einem Sprung bei mir, als wolle er eine Beute erjagen, nimmt mir, nein, reißt mir die Feder aus der Hand und malt groß und unübersehbar das Kreuzeszeichen vor das Beth Hei.

Dann sagt er: »Nimm einen anderen Bogen. Oder nein. Warte. Für Diego ist das so möglich.«

36

»Señor Don Cristobal Colon«, sage ich, »Ihr seid ein Jude in Eurem Fleisch. Wann habt *Ihr* Euch taufen lassen?«

Noch nie in meinem Leben habe ich eine solche Ohrfeige bekommen. Ich hatte immer gedacht, daß »Sterne sehen« nur im übertragenen Sinne gemeint ist, und einen Moment lang glaube ich, auf einem Ohr nichts mehr hören zu können, während er sich an Fenstern und Tür versichert, ob niemand in der Nähe ist. Aber ich habe nicht vor, jetzt aufzugeben.

»Ich kann eins und eins zusammenzählen, wie Ihr wohl wißt«, fahre ich fort und blinzele, um die Tränen fortzukriegen, die mir von dem Schlag in die Augen geschossen sind. »Der mächtigste Converso dieses Landes, Don Luis Santangel, hat aus seiner Privatschatulle das Geld gegeben, die Schiffe und die Mannschaft zusammenzubringen, als die Majestäten schon endgültig nein gesagt hatten – Schiffe, auf denen man mit einem Empfehlungsschreiben von Abrabanel und einer Börse mit Geld anheuern kann, wenn man Glück hat. Es fährt auf diesem Flaggschiff ein Vetter des Santangel mit, und er ist nicht der einzige Converso, das wißt Ihr besser als ich. Was ist das für ein Schiff, das keinen Priester an Bord hat, aber einen Übersetzer für hebräische Sprache? Und was sucht Ihr in Indien zu entdecken, Don Cristobal? Wo liegt unser Indien, auf das wir mit Südkurs zusegeln, obwohl es heißt, wir suchen den

Osten, indem wir nach Westen fahren?«

Ich bin atemlos nach meiner langen Rede. Er sitzt mir gegenüber, den Kopf in beide Hände gestützt. Ich kann sein Gesicht nicht sehen, nur das weiße Haar. Es ist still, und ich befühle meine Wange, auf der sich jetzt bestimmt seine Hand abzeichnen wird wie eine Flamme. Das Schiffsvolk wird was zu lachen haben auf meine Kosten.

»Also gut«, sagt er mit einem Seufzer. Er hebt das Gesicht aus den Händen und sieht mich an, und ich halte dem Blick der grauen schimmerden Augen stand. »Also gut, Naseweis, Neunmalklug. Ich habe dich zu tief Einblick nehmen lassen in bestimmte Dinge, das war sicher ein Fehler von mir. Aber nun bin ich's dir wohl schuldig. Du reimst dir was zusammen. Manches davon hast du richtig gesehen. Anderes nicht.«

Ich erwidere nichts. Er ist dran.

»Zunächst«, sagt er ernst, »sollst du wissen, daß ich mich zu unserem Herrn und Erlöser Jesus Christus bekenne mit meinem Herzen und meinem Verstand, mit all meinen Trieben, mit guten und bösen Gedanken, mit meinem Leib und meiner Seele.« Er hebt das Kruzifix seines Rosenkranzes an die Lippen und küßt es mit geschlossenen Augen. »So wahr ich lebe. Amen.«

Von nun an sieht er mich an.

»Meine Familie, so wird berichtet, ist vor hundert Jahren, als die Bekenner des Alten Bundes schon einmal verfolgt wurden, aus Spanien in die Lombardei geflohen. Dort nahmen sie, *ohne* Druck und Zwang, den christlichen Glauben an. Wenn du so willst, sind die Colons also seit hundert Jahren Conversos. Aber den neuen Glauben bekennen hieß in dieser Familie nie, dem alten abzuschwören. Was Gott verheißen hat, das hat sein eingeborener Sohn vollendet durch seinen Kreuzestod. Nur Narren können annehmen, daß man den jüdischen Glauben verachten muß, um den christlichen zu bekennen. Jesus Christus hat das Judentum mit neuem Leben versehen. Darum hatte keiner meiner Väter und Vorfahren im Sinn, das Alte abzuschwören. Die Colons in Genua und in der Lombardei hielten den Sabbath heilig, sie lernten die alten Gebete zu den neuen. Sie vergaßen nicht, woher sie kamen. Es ist schändlich, seine Herkunft zu verleugnen. Ja, und sie ließen ihre Söhne beschneiden und taufen zugleich. Alter und Neuer Bund vereint. Genügt dir das, Señor Pedro, der du den Herrn Christus nur mit den Lippen bekennst?«

Ich nicke stumm. Er ist ein Jude, denke ich. Er kann es drehen und wenden, wie er will. Nach dem Gesetz Moses' ist er ein Jude. Und nach dem Gesetz des Großinquisitors Torquemada auch.

»In Portugal und Spanien erfuhr ich dann, was es heißt, ein Converso zu sein«, fährt er fort. »Ein Nichts. Jedoch meine wahren Freunde und Helfer fand ich unter den getauften Juden, wie redlich sie in ihrem neuen Glauben auch sein mochten. Wir erkannten uns an den alten Zeichen, durch die du dich verraten hast, Pedro.

Und nun Folgendes: In Zeiten der Verfolgung ist die Hoffnung am größten. Und der Glaube an Rettung. Wir alle lasen die alten Schriften. Kennst du diese Worte: ›Die Inseln harren auf mich, und die Schiffe im Meer von längst her, daß sie deine Kinder von Ferne herzubringen, samt ihrem Silber und Gold‹?«

»Das steht im Propheten Jesaia«, erwidere ich, und in seine Augen kommt ein Lächeln. »Und dies hier: ›Denn siehe, ich verkündige euch einen neuen Himmel und eine neue Erde‹?«

»Auch Jesaia.«

»Ich habe die Propheten studiert. Sie sagen das gleiche, was in den neuen Schriften der Forscher und der Reisenden steht. Gott wird die Kinder des Alten Bundes nicht verlassen. Er wird sie prüfen, aber nicht verlassen.«

»Darf ich Fragen stellen, Euer Gnaden?«

»Dazu bist du ja hier«, erwidert er. »Warte einen Augenblick.« Er geht zur Tür, ruft halblaut »Heda« in die beginnende Dämmerung, und alsbald ist Diego zur Stelle, als habe er irgendwo da draußen herumgestanden.

»Bring Wein«, befiehlt der Admiral. »Nicht den gelben für die Mannschaft. Den Roten aus Alicante, der nicht zu Kopf steigt. Und zwei Becher. Dann sorge, daß uns niemand stört. Ach ja«, fügt er mit einem Blick auf meine eingewickelten Hände hinzu, »und steck du die Kerzen auf.«

37

»Also frage.« Er nippt von dem Wein. Durch seine stets bewegten Finger gleitet mit leisem Klappern der Rosenkranz.

»Euer Gnaden zitieren die alten Schriften des Glaubens und die Berichte der Weltreisenden aus unserer Zeit«, beginne ich. »Aber was hofft Ihr, was hoffen die Juden und Conversos Spaniens dort vorzufinden, wo wir hinsegeln?«

»Die verlorenen zehn Stämme Israel«, entgegnet er ruhig. »Wie sie uns entgegentreten werden, darüber sind die Meinungen geteilt. Luis Santangel hofft auf jüdische Königreiche. Andere wiederum, zu denen auch ich gehöre, erwarten vielleicht nicht ganz so viel. Aber immerhin doch Städte, in denen Juden frei von Oberherren und ohne Unterdrückung leben. So steht es in den Büchern des berühmten Marco Polo, der bis ins Reich der Mitte vordrang. So berichtete es Rabbi Benjamin ibn Jona aus Tudela, der vor zweihundert Jahren ebenfalls Asien bereiste. Es scheint also wahr zu sein, und Seeleute, die bis an die Grenzen der bewohnten Welt vorgedrungen sind, wissen es auch: Israel wird sich mit seinen verlorenen Brüdern vereinen.«

»Mit den zehn verlorenen Stämmen ...?« murmele ich, und mir ist, als habe man mich in die Geschichten aus 1001 Nacht versetzt, und jemand hat gerade »Sesam öffne dein Tor« gesagt, und ich sehe in die Höhle der Wunder.

»Aber du kennst doch die Schriften des Alten Bundes«, entgegnet er, und schon schwingt in seiner Stimme wieder Ungeduld. »Von den zwölf Söhnen des Erzvaters Jakob gingen zwölf Stämme aus. Sie bildeten zwei Königreiche, Juda und Israel. In Juda lebten nur zwei Stämme, die des Juda und des Benjamin. Als das Volk dieses Reiches nach Babylon verschleppt wurde, deportierte man die anderen zehn Stämme Israel in weit entfernte Gebiete. Juda siedelte im Land zwischen Euphrat und Tigris. Nur Juda kehrte in die Heimat zurück. Von Juda stammen wir alle ab. Die zehn Stämme des Reiches Israel aber blieben verschollen. Doch das Erwählte Volk des Herrn, unseres Gottes, kann nicht untergehn. Wir haben sie nicht vergessen, noch haben sie uns vergessen. Sie wohnen in den Ländern jenseits des Meeres, wo Freiheit ist, wo sie nicht geduldete Gäste sind, sondern Herren und in Sicherheit.«

Ich starre ihn an, und wenn er mir jetzt erklären würde, ich habe Flügel, solle sie öffnen und mich über das Schiff erheben, so würde ich das wahrscheinlich tun. So hat er sie alle verzaubert, mit dieser warmen und leisen Stimme, der der fremde Akzent zusätzlichen Reiz verleiht, mit dieser Mischung aus Visionen und Halbwahrheiten, aus Märchen, die man für voll nehmen möchte, aus Seemannsgarn und Glaubenssätzen. Und mit diesem seinem Willen, in die Länder jenseits des Ozeans zu gelangen. Alle diese Minister und hohen Herren, diese trockenen Beamten und kühlen Finanziers. Für jeden hat er etwas parat gehabt: Hoffnungen, welcher Art auch immer, verkauft dieser seltsame Genuese. Hoffnung auf Gold und Hoffnung auf Herrschaft, Hoffnung aufs Überleben, Hoffnung auf Würde und Freiheit und auf die Rettung des Glaubens. Und auch ich bin allzu bereit, ihm zu vertrauen.

»Aber was bewegt einen Staatsmann und Rechner wie Santangel, Eure Pläne zu unterstützen? Meint er denn, man könne die Vertreibung zurücknehmen oder die Juden Spaniens aussiedeln jenseits des Meeres?«

Er schüttelt den Kopf. »O nein«, sagt er und läßt seinen Finger um den Rand des Weinbechers kreisen. »Das wäre eine viel zu teure Angelegenheit. Santangel investiert doch nicht, um zu verlieren! Er erhofft sich vielfachen Gewinn von dieser Unternehmung. Aber freilich denkt er, daß mit Hilfe meiner Entdeckungen das Edikt im Lauf der Zeit rückgängig gemacht werden oder zumindest gelockert werden könnte.«

»Wie das? Ich verstehe nicht, Euer Gnaden.«

»Erinnerst du dich an die Abgesandten des Sultans vor zwei Jahren? Ach, gewiß nicht. Du warst noch ein Kind. Es kamen Kirchenmänner aus Jerusalem gemeinsam mit hohen Geistlichen und Würdenträgern des Islam. Sie legten Ihrer Majestät Isabella dar, daß der Sultan, falls die Aggression gegen die Mauren nicht aufhören würde, Gegenmaßnahmen gegen die Christen in Syrien und Palästina ergreifen würde. Damals wurde der Krieg gestoppt.«

Ja, damals, denke ich und frage: »Ihr meint also, –«

»Nicht ich. Santangel und viele berühmte Conversos meinen, daß die jüdischen Könige jenseits des Meeres, wenn es sie denn gibt, eine Unterstützung der Juden hier sein können. Daß sie Einspruch erheben. Daß man mit ihnen rechnen muß, bevor man in Zukunft etwas gegen seine Juden hier unternimmt. Kurz, daß wir Schutz genießen.«

Verkäufer von Hoffnungen. Verkäufer von Träumen. Die Ausführung seiner Pläne hängt zum Teil von jenen ab, die verfolgt und bedroht werden, von denen, deren

Zukunft die Ungewißheit ist – einen Augenblick lang denke ich, daß er seine Geschichte, mit den entsprechenden Abweichungen, auch dem Großtürken verkauft hätte, falls der ihm nur Schiffe gegeben hätte ... Genuesischer Spekulant.

Aber ich sehe, wie seine Augen von mir fortgehen und gleich neben mir oder hinter mir das finden, was er sucht ... Und nun sind auch seine Hände, seine stets bewegten Hände, mit dabei und helfen ihm reden. »Ich weiß es. Ahnung und Erfahrung sind mein Navigator, der Heilige Geist sitzt im Ausguck des Schiffes. Gott will, daß ich dorthin gelange. Gott will, daß wir die Welt, seine Welt, als ein Ganzes besitzen und nicht nur einen Teil davon. Er hat sie geschaffen, damit wir ihn loben. Wenn wir ihn schon loben ob des allzu unzulänglichen Teils, den wir kennen, wie groß wird die Flamme unserer Verehrung erst sein, wenn wir das Ganze vor uns sehen. Gold, Schätze der Erde, unzählige Seelen, die der Segnungen der Religion warten –«

»Durch die Taufe?« unterbreche ich, und er, als habe er nur etwas wegzuwischen: »Wir haben keinen Priester an Bord der Schiffe.«

Wer sollte mehr bereit sein, ihm zu folgen, als ich? Er gibt mir eine Galavorstellung seiner Zauberlaterne, die er vor Fürsten und Königen hat funkeln lassen, und ich sitze noch immer hier mit Zweifel am Herzen. Wohin segeln wir?

»Don Cristobal«, sage ich. »Erlaubt mir ... Suchen wir Indien? Wir segeln nicht nach Westen.«

»Wir segeln nach Indien«, sagt er mit Nachdruck. »Dies werde ich mit aller Macht behaupten. So wie du behauptest, Pedro zu sein.« Und er fügt hinzu: »Aber nicht nur Indien werde ich finden. Es gibt andere Reiche, denke ich, weit im Westen, unermeßlich, unvorstellbar groß. Und sie haben nichts zu tun mit dem Reich der Mitte und dem Großkhan ...« Er spielt auf den Brief der

Majestäten an, den ich vor Tagen unserem Lauscher an der Wand der Toldilla zu verlesen hatte.

Das mit meinem Namen stecke ich weg. Um mich geht's nicht.

»Doch wer gibt Euch diesen Kurs ein?« frage ich hartnäckig weiter. »Ist Euch ein Engel Gottes im Taum erschienen, um Euch zu bedeuten, daß Ihr zunächst einmal gen Süden fahren müßt? Ihr spracht von Ahnung und Erfahrung. Was habt Ihr erfahren, Señor el Almirante, was andere nicht wissen? Ihr kennt diesen Beruf wie keiner sonst. Ich glaube nicht, daß Ihr ins Blaue davonfahrt. Ihr wißt mehr als andere, und damit habt Ihr die überzeugt, die es zu überzeugen galt.«

Er sieht an mir vorbei.

»Señor,« sage ich und senke die Stimme zu einem Flüstern, »war jemand vor Euch da?« Es ist wie ein Vorwärtstasten im Dunkeln. Aber offenbar habe ich getroffen.

38

»Ja doch, ja«, sagt er und dreht den Kopf zur Seite. »Wie du mich bedrängst, Pedro! An dir ist ein Inquisitor verlorengegangen.«

Ich zucke zusammen. Dergleichen sollte er nicht sagen. Er schenkt sich Wein nach und vergißt mich.

»Ja. Es gibt eine Karte. Bin ich ein Narr? Es war jemand dort. Ich segele nach diesen Angaben. Ich bin der einzige Mensch, der sie hat. Santangel hat sie gesehen, und die Patres des Klosters La Rabida, als es galt, zu überzeugen.«

»Und die Majestäten?«

Er lacht auf. »Denkst du, die Majestäten verstehen etwas von Seekarten? Soviel wie der Esel vom ABC. Fernando hat mir nie getraut und tut es bis heute nicht.

Isabel – bei ihr bedurfte es keiner Beweise. Sie ist eine Frau. Frauen sind im allgemeinen sehr schnell bereit, mir zu glauben.«

Es klingt geringschätzig, und ich kann es nicht verhindern, daß ich den Kopf hebe, aber laufe gleich in die Breitseite seines Blickes, Sperrfeuer. »Jetzt weiß ich endlich, wonach Don Gutierrez sucht«, sage ich, und er: »Ja, nun weißt du es. Aber wir suchen Indien. Nichts anderes.«

»Nichts anderes«, erwidere ich, nehme meinen Weinbecher und trinke, ohne abzusetzen.

Draußen ist es ruhig. Aber irgendwer auf diesem Schiff fängt halblaut an zu singen. Es klingt falsch. Ich reiße mich zusammen. Pedro. Du hast Auskünfte bekommen. Mehr wirst du nicht erfahren – wenn du denn wirklich etwas erfahren hast, oder nur eine Spielart –

»Nun, ausgefragt?«

»Nein«, sage ich und nehme meinen Mut zusammen, da ich nun einmal dabei bin. »Ihr spracht von den Traditionen in Eurer Familie, Don Cristobal. Euer Sohn –«

»Meine Söhne«, verbessert er mich. »Es sind mehrere, wenn sie auch nicht alle von meiner Ehefrau stammen, die Gott zu sich gerufen hat. Nein, Pedro. Ich habe die Tradition der Verbindung beider Religionen nicht weiter geführt. Wir leben in Spanien.« Seine Stimme wird leise. »Gog im Lande Magog, du kennst das? Endzeit. Der Dämon wohnt schon unter uns. Ich mußte sie schützen.«

Jetzt endlich ist er mir nahe, und ich spüre seine Traurigkeit, und daß er in diesem Moment wahrhaftig ist.

»Erlaubt mir , Eure Hand zu küssen«, flüstere ich und stehe auf.

»Laß nur«, sagt er und erhebt sich ebenfalls. »Geh schlafen.«

»Ich bin Euer Gnaden Diener.«

»Ja, das bist du wohl«, erwidert er und wendet sich von mir ab, um am Fenster der Toldilla nach den Sternen zu sehen.

Ich stehe schon in der Tür. Mit einem tiefen Ausatmen sage ich: »Da ist noch etwas, was Euer Gnaden vielleicht wissen sollten. Gestern Nacht hat man mich von Bord gestoßen.«

Keine Reaktion.

»Man hat gedacht, ich könne nicht schwimmen.«

»Aber du kannst es, und du hast vermocht, dich zu retten, da du ja heute vor mir saßest«, sagt er, als würden wir über einen Dritten reden. Er wendet sich nicht um. »Pedro, ich kann nicht auf dich aufpassen. Das mußt du schon selber tun.«

»Ich dachte, es würde Euer Gnaden interessieren, zu wissen, daß es Mörder auf der *Santa Maria* gibt.«

»Noch ist kein Mord geschehen, also gibt es keine Mörder. Der Herr hält seine Hand auch über die verlorenen Seelen. Und ich denke, deren sind viele auf diesen Schiffen.«

Draußen singt die Stimme: Qu' es di te, desconsolado? Wohin gehst du, ungetröstet –

Draußen ist es jetzt kühl.

39

Das halbe Schiff weiß, daß Pedro gestern abend in der Kajüte des Admirals mit ihm Wein getrunken hat. Und wer es noch nicht weiß, der kriegt es serviert anläßlich der Spuren in meinem Gesicht. Jede Menge Anzüglichkeiten. Wer mit den Herren speist, muß einen langen Löffel haben. Und dergleichen Weisheiten mehr. Was ich denn angestellt hätte. »Das Tintenfaß umgekippt«, sage ich. Es ist das nächstbeste.

Sie amüsieren sich. »Na, Pedrito, die hat aber gesessen! Der Admiral schlägt 'ne gute Klinge, scheint's!«

Ich registriere, daß man auf diesem Schiff offenbar in der Achtung seiner Untergebenen steigt, wenn man in der Lage ist, sie ordentlich zu verdreschen.

Während ich das Deck wässere, werfe ich einen verstohlenen Blick auf den Wasserspiegel der Pütz. Meine Backe ist blau, mit Schattierungen ins Grüne. Und da habe ich gestern abend noch gebeten, diese Hand küssen zu dürfen. Na danke.

Maestre Bernal wechselt die Verbände an meinen Händen und freut sich, wie schnell alles heilt. »Muß ich das denn noch tragen?« frage ich. »Sie spotten über mich.«

Er zögert. »Wegen der Arbeit an den Tauen vielleicht«, sagt er. »Doch, noch einen Tag.« Dann wirft er einen Seitenblick auf mein Gesicht und murmelt: »Das sollte er nicht tun.«

»Er tut es nicht wieder«, sage ich mit mehr Zuversicht, als vielleicht angebracht ist.

Wir haben jetzt den dritten Tag Flaute, aber gegen Mittag regt sich die Luft, so wie sie sich den Abend regte, als ich den Admiral salbte, und diesmal ist es keine trügerische Brise. Der Wind frischt auf. Wie er vorhergesagt hat, aus der Gegenrichtung. Auf der *Santa Maria* setzt Hochbetrieb ein, um das Schiff segelklar zu machen.

Ich tue Dienst an der Bitároca, dem Kompaßhäuschen. Der Navigator, Peralonso Niño, hat inzwischen auch spitz gekriegt, was für Künste ich drauf habe, und läßt sich die Kursveränderungen von mir ansagen.

So entgeht mir der Disput nicht, den der Admiral und Juan de la Cosa am Signalfeuer haben. Offenbar weigert sich der Baske, der *Pinta* genau jene Informationen zu übermitteln, die der Admiral kurz vor Beginn der Flaute schon einem der Quinteros aufgetragen hatte.

»Almirante, bei allem Respekt, aber das verstößt gegen die Regeln der christlichen Seefahrt!« ruft der Schiffseigner. Columbus ist bereits rot im Gesicht. »Versucht nicht, mich über die Regeln der christlichen Seefahrt zu belehren, Señor de la Cosa! Führt aus, was ich anordne!«

Jetzt stellt Niño das Steuerruder fest und übergibt es einem der Matrosen, um sich in den Streit einzumischen. Der Navigator ist ein ruhiger Mann mittleren Alters, allgemein geachtet wegen seiner Gerechtigkeitsliebe und ein hervorragender Seefahrer. Nicht umsonst haben ihm die Majestäten den Titel Piloto Mayor von Kastilien verliehen. Er gehört zu den wenigen Leuten, die auch ohne das »gute Zureden« der Pinzons zu der Fahrt bereit waren.

»Don Cristobal, der Schiffsführer hat recht!« sagt er begütigend. »Es ist nicht Sitte, wie Ihr selbst sehr wohl wißt, einen Havaristen im Stich zu lassen, wenn man im Verbund segelt. Ich schlage vor, die *Niña* nach Gran Canaria vorauszuschicken und Hilfe für die *Pinta* zu holen. Das Flaggschiff sollte hier bleiben.«

»Ich habe Euch nicht um Vorschläge gebeten, Señor Piloto! Diese Flotte wird von mir geführt und nicht von einem Konsortium von Dilettanten!«

»Dilettanten? Meint Ihr im Ernst, Almirante, daß wir schlechtere Seeleute sind als – als andere?«

»Ich habe nicht vor, über Eure Eignung zu diskutieren! Führt die Befehle aus!«

»Es widerspricht den Gepflogenheiten, Almirante. Wir geben nur zu bedenken –« Das ist wieder Juan de la Cosa. Aber er kommt nicht weiter.

»Noch ein Wort, meine Herren, und ich rufe Señor de Harana, damit er Euch als Meuterer in Eisen legt und so der Gouverneurin der Inseln übergibt! Gehorcht Ihr oder nicht?«

Der Piloto Mayor legt dem Schiffseigner begütigend die Hand auf den Arm, obwohl man sieht, daß es in ihm kocht. »Wie Ihr befehlt, Almirante«, sagt er knapp. »Wir lassen die *Pinta* zurück mit dem Befehl, sich aus eigener Kraft in den Hafen von Gran Canaria zu begeben. Die Capitana und die *Niña* setzen Kurs auf Gomera.« Er und Columbus messen sich mit den Augen. Dann dreht sich der Admiral auf dem Absatz um und begibt sich unter einem Hagel italienischer Schimpfworte zum Achterkastell.

Die beiden Offiziere sagen nichts. Nicht einmal die üblichen Verwünschungen des verdammten Genuesen erfolgen.

40

Wie sehr er alle vor den Kopf gestoßen hat durch die Entscheidung, bekomme ich erst am Abend mit, als ich ein bißchen frei habe. Wir haben den ganzen Tag geschwitzt und geschuftet, denn gegen den Wind zu segeln, ist nicht so einfach, und die schwerfällige *Santa Maria* bockt wie ein Pferd, das den Reiter gern abwerfen möchte. Ich bin froh, daß ich Maestre Bernals Rat gefolgt bin und die Verbände noch trage, sonst wären meine Handflächen wahrscheinlich rohes Fleisch.

Vor uns beschreibt die *Niña* ihre herausfordernd graziösen Tanzfiguren, und hinter uns verliert sich die angeschlagen dahindümpelnde *Pinta* bald am Horizont.

Der Admiral selbst leitet das Manöver. Es ist das erste Mal, daß er seine Befehle direkt erteilt, sie nicht an den Schiffsführer übermittelt. Offenbar will er de la Cosa für seine Unbotmäßigkeit maßregeln, indem er ihn links liegen läßt.

Mit gespreizten Beinen, das Haar im Wind, steht er auf der Brücke und sieht alles andere als würdevoll aus, eher wie ein Tier vor dem Sprung. Ihm entgeht nichts.

Er scheint jede Situation vorauszusehen, gibt oft die Kursangaben an den Navigator, bevor der Kompaß abgelesen wurde, listet dem launischen Wind immer wieder einen Vorteil ab.

Die Besatzung keucht vor Erschöpfung, flucht, schreit. Einer fängt an zu heulen, und auch das Mal de Mar befällt den einen oder den anderen wieder bei diesem unberechenbaren Auf und Ab.

Aber mit einem Jubelschrei registrieren die Kerle gegen Abend, daß wir die kleine wendige *Niña* eingeholt haben und Seite an Seite mit ihr vor der Bahn der untergehenden Sonne dahinschweben.

Der Admiral läßt die Segel reffen und zur Nacht beidrehen. Bei so ungewissen Windverhältnissen ist keine nächtliche Fahrt möglich, außer wir wollen ins Blaue abtreiben. Immer wieder haben wir die Berggipfel der Inseln am Horizont gesehen, immer wieder verloren wir sie aus den Augen. Wo wir heute herumgetanzt sind, das weiß wohl nächst Gott nur der Genuese – so meinen jedenfalls die Männer, die erschöpft da liegen, wo sie gerade standen – mit einer Extraration Wein im Leib nach diesem Tag.

»Viva el Almirante!« hatte Chachu der Bootsmann am Ende der heutigen Passage gerufen, die rote Wollmütze gezogen, und die Mannschaft hat eingestimmt. Er konnte zufrieden sein. Aber jetzt geht's los, und sie zerreißen sich die Mäuler.

»Das nenne ich segeln!« sagt einer der Basken. Aber ein anderer knurrt: »Das nenne ich abhauen! Kein ehrlicher Seemann läßt einen Havaristen zurück.«

Es ist inzwischen so dunkel, daß ich sie nicht auseinanderhalten kann, die Herren vom Vorschiff und vom Achterschiff.

»Also wenn Kapitän Pinzon das ist, wofür er sich ausgibt, dann kommt er auch allein nach Gran Canaria«, läßt sich wieder ein anderer vernehmen, erntet aber

Widerspruch. »Darum geht's ja nicht, Paco! Das ist einfach nicht Seemannsbrauch. So was bringt kein Glück. Die Señores de la Cosa und Niño, die haben es nicht tun wollen. Aber er hat sie angeschrien, der Genuese. Du warst doch in der Nähe, Pedrito, nicht wahr?«

»Ich hab kein Wort gehört«, sage ich entschieden, und sie lachen.

»Was hast du denn?« brummt eine andere Stimme, es könnte die von Garcia sein, »wir sind auf Kurs. Wir sind auf Kurs, und gut ist.«

Sie schnaufen und rülpsen. Dann fängt wieder einer an: »Das ist ja noch die Frage, wer hier auf Kurs ist. Soviel ich verstanden hab, segeln wir nach Gomera. Also ich wollte nicht nach Gomera. Ich wollte ins Goldland. Gut, gut. Vorher noch mal frisches Wasser, frisches Fleisch. Nochmal Weiber. Aber das ist alles in Gran Canaria zu haben, im Hafen, an der Werft. Wer von uns muß nach Gomera?«

Eine Weile herrscht Schweigen, und dann sagt die gleiche Stimme: »Unser Admiral muß nach Gomera. Er muß da unbedingt seinen Stöpsel in einen Topf stecken, in dem soll Honig mit Pfeffer gemischt sein.«

Irgend jemand pfeift. »Meinst du La Cazadora?«

In die Kerls kommt Bewegung. »Genau. La Cazadora, die Jägerin. La gobernadora de las Islas Canarias. Das muß ein Weib sein! An der soll sogar König Fernando hängen geblieben sein!«

»Warum heißt sie, ›die Jägerin‹?« höre ich mich selbst fragen. Die Männer lachen. »Hört euch den an! Du willst es wohl früh wissen, was, Pedro? Die heißt die Jägerin, weil sie sich die Männer holt, statt drauf zu warten, bis einer sie um was bittet. Sie pfeift, und die Mannsbilder springen.«

Ich verkneife mir in der Dunkelheit ein Lachen. Gut, mehr als gut, wenn die Männer einen für sie plausiblen Grund gefunden haben, warum der Kurs nach Südsüdwest geht ... La Cazadora ... Sagte nicht auch de Harana so etwas, als ich zwischen den Vorhängen des Bettes lag und mich bemühte, kaum Luft zu holen? »Der Grund hat grüne Augen und schwarzes Haar ...« Und Alonso mit seiner »Hexe« ... Gut so, sollen sie's nur glauben. Keiner auf diesem Schiff weiß mehr als ich, was dieser Kurs bedeutet ...

Befremdlich. Als ich mich für einen Moment aus dem Kreis der Männer entferne, um nach der Ampoleta zu sehen, spricht mich jemand an. »Ein paar Worte, Pedro.« Ich drehe mich um. Es ist der Kronbeamte, Señor Sanchez, der Veedor Real, und mir kommt es fast vor, als habe er auf mich gewartet. Inzwischen ist er, wie mir scheint, vom Fleisch gefallen – man kann nicht jeden Tag ein Huhn für ihn schlachten –, und ein blauschwarzes Bartgestrüpp bedeckt seine Wangen, so daß ich ihn zunächst nur an seinem Spitzenkragen erkenne.

»Ich stehe zu Diensten, Señor«, sage ich. Er nimmt mich am Arm und führt mich in eine Ecke der Proa, von der er offenbar annimmt, daß sie schallsicher ist.

»Ich möchte dich warnen, Junge«, sagt der große Mann durch die Zähne.

Ich glaube meinen Ohren nicht zu trauen. Der Beamte der Majestäten läßt sich angelegen sein, den Schiffsjungen zu warnen. Und wovor? »Ich kann Euer Gnaden nicht folgen«, sage ich wahrheitsgemäß.

»Stell dich nicht albern an«, erwidert Sanchez mit Ärger in der Stimme. »Hier an Bord ist der Teufel los, weil die Majestät einen Spitzel mitzuschicken geruht hat. Diesem Herrn gefallen ein paar Nasen nicht, oder, um genauer zu sein,« fügt er derb hinzu, »ein paar beschnittene Schwänze. Und ihm paßt der Kurs des Admirals nicht. Und du, mein Jüngelchen, bist dicht am Admiral. Du läufst Gefahr, mit dem Messer Bekanntschaft zu schließen, wenn du ihm nicht gehorchst und preisgibst, was du weißt. Noch bin ich der oberste Beamte hier an

Bord, und ich habe mächtige Freunde. Ich kann dich schützen. Ich habe dich einmal gebeten, mich auf dem laufenden zu halten. Es wäre gescheit, wenn du dich jetzt, beim zweiten Mal, entschließen könntest, für mich zu arbeiten. Ich bin nicht bereit, etwas für dich zu tun, wenn du nichts für mich tust. Man setzt sich sehr leicht in die Nesseln, wenn man nicht aufpaßt.«

»Don Antonio«, sage ich geängstigt, »ich bin bloß ein Grumete – was wollt Ihr von mir?«

Er lacht fauchend. »Grumetes, die mit Empfehlungsschreiben an Escobedo an Bord kommen, sind mir suspekt. Denk nicht, du kannst mich für dumm verkaufen. Mich kümmern die Neigungen dieses Columbus wenig. Er kann sich von mir aus so viele Jungen wie er will zwischen seine Laken legen. Aber ich sehe nicht ein, warum ich nicht davon profitieren soll.«

Mir bleibt für einen Augenblick die Sprache weg. Ich fühle, wie mir in der Dunkelheit die Röte ins Gesicht schießt, und ich denke an die Nacht, als ich den Rücken des Admirals mit Balsam gerieben habe ... Es muß wahr sein, daß man auf diesem Schiff keinen Moment unbeobachtet ist! »Ich schwöre bei Gott dem Allmächtigen«, sage ich mit belegter Stimme, »daß ich des Admirals Schreiber bin! Nichts anderes.«

»Schwör lieber bei den Heiligen«, sagt Sanchez sarkastisch, »das ist bei Altgläubigen wie du und ich so Sitte. Ich sag dir doch, daß mir das alles egal ist. Was ich von dir will, ist: Informiere mich über die Gespräche des Admirals mit Gutierrez, damit ich seinerseits wieder darüber informieren kann, und alles ist gut. Andererseits –«

»Ich weiß nichts. Ich kann nichts für Euer Gnaden tun«, sage ich und füge hinzu: »Warum fragt Ihr ihn nicht selbst? Den Admiral, meine ich.«

»Damit dieser gefährliche Schnüffler von Gutierrez erst auf die Idee kommt, daß ich ihn beobachte? Das wär das Falscheste, was ich tun könnte, dem Admiral in meiner Eigenschaft als Königlicher Beamter einen Besuch abzustatten«.

Er sieht mich herausfordernd an.

Aber ich schweige.

Da zuckt er die Achseln. »Na schön. Dann kann ich auch nichts für dich tun. Schade. Ich sag dir noch mal: Du hast Feinde.«

Und weg ist er.

Ich hab so was wie einen Kloß im Hals, als ich zurückkomme zu den anderen, die sich bloß darüber mokieren, wo ich denn so lange war, ob ich nicht vom Scheißhaus runterkomme? Ich mag keines großen Herren Spion sein. Ich habe nur einen einzigen Herren hier an Bord, das ist Cristobal Colon. Und von welchen Feinden erzählt er? Klar, mich hat einer ins Wasser geschubst, und die andalusischen Jungs mit Alonso an der Spitze sind nicht gerade meine Freunde – aber sonst? Wer soll mir etwas anhaben, wenn ich im Schutz des mächtigsten Mannes auf dieser Reise stehe? Gewiß, er hat mir gesagt, ich müsse auf mich selbst aufpassen. Gut, das tue ich. Bloß, wenn er mir nicht beistehen kann, wieso meint dann ein Antonio Sanchez, er könne es?

Ich bin beängstigt, ja, aber ich beschließe, das Ganze als einen Einschüchterungsversuch des Kronbeamten anzusehen, damit er an seine Informationen kommt über mich. Nein, ich spiele nicht mit. Basta.

So weit bin ich mit meinen Überlegungen, als irgendwer aus der Dunkelheit quäkt: »Pedro zum Admiral!«

Ich stehe auf, und aus irgendeinem Grund bin ich wütend. In meinem Kopf geht mir immer noch die absurde Anschuldigung herum, Don Cristobal würde mit seinem Schiffsjungen mehr anstellen wollen als Karten zeichnen und Bücher lesen, und es regt mich auf, warum, kann ich gar nicht wirklich sagen. Sollen sie doch denken, was sie wollen.

41

Die Männer lachen. »Zweite Wache für Pedro! Sonderwache mit Wein und Backpfeifen!« Sie haben mehr recht, als sie ahnen.

»Wo steckst du, per amore di Dío? Kannst du dir nicht von allein vorstellen, daß nach einem solchen Tag Eintragungen vonnöten sind, daß du jetzt nicht irgendwo auf der faulen Haut herumliegen kannst?«

Mein Admiral ist gereizt. Offenbar bewegt ihn die Sache von heute früh, jener Widerspruch seiner Offiziere gegen seine Taktik, mehr, als er zeigen möchte.

Auf dem Tisch liegt die große Karte. Die zweite daneben. Wir sind hin und her gehüpft wie eine Grille auf der Wiese. Auf dem Papier aber sehe ich nur eine einzige gerade Linie. Fängt er jetzt an, auch schon seine eigenen Bordbücher zu fälschen und lügt sich selbst in die Tasche?

»Nun?« fragt er. »Wie gefiel dir dieser Tag?«

Ich kann es nicht fassen. Er fragt seinen Moses, wie der es gefunden hat, daß er die *Niña* ausgesegelt hat! Ich beiße die Zähne zusammen.

»Ich verstehe zu wenig von der Seefahrt, Euer Gnaden«, erwidere ich. »Die Mannschaft ist der Meinung, daß Ihr ein großartiger Seemann seid, aber daß es ein Fehler war, die *Pinta* zurückzulassen.«

»Ach«, sagt er scharf. »Seit wann machst du dich zum Sachwalter der Mannschaft und bringst bei mir die Meinung des Mobs vor?«

»Seit ich die Hand von Euer Gnaden auf meiner Backe übers Schiff spazieren trage«, sage ich und weiß in dem Moment, daß das zuviel war.

Er stößt den Atem mit einem Zischen aus. »Ragazzo impertinente«, sagt er mit halber Stimme. Er packt mich bei den Haaren und reißt meinen Kopf zurück. »Du brauchst eine Lektion, wie?«

Ich kneife die Augen fest zu. Voll panischer Angst wird mir klar, daß er in seinem Jähzorn durchaus in der

Lage ist, meinen Kopf auf die Tischplatte zu schmettern und mir das Nasenbein zu brechen. Ich sage nichts. Ich kann gar nichts sagen. Die Luft staut sich in meinen Lungen. Ich denke nur, daß mir gleich irgend etwas sehr weh tun wird. Da läßt er mich los.

Ich fahre mir mit beiden Händen übers Gesicht und sehe mich vorsichtig nach ihm um. Offenbar ist er gerade mit dem Bekreuzigen fertig. Dreimal, wie sich's gehört. Er hält den Kopf gesenkt.

»Komm, mach dich an die Arbeit«, sagt er, als sei nichts geschehen. »Übertrag das hier.« Er will mir etwas zeigen. Doch dann zieht er seine Hand mit dem ausgestreckten Zeigefinger zurück. Ich habe es aber gesehen. Sie zittert.

Ich warte ab und bin still. Am besten, er schickt mich weg.

»Heute abend wäre ich kein guter Kartenzeichner« sagt er mit einem halben Auflachen. »Wir waren eben beide nicht sehr klug, wie, Pedro? Zorn ist eine schwere Sünde. Aber Aufsässigkeit kann ich nicht dulden.« Er setzt sich an den Tisch. »Nun, was ist?«

»Ich fürchte, daß auch ich heute abend kein guter Kartenzeichner bin, halten zu Gnaden«, sage ich. Meine Stimme kommt mir fremd vor.

Er nickt. »Ja, das verstehe ich. Schade, es gäbe viel zu tun.«

»Ich bin zu jeder Zeit bereit, Euch zu dienen, Señor el Almirante«, sage ich. »Darf ich zwei Fragen stellen?« Er bewegt zustimmend die Hände. »Wann hättest du keine Fragen, Pedro?«

»Warum haben Euer Gnaden in Euer persönliches Logbuch einen geraden Kurs eingetragen? Mir kam es vor, als seien wir in einer sehr komplizierten Linie gesegelt ...«

»Richtig«, bemerkt er. »Aber diese Linie ist nicht wichtig für die Eintragungen. Ich brauche nur unseren effektiven Kurs. In Realität sah es heute etwa so aus.« Er zieht einen Bogen heran, will sich die Feder holen, und als er merkt, daß seine Hand immer noch flattert, sagt er ärgerlich: »Na, wird's wohl?« und preßt die Handfläche für einen Moment fest auf den Tisch, so fest, daß die Fingerkuppen weiß werden. Dann beginnt er, schnell in einer Art Faustskizze die Koordinaten unseres Standorts aufzuzeichnen und den gesegelten Kurs der *Santa Maria*. Er nimmt nicht einmal das Besteck zu Hilfe. »So«, sagt er. »Und hieraus ergibt sich das Mittel, das dort auf der Karte eingetragen ist.« – Nun muß ich ihm zum wiederholten Mal erklären, daß ich seine Künste bewundere. Er legt Wert darauf, und so tue ich es, obwohl er gar nicht hinzuhören scheint und er, da er nun die Feder einmal in der Hand hat, fortfährt, irgendwelche Zahlenkolonnen aufzulisten. »Du kannst gehen«, sagt er beiläufig. »Mach es morgen. Ach, deine zweite Frage.«

»Hatten Euer Gnaden vor, mich mit dem Gesicht auf den Tisch zu stoßen?« frage ich und überschreite noch einmal die Grenze.

Er sieht mich nicht an. »Wie? Was? He, was soll das? Ich wollte dir nur eine kleben, Mozo.« Er sagt es grob, im Tonfall der Hafenkneipen, und es klingt unecht. Wahrscheinlich weiß er es selbst nicht. Und vor allem kümmert es ihn nicht.

42

In der einen Sanduhr-Umdrehung, die ich weg gewesen bin, hat sich die Stimmung an Bord aufgeheizt, und daran ist niemand anders Schuld als La Cazadora. Meine Rückkehr wird eigentlich gar nicht wahrgenommen, sehr zu meiner Erleichterung, da kann ich mich hinter den Mast legen und versuchen wegzuhören.

In dem halben Jahr, in dem ich mich auf den Landstraßen Kastiliens herumtreiben mußte, habe ich Dinge zu hören und zu sehen bekommen, die ein anständiges jüdisches Mädchen ihr ganzes Leben lang nicht erfährt. Meine Ohren haben gleichsam eine Hornhaut gekriegt. (Wie meine Seele auch.) Und auch wegsehen konnte ich nicht immer. Das zumindest wird mir hier erleichtert. Es ist ja dunkel, und die Männer sind auch erst in dem Stadium, in dem sie ihren Vorstellungen mit Worten Nahrung geben. Von Zeit zu Zeit trägt mir der Wind ein paar Fetzen zu, auf die könnte ich auch gern verzichten. Einer muß sie mal gesehen haben, diese legendäre Gouverneurin.

»Titten wie der Monte Perdu!« höre ich. (Das muß einer von den Basken sein.) »Die Spitzenborte um den Hals, versteht ihr, und darunter das nackte Fleisch bis zu den Knospen!« Die Männer stöhnen. Am liebsten hätte ich Werg für meine Ohren. Brüste wie der Monte Perdu! Ich stecke die Hand verstohlen unter mein Hemd. Damit werd ich wohl nie aufwarten können, nicht mal in zehn Jahren.

Leise raffe ich mich auf, um unter Deck zu gehen und dort, so sehr es auch stinken mag, den Rest der Nacht zwischen Ratten und Mehlsäcken zu verbringen.

Nur, soweit komme ich nicht. Eine Hand schließt sich um meinen Nacken, und jemand fragt mich leise: »Na, Junge, wie ist dir das Bad vorgestern bekommen?«

Ich mache gar nicht erst den Versuch, mich herumzudrehen. Die Hand ist wie ein Schraubstock. Mein Herz hüpft in unregelmäßigen Sätzen gegen meine Rippen. Mir fallen nicht einmal mehr die Worte eines Gebets ein. Ein Messer, denke ich wie betäubt. Das nächste ist ein Messer. Und dann klatscht irgendwas ins Wasser. Diesmal gründliche Arbeit. Diesmal kommt es nicht wieder hoch.

Aber es passiert nichts. Schreckliche, endlos sich dehnende Sekunden passiert nichts, außer daß mich wer festhält und in meinen Hemdausschnitt pustet und daß die Ratten hinten im Schiff rascheln und springen und quietschen.

Schließlich sage ich, obwohl mir die Stimme wegkippt, so forsch wie möglich: »Danke der Nachfrage. Wart Ihr es, der mir dazu verholfen hat, Señor?«

Hinter mir lacht es. »Nein, Mozo. Ich hab bloß zugeguckt. Rein zufällig. Nicht ungeschickt, wie du dich selbst rausgeangelt hast.«

Wie es scheint, will man mir heute abend nicht ans Leben. Ich horche auf den Tonfall – kenne ich den Sprecher? Von den Basken jedenfalls ist es keiner. »Womit kann ich Euch dienen, Señor?« frage ich, und, da keine Antwort kommt, füge ich vorsichtig hinzu: »Würdet Ihr wohl meinen Hals loslassen? Es tut sehr weh, und ich laufe ganz bestimmt nicht weg.«

Zu meinem Erstaunen geschieht es. Ich drehe mich vorsichtig herum. Im ungewissen Licht der Deckslaterne, das durch die Luke hereinfällt, besehe ich mir den Mann. Ich kenne ihn nicht. Es ist einer aus der Mannschaft, der mir noch nie aufgefallen ist. Irgendein Juan, Luis oder Diego, der in die Wanten klettert und an den Tauen hängt. Er sieht nicht unfreundlich aus. Der Schrecken sitzt mir immer noch in den Knochen. Die Knie sind mir weich. Trotzdem wiederhole ich: »Womit kann ich Euch dienen?« Er lacht. »Nein, mir kannst du nicht dienen. Aber es gibt ein paar Leute. Denen kannst du. Die wollen mit dir reden.«

»Jetzt gleich?« frage ich. »Fanden die keinen anderen Weg, mir ihre Einladung zu überbringen?«

Die ausgestandene Angst verwandelt sich langsam in Wut. Als wenn ich nicht genug durchzumachen hätte hier auf diesem Kahn!

»Na ja«, sagt er. »Hat sich so ergeben. Nicht gleich. 'n kleinen Streich wollten wir dir auch spielen.«

»Wir? Wer ist wir?«

»Die andalusischen Seeleute. Du hängst uns zuviel mit den Basken rum, weißt du. Solltest du nicht. Den Basken ist nicht übern Weg zu trauen. Klüngeln miteinander, lassen keinen ran. Dieser Garcia gibt immer zuerst den Basken, und immer das Dicke aus 'm Topf.«

Ich höre zu. Irgendwann muß er doch mal zur Sache kommen.

»Überleg dir das.«

»Bestell deinen andalusischen Seeleuten, daß sie mich gern haben –« ich stocke, »richte endlich deinen Auftrag aus.«

Er knurrt. »Nicht zu kiebig, Bursche, ja? Ich kann auch anders.«

Woran ich nicht zweifle.

»Also«, fängt er an. »Falls der Admiral morgen wieder segelt, und er dich nicht braucht, sollst du zu den Herren Passagieren kommen und dich bei dem Don vom Hof melden. Bei dem Langen.«

»Gutierrez?«

»Richtig. Don Gutierrez.«

Aha. Nun ist es heraus. Aus der Richtung bläst der Wind. Das muß Sanchez gemeint haben.

»Gut«, sage ich. »Verstanden. Frage ich mich nur, warum mir das nicht dieser Mayordomo sagen konnte. Oder Don Gutierrez selbst, ganz normal bei Tage und nicht unter Deck und ohne Faust im Nacken.«

Der Bursche zuckt die Achseln. »Kann ja sein,« meint er und grinst, »daß dich nicht bloß die andalusischen Seeleute ein bißchen erschrecken wollten.«

Ich nicke. »Ja, kann ja sein. Aber wie ist das, wenn der Admiral morgen nicht segelt?«

»Dann denken die sich bestimmt was anderes aus.« Da mag er recht haben.

43 Ich kann ewig nicht einschlafen. Die ausgestandene Angst hat sich mir auf den Bauch geschlagen, und ich renne dreimal aufs »Haus der Bedürfnisse«. Zum Glück sind die Männer von der Wache und die anderen, die nicht schlafen, immer noch mit ihrem Lieblingsthema beschäftigt: Weiber! Sie achten nicht auf mich.

Ich komme mir vor wie die Maus in der Falle. Setze ich mich zu Garcia, mache ich mich bei den Andalusiern mißliebig, mache ich mich bei den Andalusiern Liebkind, sind die Basken gegen mich. Schikanieren können sie mich alle, und dann ist ja da noch Kumpan Alonso und seine Peones-Freunde, deren Friedfertigkeit spätestens dann ein Ende findet, wenn ich mich weigere, meinen »heiligen Eid« einzulösen und für ihn das Amulett zu klauen, oder was auch immer sie da holen wollen. Nicht zu vergessen dieser Übersetzer, den ich hebräisch beten gehört habe und der sich schon merkwürdig lange zurückhält. Nun ist auch noch das Auge der hohen Herren auf mich gefallen – Gutierrez – Sanchez, es ist wie in der Mausefalle.

Eigentlich ist es nur eine Frage der Zeit, bis jemand auf die Idee kommt, daß dieser Grumete mal eine ordentliche Tracht Prügel verdient. Spätestens wenn sie mich an den Mast binden und mir das Hemd runterfetzen, ist es aus. Da brauch ich ihnen gar nicht noch als Draufgabe erzählen, daß ich Jüdin bin.

Und der Admiral? »Du mußt auf dich selber aufpassen«, hat er gesagt, als ich ihm erzählt habe, daß man mich umbringen wollte. Die Mitteilung war ihm nicht mal soviel wert, daß er den Blick von dem Ausschnitt der Sterne im Fenster weggewendet hätte.

Der Admiral wird mich nicht schützen. Was bin ich ihm gegen seinen Traum vom Land jenseits des Meeres, ob es nun die jüdischen Königreiche sind, Indien oder etwas ganz anderes! Und vielleicht will er mich auch gar nicht schützen, wer weiß? Vielleicht ist es ihm lästig, daß ich soviel von ihm gesehen und gehört habe, und er wäre froh, mich los zu sein?

Im Kielraum toben die Ratten. Ich werfe meinen Kopf hin und her, wie es die frommen Juden in der Synagoge machen, wenn sie beten. Aber ich will mich nicht in Ekstase versetzen, ich will einzig und allein einschlafen. Und dann wollte ich, daß der Herr ein Wunder täte. Ich müßte morgen früh erwachen, und jemand müßte gerade »Tierra a la vista!« gerufen haben, Land in Sicht. Und dies Land müßte Indien sein. Möglichst nicht Gomera.

Aber das ist natürlich ein ziemlich törichter Wunsch.

44

Das Wetter heute morgen ist wirklich das gleiche. Aber der Admiral segelt heute nicht. Müssen sich »unsere Herren Passagiere« etwas anderes ausdenken, um mit mir in Kontakt zu kommen.

Und das tun sie dann auch. Diego de Harana, der »Verwandte« des Admirals, läßt diesen geradewegs darum bitten, mich »auszuleihen«, da er ein paar Rechnungen aufzustellen hätte, die er aus Zartgefühl Don Escobedo nicht zumuten wolle ... Und da der Platz an Bord knapp ist, fragt er um die zusätzliche Vergünstigung an, ihm für eine halbe Stunde die Toldilla zur Verfügung zu stellen! Es ist ziemlich unverschämt.

»Er kann rechnen wie ein Hexenmeister«, sagt mein Admiral, »ich weiß es. Dazu braucht er dich nicht. Die ganze Sache ist durchschaubar wie Glas. Er will dich an Ort und Stelle beeinflussen, für ihn meine Karte zu stehlen. Halt die Ohren offen, Pedro, und berichte mir bis ins Kleinste.«

Die halbe Stunde – ein Glas der Sanduhr – wird gewährt. Der Admiral hat ohnehin mit den Segelmanövern zu tun.

Ja, ich bin bereit, alles für meinen Herrn zu tun, sei er nun gnädig oder ungnädig. Es kommt aber anders.

Schon als ich sie beide nebeneinander am Tisch sitzen sehe, den Herrn Profos und den Hofmann, überfällt mich schwere Bangigkeit. Es wird erst gar nicht der Versuch gemacht, so zu tun, als habe man mir etwas zum Schreiben aufzutragen oder gar zum Rechnen.

»Setz dich dahin, Pedro«, sagt de Harana und deutet auf die Truhe, in der die Sachen des Admirals aufbewahrt werden. Ich folge der Aufforderung und will gerade den Mund auftun, um nach den Befehlen der Herren zu fragen, als er fortfährt: »Mach das Kreuzeszeichen und sprich das Glaubensbekenntnis«.

Ich beginne mit lahmen Lippen das Confiteor aufzusagen, und meine Hand bebt, als ich das Kreuz schlage.

Schon nach den ersten Repliken aber unterbricht Gutierrez und sagt: »Ich glaube, das brauchen wir nicht, Señor Alguacil. Das bekennt er mit dem Mund, nicht mit dem Herzen.«

De Harana nickt. »Es gibt Anzeichen dafür, daß du nur dem Schein nach ein Christ bist, Pedro. Ein ehrenwerter Mann, selbst Neuchrist, aber von untadeliger Glaubensstrenge, hat dich beobachtet. Du hast während des zweiten Tages unserer Fahrt, als dir vom Meer übel mitgespielt wurde, ein Judengebet gesprochen«.

»Ich kann kein Wort dieser Sprache«, sage ich. »Ich stamme aus altchristlichem Haus und –«

»Wer hat gesagt, daß du die Sprache geredet hast? Es hieß nur: Ein Judengebet.«

Es ist aus. Sie haben mich. Der Übersetzer hat den Spieß umgedreht, aus Angst vor Entdeckung.

»Señores!« sage ich. »Ich schwöre bei der Jungfrau Maria und allen Heiligen, daß dieser Mann lügt. Er selbst spricht diese Sprache und –«

»Du gibst also zu, daß man dich belauscht hat, und wie man hört, weißt du sogar, von wem.«

»Es ist eine Verleumdung«, sage ich.

De Harana setzt ein Grinsen auf.

Die beiden sehen sich an. »Ja, so hört sich das immer an, wenn falsche Christen sich verteidigen, Pedro! Auf diesem Schiff ist kein Vertreter der Heiligen Inquisition, das weißt du sehr wohl, und das wissen einige. Es haben sich Ketzer eingeschlichen an Bord. Ich als Profos muß alles im Auge behalten. Anzeige gegen dich ist erstattet. Wir werden sehen, was wir auf Gomera mit dir machen.«

»Auf den Inseln gibt es die Heilige Inquisition nicht«, sage ich, »und ich bin ein altgläubiger Christ. Euer Gewährsmann lügt.«

Jetzt mischt sich Gutierrez mit dem näselnden Tonfall ein. »Du weißt ja beängstigend genau Bescheid, wo die Hüter des Glaubens zu finden sind und wo nicht. Möglich, daß dort bis jetzt noch kein Ketzer verurteilt wurde. Aber das wird sich bald ändern. Ich stehe der Santa Hermandad nahe. Meine Reise hat Gründe, das kannst du mir glauben, Junge.«

Ich schweige, anscheinend unbeeindruckt.

Die beiden Herren sehen sich an.

De Harana macht eine Geste, die wohl besagen soll: Nun denn, so müssen wir andere Saiten aufziehn.

Er übernimmt wieder: »Natürlich müßten wir die Besatzung unterrichten, daß sich jemand hier als Ketzer enttarnt hat. Das sind wir den frommen Seelen schuldig.«

Sie haben gewonnen. Nicht auszudenken, was das Schiffsvolk mit mir anstellt, wenn meine »Ketzerei« öffentlich gemacht wird! Ich senke den Kopf. »Womit kann ich das Erbarmen der hohen Herren verdienen?« sage ich mit gesenktem Kopf. »Mein Los auf diesem Schiff wäre zu beklagen, denn in ihrem frommen Eifer würden viele den Verdacht für bewiesene Gottlosigkeit ansehen –«

»Das hast du schön gesagt, sehr verständig«, lobt mich der nichtswürdige de Harana. »Es gäbe freilich etwas, womit du deinen Eifer für den rechten Glauben ins gebührende Licht rücken könntest und der Sache der Hermandad einen Dienst erweisen.«

Mein Herz hämmert in der Brust. Ich spüre jeden Schlag bis hinauf in die Schläfen.

»Ich bin bereit, Euer Gnaden«. Natürlich bin ich bereit.

Jetzt redet Gutierrez. »Wir haben Grund zu der Annahme, daß der Admiral den Majestäten etwas vorenthält. In dies Unternehmen ist die Kraft und das Vermögen beider Kastilien investiert worden,« (und die Maravedis von Santangel, schießt es mir durch den Kopf) »und wenn Unredlichkeit im Spiele wäre, müßten die Majestäten das erfahren. Auf den Inseln könnte man das Unternehmen noch zurückrufen. Ich hätte die Vollmacht. Du hattest Einblick in die Unterlagen des Don Cristobal. Hast du eine Seekarte gesehen, die geheim gehalten wird?«

Ich mache mich steif.

»Ich habe sie nicht gesehen, Euer Gnaden,« stoße ich hervor.

»Hast du ihn darüber sprechen hören?«

Ich presse die Lippen zusammen, schüttle den Kopf.

»Ich weiß nicht, Herr.«

»Du weißt nicht. Obwohl du doch sonst so viel weißt. Das ist nicht gut. Es ist sehr vonnöten, daß wir diese Karte zu Gesicht bekommen.«

Ich nicke.

»Hast du die Schlüssel zu diesem Kasten?«

Ich bleibe stumm.

De Harana ist aufgestanden und inspiziert den Tresor. Der Schlüssel zwei steckt im Schloß. Es ist der, den der

Admiral sonst in der Tasche hat. Der Schlüssel eins ist sehr viel kleiner und zierlicher.

»Weißt du, wo der Admiral den anderen Schlüssel aufbewahrt? Antworte!« herrscht er mich an.

»Ja. Er hängt an seinem Hals«, sage ich leise.

Wieder sehen die beiden sich an. »Du wirst einen Weg finden, zu beiden Schlüsseln zu gelangen. Du wirst diese Karte in unsere Hände geben. Wie, ist uns gleich. Aber es muß geschehen, noch bevor wir die Inseln erreichen. Du hast uns verstanden, nicht wahr, Junge?«

Ich habe verstanden.

Dann sind sie draußen, und ich hocke da und halte mich mit beiden Händen am Rand der Truhe fest, auf der ich sitze. Ich könnte jetzt auf keinen Fall aufstehen.

Lebt wohl, jüdische Königreiche. Leb wohl, Freiheit jenseits des Meeres. Allen denen Glück, die sie erreichen werden – und ich hoffe, daß er sie trotz allem ersegeln wird. Ich jedenfalls gehöre nicht zu denen, die ankommen werden. Mich haben sie noch erwischt, als ich schon glaubte, entkommen zu sein. Ich kann nur hoffen, daß sie Wort halten und mich erst in Gomera anzeigen, nicht mich den Männern der *Santa Maria* preisgeben. Wenn ich nach Gomera komme, habe ich vielleicht eine Chance zu fliehen. Solange sie mich nicht in Eisen an Land bringen, könnte ich vielleicht fort. Es wird ja genug Durcheinander geben bei so einer Landung. Vielleicht passen sie auf den Jungen nicht auf. Vielleicht.

Und um dieses »vielleicht« willen schicke ich mich nun an, meinen Admiral zu verraten. Ich, die Tochter des Rabbi Judah. Eine Verräterin. Eine Diebin.

Es ist ganz einfach. Von dem Augenblick an, in dem ein Mitglied der Hermandad oder der Inquisition einen Marranen auffordert, das Kreuz zu schlagen und das Glaubensbekenntnis aufzusagen, ist das Urteil bereits gesprochen. Von dem Augenblick an ist der Marrane eigentlich schon tot. Verdacht ist Urteil. Anzeige ist

Beweis. Eine Falle schnappt zu. Und in meiner panischen Angst habe ich auch gleich die richtigen falschen Antworten gegeben.

Ich bin in eine Starre verfallen, wie ein Tierjunges, das vom Wolf in den Nacken gebissen und fortgeschleppt wird. Es ist noch gar nicht tot. Es könnte vielleicht noch weglaufen. Aber es hat aufgegeben. Ich habe gesehen, was ich gesehen habe.

Ich weiß, wie Haare sich kräuseln, bevor sie die Flamme ergreift, ich weiß, wie die Haut Blasen wirft und platzt, wie sie sich schwärzt und wie Fett und Flüssigkeit hervorlaufen. Ich habe es gerochen. Ich weiß, wie sie schreien und heulen, wie sie zu Fackeln werden.

Ich habe mehr Angst, als guttut. Ich habe soviel Angst, als vonnöten ist, um zu überleben. Dies sind nicht die Zeiten des Heldentums.

Ich weiß nur eins: Ich will nicht brennen.

Ja, ich tue alles. Alles, Señores.

45

Es bleibt mir noch Zeit, mich zu sammeln, dann kommt er herein, das Haar vom Wind zerzaust, das Gesicht gerötet, aber nicht von einem seiner Zornausbrüche, sondern eher von freudiger Erwartung.

»Wir liegen gut vorm Wind. Dies Schiff ist zwar eine Kuh, aber eine, die man zwingen kann, sich wie ein Pferd zu benehmen. Komm von meiner Truhe herunter, zieh mir das Wams aus und mach kein Gesicht, als wenn dir ein Fabeltier über den Weg gelaufen wäre.«

»Euer Gnaden haben bisher nicht geruht, meiner Miene Beachtung zu schenken.«

»Das vermagst du nicht einzuschätzen, Pedro, denke ich. Nach dem Gespräch mit den beiden – Ehrenmännern –, da sehe ich schon genauer hin. Sie wollten die Seekarte von dir, habe ich recht?«

»Ja, Euer Gnaden.«

»Und? Hast du sie ihnen versprochen?«

Er wartet meine Antwort nicht ab, sondern nimmt den Schlüssel von seinem Hals, um den Tresor aufzusperren, und mechanisch überlege ich, wie ich dieses Dinges habhaft werden kann. »Leg deine sauertöpfische Miene ab und erledige deine Arbeiten, so, wie ich es dir erklärt habe. Erst das von gestern, dann das von heute. Ich arbeite vor. Himmel, Junge, wieso brauchst du so lange, eine Feder anzuspitzen? Nein, nicht die, gib mir die andere, ich arbeite nicht gern mit einer breiteren Feder, das müßtest du inzwischen doch wissen.«

Irgendwie erledige ich meine Aufgaben und sage mechanisch Sí Señor oder No Señor, wenn er mich etwas fragt. Es ist, als wäre ich gar nicht hier. Wie ein Leib ohne Seele, wie ein Gespenst, ein Wiedergänger, der tut, was man ihm aufträgt, ein Mensch aus Lehm, der auf Befehle reagiert. Die Flammen, die mich all die Wochen verfolgt haben, der Geruch verbrannten Fleisches, die Scheiterhaufen und die Schreie, die ich ganz unten hin verbannt hatte in den Schacht der Erinnerungen – sie sind wieder da. Und jetzt bin ich dran und zahle meinen Preis.

Der Rabbi Judah Marchadi, mein Vater – gesegnet sei das Andenken des Gerechten – hatte einmal gesagt: »In schlechten Zeiten ist eine große Nachfrage nach schlechten Menschen.«

Ich weiß, ich werde mich dazuzählen können.

46

Eine Katze hat sieben Leben, heißt es. Das habe ich so nachgebetet, bis zu dem Moment, als sie mir meine Katze mit Steinen erschlugen und dann über die Mauer in unseren Garten warfen. Die Katze hatte niemandem etwas getan. Es ging nur darum, daß es die Katze eines jüdischen Mädchens war. Da hatte sie eben ihr siebentes Leben auch ausgehaucht.

Irgendwie scheine ich mit diesen Tieren verwandt zu sein. Gestern dachte ich noch, daß ich nun mit meiner Katze gleichgezogen hätte und das siebente Leben an der Reihe wäre. Aber vielleicht war es nur das sechste, oder das fünfte.

Gestern war ich bereit, Kaddisch für mich selbst zu sagen. Heute halte ich schon wieder nach Lebensraum Ausschau, mag er auch noch so klein sein.

Allein die Tatsache, daß wir noch immer vor den Inseln kreuzen, daß also noch ein Tag, vielleicht zwei Tage gewonnen sein könnten, erfüllt mich mit Hoffnung. Noch bin ich da. Im Prediger heißt es: Ein lebendiger Hund ist besser denn ein toter Löwe. Aber am allerbesten wäre natürlich ein lebendiger Löwe.

Zumindest habe ich das Gefühl, daß die Lähmung, die mich angesichts der Gefahr befallen hatte, gewichen ist. Gut, man kann auf einem Schiff noch weniger davonlaufen als anderswo. Aber zwischen Davonlaufen und Dasitzen wie ein Lamm, das auf den Schlächter wartet, gibt es viele Abstufungen.

Ja, ich fühle mich wie ein Tier. Ein Tier, das man hetzt. Ein Tier, das darum kämpft, zu entkommen.

Die Geschichte setzt sich Stück für Stück zusammen. Was hatte mein dümmlicher »Freund« Alonso gesagt, als er mich für den Amulettklau auf Lateinisch anheuerte! »Die Sprache kann er nicht.« *Die* nicht, der Dolmetscher, klar. Das war sein erster Versuch, mich loszuwerden. Aber das war ja erst auf La Gomera fällig und wohl auch zu unsicher. Dann hat er irgendeinen vom

Schiffsvolk angeheuert – vielleicht noch so einen zitternden Converso wie er selbst – der mich in den nassen Tod stoßen sollte. Daß ich schwimmen konnte und mich retten, war Pech.

Gerechter Gott, was für eine Angst muß er haben, Luis de Torres, angeheuert, um in den jüdischen Königreichen in der richtigen Sprache zu verhandeln! Was für eine Angst, daß er einen kleinen Schiffsjungen über die Klinge springen läßt! Was haben sie mit ihm angestellt! Das muß ja noch schlimmer gewesen sein als das, was sie einer gewissen Esther Marchadi zufügen konnten.

Auf einmal weiß ich, zu wem auf diesem Schiff ich sprechen muß. Nicht zu ihm, zu dessen ozeanischen Augen ich vor Scham meinen Blick nicht mehr erheben kann, wie sehr ich es mir gewünscht hätte. Ach, so sehr. Nein, den dreifachen Mörder des Grumete Pedro, den Mann, der von ähnlicher Furcht gepeinigt wird wie ich – ihm muß ich mich anvertrauen, ihn muß ich dazu bringen, mich anzuhören. Zu ihm kann ich nun offen sein. Jetzt, wo alles vorbei ist für mich, wo die Hoffnung bis auf ein Quentchen geschrumpft ist. – Bis auf ein Quentchen ...

47

Ich finde ihn zu Beginn der zweiten Wache, als ich mit meiner Arbeit fertig bin. Er sitzt auf dem Achterkastell auf einer Kiste mit einem Buch auf den Knien, über das er hinwegsieht ins Leere, ohne zu lesen. Ich gucke ihm über die Schulter: Fremde Schriftzeichen, es muß Chaldäisch sein, eine Sprache, die ich nicht kenne.

»Gelobt sei der Herr, Señor Torres«, sage ich auf Hebräisch zu ihm.« Ich heiße Pedro. Warum wollt Ihr meinen Tod?«

Er fährt herum, und sein ohnehin blasses Gesicht scheint noch einen Schein bleicher zu werden im Schatten des Segels, in dem er sitzt.

»No entiendo nada«, – ich verstehe nichts! – sagt er auf Kastilisch. Seine Augen sind weit aufgerissen.

»Aber Señor, wie könnt Ihr die Sprache nicht verstehen, in der Ihr übersetzen sollt jenseits des Meeres?« frage ich und hocke mich auf den Boden vor ihm. Es ist hier sehr eng. Er kann nicht ohne weiteres aufspringen und davonlaufen, dazu müßte er mich erst beiseite schieben. »Ich rufe den Profos«, sagt er. »Ich lasse nicht zu, daß du mich belästigst. Verschwinde!«

Er hat sein Buch zugeklappt und umklammert es fest. »Señor Torres!« sage ich, immer weiter in unserer Muttersprache. »Bitte hört mich an; nicht einmal die Hälfte einer Sanduhr soll es dauern. Es war meine Schuld. Ich hätte mich Euch gleich anvertrauen sollen, nachdem ich Euch beten hörte. Ich hätte mich in Eure Hand begeben sollen – aber wahrscheinlich wäret Ihr so oder so nicht bereit gewesen, mich zu hören. Ich bin Esther Marchadi, die Tochter eines Rabbis aus Cordoba.«

Sein Mund verzerrt sich zu einem Lächeln. »Versuch nicht, mich hereinzulegen, Junge! Laß mich in Ruhe!«

»Ihr verlangt doch nicht wirklich, daß ich mich hier ausziehe und es beweise«, bemerke ich und muß lachen über uns beide, arme verängstigte Tiere, die nicht bereit sind, einander zu glauben. »Ich *kann* Euch nicht schaden, Señor Torres. Ich hätte Euch nie schaden können und wollte es nicht. Aber nun habt Ihr ja gründlich vorgesorgt. Spätestens übermorgen laufen wir Gomera an. Dann bin ich so oder so von Bord. Entweder klagt man mich als Ketzer an oder, falls es mir gelingt, Don Gutierrez zufrieden zu stellen, muß ich mit dem Grumete Alonso losziehen und etwas aus einer Kirche stehlen, wobei ich so unweigerlich erwischt werde, wie Ihr hier vor mir sitzt. Warum habt Ihr mir so viele Fallen gestellt, Señor? Hätte nicht eine genügt? Und warum mußtet Ihr mich auch noch über Bord werfen lassen?«

Er bewegt lautlos die Lippen. Schließlich murmelt er: »Das letzte hat sich nur so ergeben. Weil sie gehört hatten, daß du nicht schwimmen kannst ...«

»Es wäre ja auch das einfachste gewesen«, sage ich und nicke. »Und das schnellste. Die anderen Todesarten, die Ihr für mich ausgesucht habt, sind viel langsamer. Und viel qualvoller.«

Er sieht mich an. Seine Augen blicken starr. »Ich will doch nicht – alles was ich will, ist, dort drüben anzukommen.«

»Ganz das gleiche wollte ich auch, Señor.«

»Es reicht vollkommen, daß du dies Schiff verläßt ...«

»Das werde ich mit Sicherheit tun, Señor«, erwidere ich. »Dafür ist gesorgt. Ich schwöre beim Gott unserer Väter, daß ich nicht vorhatte, Euer Geheimnis preiszugeben. Es ist ja auch mein Geheimnis. Warum nur nahmt Ihr an, daß ich etwas gegen Euch bewirken könnte, ein kleiner Schiffsjunge gegen einen Mann wie Euch?«

»Ständig hockst du beim Admiral,« murmelt er. »Nie wußte man ...« Er bringt keinen Satz zu Ende. »Es stimmt, daß du eine Frau bist?«

»Nein«, sage ich und erhebe mich von meinen Fersen. »Das war nur ein Scherz. Ich bin gar nichts mehr. Ich bin jemand, der nicht mehr lange lebt. Bin ich der einzige, Señor Torres, der geopfert wird, damit Ihr Euch rettet? Oder waren da schon mehr?«

Er sagt nichts, sieht vor sich hin. Warum rede ich noch mit diesem Mann, was wollte ich eigentlich von ihm? Daß er sich schuldig fühlt? Das tut er doch ohnehin. Daß wir, beide Opfer, die wir sind, so etwas wie Brüderlichkeit verspüren? Er hat ja nur Angst, so lange, bis ich endlich fort bin. Irgendwo habe ich gedacht, daß wir zusammenhocken und uns unsere Geschichten erzählen würden. So etwas Lächerliches. Die Geschichten von Leuten, die sich verstecken, verbergen, verleugnen müssen, die auf der Flucht sind und gehetzt, gleichen einander wie ein Ei dem andern, sie sind entsetzlich langweilig.

»Ich wünsche Euch, daß Ihr es schafft, Señor Torres«, sage ich. »Und daß Ihr damit leben könnt, dort, wo Ihr ankommen werdet.«

Ich bekomme keine Antwort. Hab auch keine erwartet.

Vielleicht bleibt mir noch ein Ausweg.

Während ich zum Quartier der Passagiere gehe, komme ich mir vor wie ein Fuchs, dem man die Hunde in den Bau schickt und der von einem Ausgang zum anderen rast, nur um festzustellen, daß überall ein Jäger wartet.

Der Mayordomo der Herrschaften hört sich mit steinernem Gesicht an, was ich da vortrage: Ob ich den Señor Veedor Real in einer dringenden Angelegenheit sprechen könne? Dann verschwindet er nach drinnen.

Ich warte. Ich warte, wie mir scheint, endlos. Dann kommt der Mann heraus, schließt die Tür hinter sich und sagt: »Der Veedor Real ist weder heute noch zu einer anderen Stunde für dich zu sprechen, Junge. Ich soll dir noch ausrichten: Nun ist es zu spät.«

Ich schleiche mich fort mit hängendem Kopf. Habe ich etwas anderes erwartet? Wenn man merkt, daß ein Gaul vor dem fremden Karren läuft, welches Interesse sollte man daran haben, ihn vor Prügeln zu schützen? Der Veedor Real wird sich schon arrangieren mit seinen Gegnern. Pedro bleibt auf der Strecke. Pedro muß dran glauben.

48

Meinen Dienst in der Toldilla tue ich, so gut ich es vermag, und bin dabei so einsilbig, daß der Admiral mich fragt, was mit mir sei. Ich würde heute ja überhaupt nichts wissen wollen.

»Ich bin traurig, Euer Gnaden,« sage ich.

»Du bist launisch, Pedro«, korrigiert er mich. »Launisch wie ein Weibsbild. Ich denke, du trägst mir nach, daß ich dich hin und wieder fester anpacke. Das geschieht zu deinem Wohl.«

Das geschieht, weil Ihr Euch nicht beherrschen könnt, denke ich und sage nichts. Dabei zerbreche ich mir die ganze Zeit den Kopf, wie ich an die Schlüssel zum Tresor herankommen kann.

Schlüssel Nummer zwei steckt nun fast ständig im Schloß. Aber die Nummer eins hängt um den Hals von Cristobal Colon, und soweit ich das bemerkt habe, legt er ihn nur zum Schlafen ab – dann aber unters Kissen. Nur: Wann schläft der Admiral? Und wie soll ich es anstellen? Mich hier in die Kajüte einschleichen und abwarten, bis ... Es wird sowieso nichts daraus. Manchmal bin ich kurz davor, ihm die ganze Sache zu erzählen und ihn zu bitten, mir zu helfen. Sich etwas einfallen zu lassen. Gemeinsam mit mir Señor Gutierrez hinters Licht zu führen, vielleicht mit einer fingierten Karte, die wir zusammen anfertigen. Aber das ist natürlich alles Unsinn. Denn wozu soll er sich auf solche Scherze einlassen? Es ist, als wenn man einen Löwen ersuchen würde, mit einem Wollknäuel zu spielen.

In dieser Nacht finde ich keinen Schlafplatz. Es kommt mir so vor, als hätten sie sich alle verdoppelt und verdreifacht, diese stinkenden Kerle – oder habe ich nur so eine Abneigung dagegen, mich in ihre Nähe zu begeben?

Schließlich gehe ich zum Stundenglas. Mit dem Stundenglas war ich auf diesem Schiff zuerst vertraut, es hat mir geholfen, über den Wust und die Unordnung der ersten Tage an Bord hinwegzukommen und die Strecke, die vor mir liegt, einzuteilen, das Stundenglas ist fast ein Freund. Wahrscheinlich werden wir nun nicht mehr lange miteinander zu tun haben. Meine Zeit läuft ab, wie es aussieht. Ich sage dem höchst erstaunten Peon, der Wache hat, daß ich ihn freiwillig ablöse, und er haut sich natürlich gern irgendwo aufs Ohr – da, wo ich keinen Platz mehr für mich entdecken konnte. Im Morgengrauen, beim Geplärr der Wachablösung, finde ich eine Ecke, in der ich zusammenrutsche für ein Auge voll Schlaf. Und allzuviel sollte ich mir davon vielleicht auch gar nicht mehr leisten. Der Ratschlag des Admirals, mein Schlafbedürfnis einzuschränken, war goldrichtig. Wer keine lange Lebenserwartung mehr hat, der sollte seine Zeit nicht vergeuden.

49

Und dann sieht es so aus, als könnte ich Glück haben. Nein, das hat nichts mit dem Wirken des Herrn zu tun. Seit wann leistet der gerechte Gott einer Schurkerei Vorschub, wie ich sie zu begehen vorhabe? Da ist wohl diese launische Dame Fortuna im Spiel, die in dem vornehmen Singsang bei Hofe immer das Heft in der Hand hat.

Noch immer kreuzen wir herum, aber dies Gomera, das der Herr verfluchen möge, rückt immer näher. Und da befiehlt der Admiral ein Bad.

Mal ins Meer springen, weil es so warm ist, einverstanden. Aber ein Bad ist so gut wie Ketzerei. Man badet nicht, Baden gilt in christlichen Kreisen nicht als anständig. Daß sich Don Cristobal jeden Tag rasieren läßt, hat schon Aufsehen erregt. Er ist der einzige in dieser Flotte. Und nun das. Garcia muß ein Schaff Wasser wärmen, und irgendwo mittschiffs wird eine Bütte hinter einem Wandschirm aus Segeltuch aufgestellt und mit Meerwasser gefüllt.

Ich bin von Herzen froh, daß ich zu dieser Zeremonie nicht hinzugezogen werde – das hätte mir gerade noch gefehlt. Daß der Admiral da hinter seinem Schirm allein sein will, das versteht niemand so gut wie ich, der ich ihn kenne. Zumindest in gewisser Hinsicht.

Die Männer sind völlig aus dem Häuschen. Für sie ist der Zweck dieser Extravaganz völlig klar. Für mich übrigens auch. La Cazadora! »Er will sich zwischen ihre Laken legen, duftend wie ein persischer Garten!« lästern sie verzückt. Und: »Wenn er so gut im Bett ist, wie er segelt, dann kann man La Gobernadora nur beglückwünschen!«

Ich indessen habe keine andere Frage, als ob man mit einem Kruzifix und einem Schlüssel am Hals in die Wanne steigt. Es ist zumindest unwahrscheinlich. Jetzt oder nie.

Mein Admiral ist kaum in Richtung auf seinen Badezuber verschwunden, als ich schon in die Toldilla schlüpfe. Das ist für niemanden ungewöhnlich. Ich gehe dort ja zu den merkwürdigsten Zeiten aus und ein. Wer weiß, was er mir für einen Auftrag gegeben hat.

Schlüssel zwei steckt. Schlüssel eins liegt neben seinen Sachen auf dem Schemel. Er hängt an der Kette mit dem Kreuz und ist noch warm von seinem Körper. Gott möge mir verzeihen, daß ich den Mann verrate, den ich liebe.

Ich löse die Schlösser und öffne den Tresor. Bücher, Bücher. Gesiegelte Dokumente. Der Brief an den Großkhan. Die Empfehlungsschreiben. Sein persönliches Logbuch. Briefe. Briefe. Vereinbarungen mit der Unterschrift des großmächtigen Santangel. Die Karte des Toscanelli, dies durchaus illegale Dokument, kopiert aus den Archiven der portugiesischen Krone. Noch mehr Fälschungen – Briefe von Toscanelli an den Admiral, aber von seiner, Christoph Columbus' eigenen Hand. Keine Seekarte. Nichts. Gar nichts.

Es gibt keine geheime Seekarte. Es gibt keinen Seeweg in die jüdischen Königreiche.

Es ist alles Schwindel. Wir steuern Südsüdwest nur, um den Admiral ins Bett der Cazadora zu bringen. De Harana hat recht. Der Grund für diesen Kurs sind grüne Augen und schwarzes Haar.

Und ich bin verloren.

50

Tiefer kann sich keiner verkriechen, als ich mich verkrochen habe, unten in den Bauch des Schiffes, ins Dunkle, in den Dreck. Ich verkrieche mich mit meiner Scham und Schande – und mit meiner Wut. Und während ich hier liege in Brackwasser und teerigen Lachen, nimmt die Wut immer mehr überhand, sie packt mich wie ein Fieber, und ich muß mit den Fäusten gegen die Spanten trommeln und die Zähne aufeinanderpressen.

Der Aufschneider, der Schaumschläger, der windige Genuese, Don Fantástico! Hüllt sich in seine Geheimnisse, die keine sind, wirft mit angeberischen Phrasen um sich, Goldketten und Samtmäntel der Täuschung. Verkäufer von Hoffnungen? Verkäufer von Lügen! Der Admiral der Meerbarben und der künftige Gouverneur der Moskitos! Südsüdwest? Si Señor, es eilt ja nicht so nach da drüben – wer weiß, was da auf uns wartet. Bevor wir Indien finden und die jüdischen Fürstentümer, machen wir schnell einen kleinen Abstecher zu La Cazadora. Das macht doch was her, wenn man mit drei Schiffen ankommt. Den Rest erledigen wir übermorgen.

Mein Leben hat so oder so an dieser Seekarte gehangen. Und nun bin ich eine betrogene Betrügerin. Ans

Messer geliefert wie die Fische in Garcias unergründlichen Suppentopf.

Mühsam stehe ich auf. Es gibt keine Seekarte, meine Herren. Und sie werden mir nicht glauben. Natürlich werden sie mir nicht glauben. Sie werden denken, ich bin so stolz gewesen, wie ich gern sein möchte, und so treu, wie ich eigentlich sein wollte ... Dabei bin ich nur eine Diebin, die nichts zu stehlen gefunden hat.

Mir tun alle Knochen weh, als wär ich krank. Ich klettere über die Säcke und Fässer mit Ballast und Proviant ans Tageslicht und blinzele gegen die Sonne. Es kommt mir vor, als wenn ich Stunden da unten verbracht hätte. Dabei ist die Wache noch nicht einmal um.

»Wie siehst du denn aus«, sagt Chachu, der Maat, zu mir. »Als wenn du dich im Brackwasser rumgesuhlt hast. Wann ist dein Dienst?«

Ich zucke die Achseln. Immer. Gar nicht. Ist mir egal.

»Na, wenn du darauf so wenig Aufmerksamkeit verwendest, dann hast du ja bestimmt nichts dagegen, jetzt gleich was zu tun, statt auf der faulen Haut zu liegen. An der Proa ist ein Leck, wir pumpen. Geh zum Kalfaterer und hilf ihm beim Teeren. Du bist dünn, du paßt auch in Ecken, wo ausgewachsene Männer nicht hinkommen.«

Mir soll das nur recht sein. Da bin ich wenigstens wieder verkrochen. Die Arbeit ist schwer. Man kommt dabei nicht zum Denken.

51

Als ich am Nachmittag steifbeinig an Deck tapse, liegt die Insel vor uns, kreisrund, steil aufsteigend aus dem Meer. Ihre Strände, bevor das Grün der Wälder beginnt, sind schwarz wie die Hölle. Ich wußte nicht, daß es schwarzen Sand gibt.

Aber es paßt ganz genau zu meiner Verfassung. Nordöstlich steht eine weiße Wolke fast unbeweglich über der Silhouette der Berge.

Wir haben beigedreht. An Deck herrscht hektische Stimmung. Morgen laufen wir in den Hafen ein. Die Männer werden an Land gehen. Das letzte Mal vielleicht, bevor die große Reise zu den Ländern des Goldes losgeht, die Reise ins Ungewisse. Für 750 gezinkte Leguas nach Westen, was auch immer da sein mag.

Obgleich es noch früh ist, kreist schon der Bojito. Diese Wache wird gemächlich. Die *Niña* ankert in der Nähe, und die Männer, die hohlen Hände an den Mund gelegt, verabreden sich von Bord zu Bord für den Abend drauf. Ein paar sind schon hier gewesen und kennen die besten Hafenkneipen in San Sebastian.

Irgendwer hat ein paar Kastagnetten in seinem Seesack gehabt. Es geht hoch her mittschiffs. Die Stimme, die in der Nacht die Romanze gesungen hat, ist jetzt bei »Niñay viña«, einem Lied, auf dessen Text man besser nicht hört.

Jemand tippt mich auf die Schulter. Mein »Kumpan« Alonso. Den hatte ich doch fast vergessen.

»Sieh zu, daß du morgen abend keine Wache hast und dich bei deinem Genuesen entschuldigen kannst. Aber was rede ich denn – der hat ja morgen abend bestimmt was besseres zu tun.« Er macht die entsprechende Handbewegung. »Wir gehen von Bord, solange es hell ist. Dann zur Kirche de la Asunción. Und dann machen wir's.«

Ich schüttele den Kopf. »Nein«, sage ich. Ich hab mich, wenn ich denn schon die Wahl habe, für die zweite Art und Weise entschieden, umzukommen. Ehe ich mich als Räuber fassen lasse, von etwas, das es vielleicht gar nicht gibt, will ich es lieber so haben, wie mein Vater – der Herr bewahre das Andenken des Gerechten.

»Was heißt ›nein‹?« fragt Alonso begriffsstutzig.

»Nein heißt, daß ich's nicht mache«, erwidere ich müde. Ich will das hinter mich bringen. Ich will mich nicht auf diesen Schwachsinn einlassen. Amulette und lateinische Sprüche! Absurd.

»He –« sagt mein Mit-Grumete gedehnt, »ich fürchte, ich hab mich verhört. Du hast den Eid geschworen, Mozo, beim Leben deiner Mutter und der Heiligen Jungfrau. Hast du das vergessen?«

»Die Heiligen waren auch noch dabei«, ergänze ich. »Die Heiligen nicht zu vergessen!«

»Was bist du für ein Scheißkerl! Hat man so was schon gehört?«

»Hat man schon gehört, daß erpreßte Eide gelten?«

»Erpreßt? Daß ich nicht lache! Du wirst gleich mal merken, wie ›erpreßt‹ geht, du Stinker!«

Wir stehen gleich neben der Luke, und während er sich auf ein verschwörerisches Flüstern eingestimmt hat, antworte ich ganz normal. Jetzt erhebt er die Stimme: »He, Concho, komm doch mal her!« Hinten vom Rand der Popa erhebt sich der Peon, der mir das Faß auf den Fuß geworfen hat, und nähert sich langsam.

»Ist was nicht in Ordnung?« fragt er drohend.

»Das kann man wohl sagen!« empört sich Alonso. »Dies kleine Schwein hier will sein Versprechen nicht halten! Er ist widerborstig! Wie findest du das?«

»Unschön«, sagt Concho. »Furchtbar unschön. Da müssen wir wohl was unternehmen und ihn überreden.«

Er holt aus und will mich offenbar gegen das Schienbein treten, aber ich springe beiseite, und er taumelt, verliert das Gleichgewicht und fällt in die Luke. Genau in diesem Moment beginnt der »Sänger« aus der Besatzung das schöne Lied »Yo me soy la morenica«, ein Gassenhauer, der mit rhythmischem Händeklatschen begleitet wird, und das Gebrüll von Concho geht in dem

Krawall unter. Ich kann mir nicht helfen, ich muß lachen. Ich hab gar nichts gemacht, er ist wirklich von allein da runtergerauscht, aber es kommt mir vor wie in der Geschichte von David und Goliath.

»Na warte, jetzt bist du fällig!« sagt Alonso und krempelt sich die Ärmel auf, während sein Kumpan offenbar da unten nicht so schnell klarkommt, wie er möchte.

Während der Grumete noch mit den Augen Maß nimmt, schlägt meine Verzweiflung in Wut um, geht wie eine Welle über mich hin. Weglaufen kann ich ohnehin nicht. Also dann. Ich ducke mich, und eh Alonso es sich versieht, nehme ich Anlauf und renne ihm meinen Kopf in die Magengrube, als wenn ich ein Ziegenbock wäre. Er brüllt auf – laut genug, daß die Männer aufmerksam werden und ihr Lied abbrechen. Dann hat er mich gepackt. Ich bin bloß eine halbe Portion, und sie sind zu zweit, denn Concho hat sich gerappelt. Aber ich schlage um mich, beiße, kratze, trete. Die Schläge, die ich einstecken muß, spüre ich nicht. Ich bin gefühllos vor Wut.

»Die Grumetes prügeln sich! Bringt sie auseinander. Übergießt sie mit Wasser! Wo ist der Bootsmann! Wo ist der Alguacil!«

Wir wälzen uns inzwischen am Boden, und Concho steht offenbar über uns, springt rum und versucht mir, wo immer es geht, Tritte zu versetzen. Endlich bekommen sie uns zu packen und reißen uns auseinander, und während Alonso – ihm blutet die Nase – wilde Drohungen gegen mich ausstößt und der Peon irgendwas brüllt, fange ich an zu heulen. Ich heule Rotz und Wasser.

Endlich ist Diego de Harana zur Stelle. Als er mich in den haltenden Armen von zwei Peones sieht – der Ärmel meines Hemds ist halb ausgerissen, und auch sonst bin ich ziemlich beschädigt – tritt ein gewisser Glanz der Zufriedenheit in seine Augen.

»Eine Prügelei der Schiffsjungen und Peones! Und das kurz vor dem Landgang! Auf diesem Schiff geht es, wie mir scheint, allzu lässig her. Da trifft es sich gut, daß wir mal ein Exempel statuieren können. Bootsmann, alle Mann an Deck! Es gibt ein Castigo, eine Auspeitschung vor dem Mast. – Nein, ich will überhaupt nichts hören. Mir ist es ganz gleich, wer angefangen hat. Keine Unterschiede, gleiches Recht für alle, nicht wahr, meine Herren Seeleute?

Fangen wir mit dem Peon an. Concho Gonzalez, nicht wahr? Und dann steigern wir uns. Als zweiter Alonso Esposito. Pedro Fernandez heben wir uns bis zum Schluß auf. Der ist, wie wir wissen, was Besonderes. Euch dreien werden wir den Landgang versalzen!«

Die Mannschaft versammelt sich. Es ist ganz still geworden. Nur Concho, den sie am Mast festbinden, brüllt wie ein Stier, wehrt sich und versichert, er sei unschuldig. Sie reißen ihm das Hemd vom Leib.

Ich bin kurz davor, ohnmächtig zu werden.

Bevor zugeschlagen wird, betet man noch ein Vaterunser. Sie knien alle mit gesenkten Köpfen und murmeln die lateinischen Worte, die sie nicht verstehen, und auch Concho, angebunden, sagt gar nichts mehr, sondern heult nur leise. Er weiß, was auf ihn zukommt.

Dies ist der Augenblick, in dem der Admiral auf dem Achterkastell erscheint.

Ich weiß nicht, ob ich ihn zuerst sehe. Da wir beigedreht haben, hat er die abendliche Sonne im Rücken, und sein Schatten fällt lang über das Mittschiff. Ich sehe zu ihm auf, zu der großen, scharf umrissenen Silhouette vor der Helligkeit, und in all meinem Elend und meiner Angst stelle ich fest, daß er sein Barett trägt und einen seiner großartigen Mäntel, wenn auch nicht den aus Samt, und er sieht auf uns herab, und ich habe nur einen Gedanken: Wie schade, daß ich nicht noch einmal diese Augen sehen kann, bevor sie es mir antun.

Nach und nach merken es alle, daß er da steht. Ihr Gebet wird leiser, unsicherer, sie sehen zu ihm auf, geraten ins Stottern, aber er hat da oben die Hände um seinen Rosenkranz gefaltet und betet mit bis zum Amen. Dann bekreuzigt er sich, wie alle – und auf einmal ist er von seinem erhöhten Standpunkt herunter, wie ein Blitz, pflanzt sich vor de Harana auf und fragt scharf: »Was geht hier vor, Señor Alguacil?«

Ein Schwall von Reden stürzt auf ihn ein, aber mit einer herrischen Handbewegung befiehlt er Ruhe. »Ich habe den Profos gefragt und niemanden sonst. Wer hat euch erlaubt, von den Knien aufzustehen? Nieder! Redet, Don Diego!«

De Harana berichtet.

Ich kann Columbus' Gesicht im Profil sehen. Unter dem geschmückten Rand seiner Kopfbedeckung ist es ganz ruhig. Aber der Rosenkranz gleitet mit einem ziemlich unheiligen Tempo durch seine Finger.

Dann nickt er. »Ich billige Euer Vorgehen. Disziplin muß sein an Bord. Leider habt Ihr etwas vergessen. Bei Anwesenheit des Kommandierenden Offiziers an Bord dürfen Bestrafungen nur mit seiner Zustimmung vorgenommen werden. Auch hat er den Züchtigungen beizuwohnen. Ihr seid nur Ausführender, Señor. Der Kommandierende Offizier bin ich.«

Schweigen.

Der Profos blickt zu Boden und kaut an seiner Lippe. Er, der ja mit diesem Amt nicht vertraut ist, hat also einen Fehler gemacht. »Ich bitte um Verzeihung, Almirante«, hebt er an, aber der schneidet ihm das Wort ab. »Ich setzte dies Castigo bis zur nächsten Wache aus, damit die Männer über ihr Vergehen nachdenken und bereuen können. Das soll ihre Strafe empfindlicher machen. Der Grumete Pedro als mein Page untersteht allein meiner Gerichtsbarkeit. Ich werde ihn gesondert abstrafen.«

Er sieht sich in der Runde um, trifft auf gesenkte Blicke.

»Laßt ihn schon los«, sagt er ärgerlich und halblaut zu den beiden, die mich festhalten. Dann packt er mich am Hemd, wobei der Ärmel noch weiter ausreißt, und schleppt mich hinter sich her zur Toldilla, so wie jemand ein widerspenstiges Hündchen mitschleift. Hinter uns fällt die Tür zu, und von draußen hört man jetzt Alonso und Concho erneut schreien und fluchen und de Harana Befehle brüllen, die der Maat wiederholt.

Der Admiral nimmt mich bei den Schultern und rüttelt mich. »Stolto! Verflucht! Es gibt nichts, was du ausläßt, wie? Nichts als Schwierigkeiten machst du! Eine Schlägerei! Imbecile! Wenn der Alguacil gnädig ist, bleibt es beim Tau-Ende, sonst ist die Neunschwänzige dran!«

Ich sage gar nichts. Ich stehe da und zittere und heule, daß es mir aus der Nase läuft. Er hantiert herum, dreht mir den Rücken zu und sagt irgendwann: »Wenn man wieder mit dir reden kann, sagst du es mir, ja?«

Ich nicke, und dann reiße ich mir den Ärmel vollends ab, putze mir damit die Nase und wische mein Gesicht. Er mustert mich abschätzig.

»Hast du nichts anderes anzuziehen?«

»Doch«, sage ich. »Das, was ich anhatte, als ich ins Meer gestoßen wurde. Es hängt noch immer zum Trocknen am Gangspill.«

»Sehr wenig umsichtig für jemanden wie dich«, bemerkt er verärgert, und ich weiß nicht, was er damit sagen will. »Es ist ganz ausgeschlossen, daß du jetzt da hingehst – wie du aussiehst! Ich werde dich in der Toldilla behalten. Öffne meine Seekiste und nimm dir ein Hemd von mir. Nun mach schon.«

Ich öffne die Truhe und sehe hinein. Vor meinen Augen verschwimmt alles. Hemden entdecke ich nicht, nur den roten Samtmantel und ein seidenes Wams. Das will er sicher morgen beim Besuch im Gouverneurspalast anlegen.

»Weiter unten!« sagt er ungeduldig. Gehorsam krame ich mit zittrigen Fingern zwischen den Stoffen herum. Seide, Brokat, Samt. Dann etwas Eckiges und Glattes. Ich nehme es in die Hand. Es ist ein mehrfach gefaltetes Stück Pergament. Daneben liegen noch andere Schriften. Handgeschriebene Bücher.

»Was starrst du so?« fragt er. »Es ist die geheime Seekarte. Nur ein Idiot versteckt die Dinge da, wo sie jedermann suchen wird.«

Während ich gegen ein Schwindelgefühl ankämpfe, fährt er fort: »Leg das zurück und zieh dir endlich etwas an. Für die Mannschaften wärst du so ein gefundenes Fressen. Aber was mich angeht, mich kann das bißchen nicht entzücken.«

Ich sehe an mir herunter und bemerke erst jetzt, daß mit dem Ärmel zusammen auch die Seitennaht aufgerissen ist und mein ganzer Oberkörper seinen Blicken preisgegeben ist.

Er hat sich abgewendet.

53

Es ließ sich nicht vermeiden. Ich liege einmal wieder auf seinem Bett. Er hat mich aufgefangen und hingelegt, als ich umkippen wollte. Mein zerrissenes Hemd trage ich immer noch. Das andere muß irgendwo im Raum liegen. Aber der dreht sich um mich, wenn ich die Augen aufmache.

Als ich auf seinem Arm hing und er mich zwischen die Vorhänge seines Lagers bugsierte, habe ich gemurmelt: »Euer Gnaden wissen ...?«, und er, beinah heiter: »Meinst du, Röcke sind das einzige Merkmal, an dem ein Mann eine Frau erkennt?«

Und nun bin ich wieder Pedro. Ich bin sehr ungern Pedro, der verräterische Grumete, der seine Haut retten wollte, indem er vorhatte die Geheimnisse seines Herrn zu verraten.

Inzwischen geht es anderen an die Haut. Ich habe meine Finger in die Ohren gesteckt, aber ich höre das Schreien doch. Ich würde es auch durch hundert Lagen ungesponnener Wolle um meinen Kopf hören. Das Schreien und das Aufklatschen des Taus auf dem Körper.

Wie sie mich hassen werden! Ich fehle da draußen. Pedro, der Gnade vor Recht empfängt. Ein Bett statt einer Auspeitschung.

Der Admiral ist dort dabei, in seinem samtenen Mantel und mit den goldenen Ketten um den Hals, und wohnt dem Castigo bei als oberster Gerichtsherr seines Schiffes, und er wird nicht mit der Wimper zucken. Ich liege hier und klappere mit den Zähnen. Ich habe Angst vor dem Augenblick, wenn er wieder hereinkommt.

Draußen ist es still geworden. Dann stimmen sie ihr Salve Regina an, noch mißtönender als sonst. Die Stimmung für andere Lieder wird ihnen wohl vergangen sein. Keiner singt mehr: »Yo me soy la morenica.« Schritte vor der Tür, aber so geht er nicht. Ich liege so still, wie ich lag, als die Herren Gutierrez und De Harana sich hier drin zu schaffen machten. Ich beiße die Zähne fest aufeinander, damit ich aufhöre mit diesem sinnlosen Geschnatter und Geklapper, und mache die Augen fest zu. Dann höre ich die sanfte tiefe Stimme von Maestre Bernal: »Unser Herr Admiral war der Meinung, daß ich mich um dich kümmern sollte, Pedro.«

Der Arzt öffnet die Vorhänge des Bettes und sieht mich forschend an.

»Es gibt andere an Bord, die Eure Hilfe vielleicht dringender brauchen als ich, Maestre,« sage ich und bin zunächst einmal ungeheuer erleichtert, daß er es ist und niemand anderes.

»Die sind versorgt, soweit die Gesetze zulassen, daß ein Gezüchtigter versorgt wird«, erwidert er.

»Ich bin die elendste Person auf diesem Schiff«, sage ich, und er: »O Pedro, ich glaube, das ist ganz und gar nicht der Fall.« Er öffnet seinen ledernen Koffer, holt Leinen und Salbentiegel heraus.

Ich richte mich auf und presse die Handflächen fest neben mich auf das Bett. »Nein. Nein, ganz bestimmt nicht«, sage ich hastig. »Mir fehlt nichts. Ich bin gesund, Maestre. Mehr der Schreck als alles andere. Ein paar Kratzer, die von allein heilen.«

Aber er läßt sich nicht beirren. »Es ist mir befohlen worden«, entgegnet er ruhig. »Hab keine Angst. Ich weiß es.«

Ich lasse mich zurückfallen. »Wo ist er?« frage ich mit geschlossenen Augen.

»Eine Schaluppe ist längsseits gekommen mit Nachrichten für den Admiral«, höre ich ihn sagen. »Er läßt sich noch heute nach San Sebastian bringen.«

»Ach«, sage ich. »Ach so.« Er redet weiter: »Es heißt, daß die Gouverneurin zu einer Inspektionsreise auf den anderen Inseln unterwegs ist und nicht vor einer Woche zurückerwartet wird. Der Admiral will in der Iglesia de la Asuncion beten.« Und er fügt hinzu: »Es ist also durchaus nicht angebracht, »ach« und »ach so« zu rufen. Aber du würdest mir meine Arbeit erleichtern, wenn du dich wieder aufsetzen und dein Hemd ausziehen würdest.«

Ich folge schweigend seinen Anweisungen, und er tupft vorsichtig an mir herum, legt dort eine Kompresse auf, streicht da eine Salbe. Ich habe eine Gänsehaut am ganzen Körper, beginne wieder mit den Zähnen zu klappern. »Nun, nun«, sagt er begütigend. »Es ist nicht so schlimm. Du hast, kaum zu glauben, in diesem Kampf mehr ausgeteilt als hingenommen.«

O ja, denke ich. Vor allem habe ich zwei Männer unters Tau an den Mast gebracht. Sehr heldenhaft. »Ich gehe zu Garcia und mische mit seiner Hilfe für dich noch einen Trank. Der hilft dir, Angst und Schrecken zu besiegen. Das ist der einzige Sieg, den du heute noch davontragen mußt. Sonst gibt es keine Kämpfe mehr. Hast du verstanden?«

Ich nicke. Seine Güte tut mir wohl und quält mich zugleich. »Zieh dich an«, fährt er fort. Er betrachtet die Fetzen meines Hemdes. »Aber nein, das geht nicht. Du solltest, glaube ich ... ja, hier. Ich helfe dir, das anzulegen.« Don Cristobals Hemd ist aus feinster burgundischer Leinwand gemacht, gefältelt und mit Borten besetzt und rutscht mir, da es nach italienischer Manier am Hals weit ausgeschnitten ist, sofort von der Schulter. Ich muß seitlich einen Knoten machen. Es liegt so kühl und weich auf meiner Haut, wie es die Kleidungsstücke taten, die ich trug, als ich noch in Cordoba wohnte, in einem anderen Leben.

»Ich lasse dich jetzt kurz allein«, sagt Bernal, »und komme mit dem Trank zurück. Sei ohne Furcht. Niemand wird dich hier aufsuchen. Es wurde strengster Befehl gegeben. Ich bin gleich wieder bei dir.«

Er geht hinaus, und fast gleichzeitig mit seinem Weggehen höre ich die Kommandos, die Pfeife des Maats, das mir vertraute Hin und Her an Bord. Der Admiral verläßt das Schiff. Sicher ist es draußen noch hell, aber hier drin, in dem kleinen Raum mit den drei winzigen Fenstern und hinter den Vorhängen dieses Bettes, herrscht schon Dämmerung. Die Nacht wird jäh kommen. Sie werden die Fackeln entzünden, und die Schaluppe wird auf den Hafen zugleiten wie ein geschmücktes Kleinod.

Der Arzt kommt zurück, in seinen Händen einen Krug mit einer dampfenden Mixtur. »Du mußt das in kleinen Schlucken trinken«, ordnet er an. »Danach lege dich zurück, streck dich ganz aus und versuche so zu atmen, als wäre die Luft der Odem des Herrn, den du einsaugen und zurückgeben mußt. Du wirst sehr bald schlafen. Du mußt dich vor nichts fürchten, aber wenn du es möchtest, bleibe ich heute nacht hier bei dir.«

»Das wird nicht nötig sein, Maestre«, sage ich und schlucke den aromatischen Trank. »Was ist das?«

»Nur Kräuter«, erwidert er. »Nichts, wovor es dich ekeln müßte oder was deine Lebensvorschriften verletzt«. Er drückt es sehr weise und vorsichtig aus.

»Ihr versteht Euch auf Tränke und Salben«, sage ich. »Ich wollte, ich könnte diese Künste bei Euch lernen.«

Er lächelt. »Es ist wahr, daß sie nicht vielen bekannt sind. Sie werden auch nicht an den medizinischen Fakultäten von Kastilien oder Paris gelehrt. Ich habe im maurischen Granada studiert.« Er zögert einen Moment, dann fährt er fort: »Man muß sich die Personen, bei denen man diese Arzneien anwendet, sehr genau ansehen. Allzu schnell ist man der Zauberei verdächtig, weißt du.«

Er nimmt mir den leeren Krug ab, fragt, ob ich ein Licht wünsche, und als ich verneine, schließt er die Bettvorhänge.

»Folge meinen Anweisungen«, sagt er. »Lege deine Hände neben dich, als wäre dies Bett ein Stück kühlende Erde. Liege mit deinem ganzen Körper, fühle, wie dich das Schiff wiegt. Atme, Atem ist ein Geschenk des Herren, der Himmel und Erde gemacht hat. Der Herr segne und behüte dich, mi hija. Du wirst schlafen.«

54

Mi hija. Meine Tochter, hat er mich genannt, und ich hab es in meinen Schlaf mit hinübergenommen, als wäre es eine Perle auf einer Kette anderer Perlen. Aber in den Labyrinthen meiner Träume ist es schwerer und schwerer geworden wie der

Wunderstein im Märchen, der unversehens wächst und plötzlich als ein Fels auf deinen Schultern ruht.

Mi hija! Meine Tochter. Und dann ist es geschehen. Der Felsbrocken läßt die unsicheren Füße meiner Erinnerung straucheln, und da ist der Abgrund, in den sie hineinstürzt. Es ist alles, alles wieder da.

»Cobre ánimo, mi hija!« Sei mutig, meine Tochter. Das waren seine letzten Worte an mich, ich stand auf der Galerie unseres Hauses. Er hatte es auf Kastilisch gesagt, nicht in unserer Sprache, damit sie es verstehen sollten. Es bedeutete, daß er selbst mutig war.

Es muß jetzt die gleiche Stunde sein wie damals, als sie ihn holten. Zur Morgendämmerung. Sie holten die Leute immer zu der Zeit, wo man am tiefsten schläft. In den allerfrühesten Morgenstunden.

Wir wußten, daß es geschehen würde, früher oder später. Wir wußten nur nicht, daß »früher« so früh war.

Es war das Übliche. Einer hatte ihn auf der Folter denunziert. Sie liebten ihn sehr in der Alhama, denn er war weise und mildtätig, und niemand wollte ihm Übles. Aber auf der Folter sagt man alles, und wenn man nicht weiter weiß, kommt einem irgendein Name über die Lippen und man spricht ihn aus.

Nun also hieß es, er habe Hostien bespien und bei einer Sabbathfeier ein Christenkind ans Kreuz geschlagen. Mein Vater! Das mit dem Christenkind war demjenigen offenbar eingefallen, weil Rabbi Judah eine kleine christliche Waise aufgenommen hatte und sie vor dem Tod bewahrte. Als das Kind größer war und er sicher sein konnte, daß es am Leben bleiben würde, hatte er es den Behörden übergeben, damit es in katholischem Glauben erzogen würde.

Es gab keine Rettung. Angezeigt war so gut wie tot.

Ich wußte, daß mein Vater erwartete, daß ich sofort weggehen würde, falls man ihn verhaftete. Ich sollte mich und einen Teil unseres Vermögens retten und zunächst nach Segovia zu unseren Verwandten gehen, danach ins Ausland. Aber ich war ihm nicht gehorsam. Ich blieb da.

Tag für Tag ging ich zur Casa Santa, zum Haus des Heiligen Tribunals, wo die Folterkeller der Inquisition waren.

Dort versammelten sich Angehörige der Gefangenen. Wenn ein Ketzer bekannt hatte oder jemand seinen Glauben abgeschworen, wurden die Angehörigen manchmal zugelassen, um ihn mit Essen und Trinken zu versorgen bis zur Stunde seines Todes, damit die Santa Hermandad die Kosten sparte. Die Tochter Rabbi Judahs wurde nicht zugelassen. Mein Vater bekannte nichts.

Man trachtete danach, die hohen Feste, gleich ob sie kirchlicher oder weltlicher Art waren, mit einem Autodafé, einer Ketzerverbrennung, zu krönen. In Cordoba war es in diesem Jahr 1492 der 6. Januar, das Hochfest der Erscheinung des Herren als Erleuchter der Heiden und Bringer der Liebe Gottes in die Finsternis der Welt, das dazu auserwählt wurde, dem Volk dies Schauspiel zu bieten.

Ich hatte nichts, gar nichts von dem getan, was mein Vater mir aufgetragen hatte. Ich war eine sehr ungehorsame Tochter gewesen. Ich hätte längst fort sein müssen, und die Schlüssel unseres Hauses hätte ich redlichen Conversos aus der Innenstadt übergeben sollen, damit sie in Sicherheit brächten, was zu retten war. Statt dessen war ich immer und immer wieder nur zur Casa Santa gelaufen.

Ich wußte, daß es der Brauch war, nach einem Autodafé die Häuser der Verbrannten zu stürmen und zu plündern, was nicht schon von der Kirche beschlagnahmt und eingezogen war. Meist blieb es nicht dabei. Ein paar umliegende Häuser fielen dem Volkszorn gleich mit zum Opfer, und die Angehörigen der Ketzer taten auch besser daran, sich unsichtbar zu machen.

Am 5. Januar wurden auf dem Platz vor einer der Kirchen die Scheiterhaufen errichtet, und freudig trugen die Leute Reislein herbei. Es hieß, wer ein Reis zum Scheiterhaufen eines Juden oder Ketzers beigetragen habe, hätte schon fünf Jahre Erlaß seiner Sünden gewonnen.

Ich saß in dem halbleeren Haus, aus dem die Bruderschaft, die Santa Hermandad, bereits im Namen des Tribunals alles herausgeholt hatte, was von Wert war. Dies Haus würde brennen, so wie vorher der Holzstoß gebrannt hatte. Cobre ánimo, mi hija.

Am Morgen des 6., noch bevor die Glocken zur Frühmesse riefen, zog ich die Sachen unseres einstigen Stallburschen an, der schon lange auf und davon gelaufen war, gleich als es als verächtlich galt, bei einem Ungläubigen zu arbeiten. Dann ging ich auf den Platz. Ich wollte ihn noch einmal sehen, meinen Vater.

Ich stellte mich an der Straße auf, durch die die Verurteilten zum Tode geführt wurden. Es waren viele. Alle trugen sie das weiße Büßerhemd mit den aufgemalten Flammenzeichen und die hohe Mütze. Rabbi Judah kam ganz zuletzt. Er wurde von zwei Mitverurteilten geführt, weil er nicht mehr laufen konnte. Er hatte nichts bekannt. Er hatte nicht abgeschworen. Ich erblickte ihn. Er jedoch konnte mich nicht sehen. Sie hatten ihm die Augen ausgestochen.

Ich wollte dann fort, aber das ging nicht. Der Sog der Menge riß mich mit sich zum Platz und ließ mich nicht mehr frei, er wirbelte mich direkt nach vorn, dahin, wo man schon die Hitze des Feuers spüren konnte. Es wehte ein guter Wind. Sie konnten nicht vorher im Qualm ersticken. Sie brannten bis zuletzt. Ich sah sie brennen. Ich hörte sie schreien.

Wie ich wieder zu unserem Haus gekommen bin, weiß ich nicht. Sie mußten mir dicht auf den Fersen gewesen sein. Ich hörte schon, wie in unserer Straße Türen eingeschlagen wurden, Geschirr zu Bruch ging, wie Kinder weinten und Erwachsene brüllten.

In ein Tuch raffte ich den seidenen Gebetsmantel des Rabbi Judah und seine Tefillin, die Riemen, mit denen der fromme Jude Haupt und Arm gürtet zum Gebet und sich wappnet mit dem Wort der Schrift. Dann ging ich in die Küche, in der das Feuer des Herdes noch schwelte, um auch ein Reislein beizutragen zum Autodafé. Ich nahm einen Kienspan, entzündete ihn und ging in unsere Bibliothek. Sie hatten die Bücher stehenlassen, soweit sie nicht mit Gold oder Silber verziert waren oder kostbare Illustrationen hatten. Bevor der Mob da war, hatte ich mein Werk getan. Die Bibliothek brannte. Bücher brennen noch besser als Menschen.

Ich entkam durch den Hinterausgang.

Den Gebetsmantel verlor ich unterwegs. Als es Abend wurde, kam ich an einen Weingarten, der mir geeignet schien. Mit meinen bloßen Händen grub ich ein Loch in den Boden und legte die Tefillin meines Vaters hinein. Ich wollte damit diesen Tag begraben. Das Erinnern daran. Ich wollte weiterleben. Ich vergrub die Tefillin und betete an der Stelle, sagte das Kaddisch für meinen Vater.

Dann stand ich auf und ging fort. Es hat geholfen. Bis zur heutigen Stunde. Denn wie kann man leben mit der Erinnerung an so einen Tag?

55

Durch die Fenster der Toldilla dringt helles Morgenlicht. Auf der *Santa Maria* ist Wachwechsel. Ich liege im Bett des Admirals auf den Knien, habe den Kopf in meine Fäuste gepreßt und schaukle mich hin und her. Mein Schmerz hat sich gleichsam vom Herzen her durch meinen ganzen Körper verteilt. Er zwickt mich im Bauch. Ich muß mich krümmen. Ich wollte, ich wüßte die Sprüche, mit der meine Marta mir die Kinderschmerzen weggeredet hat. Aber die helfen sicher auch nur, wenn man daran glaubt.

Und plötzlich fühle ich, daß etwas an meinen Beinen herunterrieselt. Ich blute wieder. In dem Moment, als ich es sehe, sind keine Schmerzen mehr da. Es ist nichts. Nichts besonderes. Gott behüte, kein Omen, nichts von Bedeutung. Mein Körper zeigt mir nur an, daß er da ist und bereit ist, zu leben. Und ich habe jetzt weiter nichts zu tun, als aus diesem Bett zu steigen, damit es hier nicht aussieht wie nach dem Hühnerschlachten, und mir aus der Truhe Cristobal Colons – das ist nun auch egal – außer dem Hemd, das ich schon trage, auch noch Leinzeug zu holen.

Zur Zeit der Mittagswache etwa müssen wir in den Port von San Sebastian einlaufen. Ich höre die Kommandos. Garcia steckt irgendwann mal den Kopf herein und fragt, ob ich was essen will, aber ich will nicht. Ich verlasse den Raum nicht.

Bald danach höre ich, daß der Admiral wieder an Bord kommt. Offenbar hat er sich ausgebetet. Ich erwarte ihn hier. Ich weiß jetzt, wie es weitergehn muß.

Draußen ist, wie ich höre, Offiziersbesprechung. Auch die Herren von der *Niña* sind dazugebeten worden. Don Cristobal hat in San Sebastian von einem Küstensegler erfahren, daß die *Pinta* auf der Werft von Gran Canaria nicht angekommen ist, und ist beunruhigt. Selbst unter den Bedingungen der Havarie müßte die Karavelle spätestens gestern in La Palma eingelaufen sein, sie hatte ja eine viel kürzere Strecke zurückzulegen als die beiden anderen Schiffe.

»Ich werde nach dem Rechten sehen«, höre ich ihn sagen. »Es gefällt mir nicht, daß Kapitän Pinzon so lange ausbleibt. Es gefällt mir ganz und gar nicht. Nein, Don Yañez, ich habe kein Bedürfnis, von Euch eine Verteidigung Eures Bruders zu hören. In Canaria soll ein anderes Schiff liegen, ein Nao, das sehr robust sein soll und schon bis zu den Kapverden gefahren ist. Wahrscheinlich werde ich es mieten.«

Und dann endlich kommt er. Sein Blick geht gleichgültig, wie mir scheint, über mich weg, aber soviel Aufmerksamkeit muß er mir schon noch widmen, nach dem allen. Ganz gewiß bin ich nicht so wichtig wie die *Pinta*. Aber in dem Augenblick, als er mich an meinem zerfetzten Hemdsärmel in seine Toldilla gezogen hat, weg vom sicheren Untergang, hat er etwas angefangen. Das muß nun zu Ende gebracht werden.

Ich tue, was ich mir vorgenommen habe. Ich lasse mich auf die Knie nieder vor ihm, beuge den Kopf und sage: »Señor el Almirante, ich erbitte von Euch eine Gnade.«

»Eine Gnade?« Er lacht auf, ohne mich anzusehen. »Ich denke, davon habe ich dir schon genügend bewiesen.«

»Eine letzte Gnade«, korrigiere ich mich. »Laßt mich auf den Inseln von Bord gehen.«

Er schweigt, während er sich die Handschuhe auszieht und dabei in dem kleinen Raum auf und ab geht.

Dann sagt er leise: »Ich hatte bisher nicht viel Zeit, darüber nachzudenken, aber wahrscheinlich ist es richtig, Pedro. Du hast dir den Haß einer ganzen Schiffsbesatzung auf den Hals geholt, indem du einer Strafe entzogen wurdest, die andere traf. Ich habe lange genug auf Schiffen gelebt. Eines Tages oder nachts kriegen sie dich. Und ich kann dich weder jeden Abend in der Toldilla beherbergen, noch dir für die Dauer der Reise einen Leibwächter stellen. Ich würde es nicht wollen, daß man dir auf der *Santa Maria* etwas antut – schon gar nicht das, was dir geschehen wird, wenn sie entdecken, wer du bist.«

Ich spüre, wie mir die Tränen in die Augen schießen, und presse die Lippen zusammen. Nicht heulen. Das ist nicht die Zeit dafür. Ich stehe auf und ziehe die Bettvorhänge zurück. »Es ist auch deswegen«, sage ich.

Das beeindruckt ihn nicht sonderlich.

»Nimm irgend etwas als Ballast«, ordnet er sachlich an, »wickle das Laken darum und wirf es über Bord, damit es nicht heißt, der Admiral habe zu allem anderen seinem Grumete auch noch widernatürliche Gewalt angetan.«

Er sieht mich an. »Dauert dieser – dieser Vorgang bei dir lange und ist er sehr heftig?«

Ich schlucke und erwidere seinen Blick.

»Oder willst du sagen, daß du zum ersten Mal –«. Er bricht ab. Was soll ich ihm erklären? Plötzlich errötet er, und ich fühle, daß auch mir das Blut in die Wangen steigt.

Er dreht sich weg.

»Mir steht ein Schnellsegler im Bereich der Inseln zur Verfügung«, sagt er. »Ich schiffe mich noch heute nach Canaria ein, und du wirst mich begleiten. Ich habe einiges zu diktieren und zu zeichnen. Dazu brauche ich dich. Es wurde schon Befehl gegeben, meine Truhen zu verladen.«

»Wie soll ich Euer Gnaden danken?« frage ich leise, und er, schnell: »Nun, darüber wird zu befinden sein.« Er sieht an mir vorbei.

»Ich habe auch noch ein Geständnis abzulegen.«

Er macht eine ungeduldige, scheuchende Bewegung. »Jaja, und tausend Fragen zu stellen. Schon gut. Ich habe noch etwas anderes im Kopf als deine Fragen und Geständnisse, Pedro, kannst du das begreifen?«

Ich nicke stumm. Das weiß ich nur zu gut.

»Bist du bereit? Ich lasse mich zu dem Segler hinüberrudern.« Ich hole Luft zu einer Entgegnung, und er fällt mir ins Wort: »Nein, du wirst nichts holen, und du wirst hier keinem Lebewohl sagen. Und du wirst diesen Raum nur mit mir an der Seite verlassen. Ist das klar?«

Und wieder kann ich nur nicken.

»Hilf mir«, sagt er im gewöhnlichen Ton, »was stehst du herum? Gib mir den anderen Mantel und die Kette. Pack das Schreibzeug ein. Hier in den Seesack. Und tu nicht so, als wenn dir jemand was getan hätte. Es hat dir eben überhaupt keiner was getan. Das ist das Entscheidende, Pedro. Und so soll es auch bleiben.«

»Ja, Señor.«

Er atmet tief durch. »Ich hoffe, daß ich diese Hyäne Gutierrez auf den Inseln loswerde. Und ein paar andere auch. Bist du so weit? Dann komm.«

Und so gehe ich von Bord der *Santa Maria*, ohne von irgendeinem Abschied zu nehmen, und begebe mich unter den Blicken der Mannschaft, die heute abend nun endlich zu ihrem verdienten Landurlaub kommen wird, zum Fallreep. Ich bin mit dem Seesack bepackt und tapse hinter meinem stattlichen Admiral her, eine lädierte Gestalt in einem verknoteten Hemd aus Burgunderleinwand, dessen Ärmel ich dreimal umkrempeln muß, damit meine Fingerspitzen rausgucken.

Eine lächerliche Figur, ein Tölpel, der einem Granden folgt.

56

Wechselwinde, Flaute, leichte Brise – wir schlendern so dahin. Ein Reisetempo, das den Vorstellungen von Don Cristobal in keiner Weise entspricht. Auf dieser Tour ostwärts zum Hafen La Palma werde ich kaum eines Wortes gewürdigt und gewinne ein tiefes Gefühl meiner eigenen Überflüssigkeit. Kein Gedanke an Schreibarbeiten, ganz zu schweigen davon, daß man miteinander redet. Aber zumindest muß ich mich nicht immerzu fürchten.

Hier gibt es keine Kajüte, sondern ein luftiges Zelt auf

der Popa, in dem sich der Admiral samt seinen Seekisten und Instrumenten aufhält, falls er es nicht vorzieht, dem Kapitän zu erklären, wie man zu segeln hat.

Ich habe meinen Platz davor auf einer Matte, die die aufmerksame und höfliche Mannschaft dem Pagen des Seefahrers zur Verfügung gestellt hat, und schlafe so gut wie nie in den zehn Tagen unserer Überfahrt – außer natürlich, wenn ich hinter den weißen Vorhängen lag.

Was er mit mir vorhat, wann er den Käfig aufmacht und den Vogel fliegen läßt und unter welchen Umständen, das weiß Gott der Herr allein. Ich für mein Teil habe fest vor, ihm meinen Verrat zu gestehen, bevor wir uns trennen. Man muß nicht alles mitnehmen. Man kann seine Sünden auch in die Wüste schicken. Vielleicht läßt sich dann leben.

Zu tun habe ich kaum etwas. Ich serviere ihm seine Mahlzeiten, die mir der Despensero gibt, aber er läßt sich nicht bedienen, sondern winkt mich weg, ohne mich anzusehen. Und daran tut er ja bestimmt auch recht, denn ich würde mich auch nicht ansehen. Selbst wenn ich einen Spiegel hätte.

Immerhin hat es hier jemanden gegeben, der so klein wie ich ist, und so trage ich nun dank der Anordnung meines Herren wieder die normalen Hosen und das normale grobe Hemd eines Schiffers, und sogar die Taue habe ich mir um die Taille geschlungen. Man kann ja nie wissen, wozu man sie braucht.

Im Hafen von La Palma fegt er von Bord wie ein Wirbelsturm und zur Werft und zu jeder Hafenecke, nur um festzustellen, daß es da keine *Pinta* gibt, aber auch kein Schiff, das man mieten kann, und das Schiff der Gobernadora ist nach Aussage der Hafenmeister auch gerade gestern ausgelaufen in Richtung Lanzarote. Mißerfolg auf der ganzen Strecke, und die Stimmung ist dementsprechend. Eigentlich brauchte er jetzt doch nur eine Handbewegung machen und sagen: »Gott befohlen, Pedro, das war's. Laß es dir gut gehen ...« Aber das tut er nun auch nicht.

Aber dann – Gottes Wunder! – trudelt doch tatsächlich die schwer angeschlagene *Pinta* ins Hafenbecken, und obwohl der Admiral dem Kapitän Pinzon jede Art von Unbotmäßigkeit, Tücke und Sabotage zu unterstellen bereit ist und schon fast annahm, daß Don Martin allein losgesegelt war, die fabelhaften Goldländer zu entdecken, ist es eben doch nur ein zerbrochenes Ruder und sind es widrige Windverhältnisse. Und wir haben unsere *Pinta* wieder.

An diesem Abend werde ich ins Zelt befohlen, wichtige Briefe auszufertigen, die nach Kastilien zurückgehen werden. Der an den Sohn Diego schmort ja auch immer noch irgendwo. Aber nun ist es erst mal Staatspost, vor allem Berichte an Santangel, die ich unglaublich verlogen und geschminkt finde. Aber das geht mich ja nun wirklich nichts an.

Durch das Zelt, das wir auf diesem Segler bewohnen, geht der Wind, anders als in der stickigen Hütte der *Santa Maria*. Die Wachslichter flackern und drohen zu erlöschen, der Admiral befiehlt Hornlaternen, in deren ungewissem Licht ich weiterschreibe, so gut es geht. Wie merkwürdig das ist, daß wir selbst hier, wo es ein leichtes wäre, in der Stadt Quartier zu machen, auf einem Schiff übernachten ...

Als wir mit unserer Arbeit fertig sind, lehnt sich Don Cristobal zurück, streckt die Beine aus und verschränkt die Hände hinterm Kopf.

»Ich bin mit dir zufrieden, Pedro«, sagt er. »Ich werde dich vermissen. Ja, wirklich.«

»Wann gedenken Euer Gnaden mich von Bord zu schicken?« frage ich mit angehaltenem Atem.

Er zuckt die Achseln. »Morgen, übermorgen, den Tag darauf«, erwidert er unbestimmt. Wir sind still. Die kleinen Wellen des Hafenbeckens klatschen träge gegen die

Schiffswand. »Wie heißt das Lied?« fragt er. »Wohin gehst du, ungetröstet?«

»Ich wußte nicht, daß Euer Gnaden es überhaupt wahrgenommen hatten, als ich Euch sagte, man hätte mich von Bord ...«

»Ich nehme mehr wahr, als den meisten lieb ist, Pedro.« Er hat die Augen geschlossen.

Das ist meine Stunde. »Ich werde nicht gehen, ohne Euer Gnaden Verzeihung erlangt zu haben, für das, was ich tun wollte«, sage ich ernst.

»Was hast du denn Entsetzliches vorgehabt?« fragt er ruhig. »Wolltest du meine geheime Seekarte dem Feind ausliefern?«

»Wenn Don Gutierrez und der Alguacil die Feinde sind, Señor, dann wollte ich das allerdings«, antworte ich, gefaßt in Erwartung des Sturmes, der über mich hereinbrechen wird.

Einen Moment geschieht gar nichts. Dann sagt er: »Aber Pedro, warum sagst du mir das? Ich wußte es ohnehin.«

Ich habe das Gefühl, als wenn mir jemand auf den Magen geschlagen hätte. Ich ringe nach Luft. »Wie meinen Euer Gnaden das?« frage ich mühsam. »Habt Ihr mich von vornherein als einen Verräter angesehen?«

Er steht auf und geht seiner Gewohnheit gemäß hin und her. »Das ist lästig«, sagt er. »Ich war so ruhig. Jetzt kommst du mit deinen Geschichten daher und zwingst mich. – Nun gut, sei's drum: Ich bin, wie du wohl weißt, Genuese. Sie hauen es mir ja oft genug um die Ohren, als wenn es ein Makel wäre, aus einer Stadt zu stammen, wo man sich auf seinen Vorteil versteht. Ich begreife, daß man sich mit der Welt arrangieren muß. Wenn jemand so bedroht ist wie du, Pedro, muß er versuchen, seine Rettung zu finden. Irgend jemand hat dich denunziert auf der *Santa Maria*, nehme ich an. Ich will nicht wissen, wer. Du hast versucht, zu entkommen. Ich dachte mir das. Darum waren die Dokumente nicht mehr im Tresor.«

Ich stehe vor ihm, die Fäuste geballt. »So war das alles ein Spiel? Ihr habt mich ins offene Messer laufen lassen, mit dem Schlüssel, den ich nahm, als Ihr im Bad wart, mit –« meine Stimme überschlägt sich.

»Pedro, he, Pedro!« sagt er begütigend. »Auf diese Weise warst du in Sicherheit. Du hättest nichts gefunden. Alles, was da noch hätte kommen können, hätte ich verhindert. Es gibt auf Las Canarias keine Santa Hermandad, und die Frau, die hier das Sagen hat, haßt die Bruderschaft, mit gutem Grund. Also sei friedlich. Du wärst mit mir gefahren bis zu den jüdischen Königreichen, wenn du nicht diesen Unfug mit dem Mob angestellt hättest.«

Hinter meinen Augäpfeln verglühen die Tränen, die ich nicht weinen will, als wären sie Funken.

»Verzeiht, Don Cristobal. Aber dergleichen Finten sind mir fremd. Ich stamme aus einer Familie, in der ja ein Ja ist und nein ein Nein. Ich stamme von Leuten, die nicht abschwören.«

»Und ich stamme von Leuten, die hundertfach abgeschworen haben«, sagt er, und es ist Schärfe in seinem Tonfall. »Abgeschworen, meineidig geworden, Betrüger, Lügner. Entsetzlich, nicht wahr?

Und ich bin am Leben. Wir haben uns zu unserem Herrn Jesus Christus bekennen können, ohne den Gott unserer Väter zu vergessen. Was sind Schwüre im Land von Gog und Magog? Dem Land, das uns und unseren Vätern Terror und Gewalt antut. Und nun werde ich in einem anderen Land ankommen. Vielleicht ist es ja ein anderes Land. Und du mußt von Bord gehen.«

»Ja«, sage ich müde. »Ich muß von Bord gehen.«

57

»Aber doch gewiß nicht, ohne die Geschichte dieser Karte zu kennen!« sagt er, und es klingt enttäuscht. Da quäle ich nun mein Gewissen, daß ich ihn verraten habe. Und eigentlich möchte er mir nur eins seiner vielen Geheimnisse anvertrauen. Vielleicht ist niemandem sein Geheimnis anzuvertrauen genauso schlimm wie ein Loch in der Vergangenheit, ein Loch, in dem ein paar Tefillin begraben liegen.

In mir ist alles wund, aber das ist gar nicht so schlecht. Wie wenn man eine böse Wucherung aus mir herausgerissen hätte, und nun müssen die schlimmen Stellen noch zuheilen. Das braucht ein bißchen Zeit.

»Es war vor vielen Jahren«, fängt er an, und ich erschrecke, denn er hat seine Geschichtenerzählerstimme, die Stimme, mit der er überzeugen will, und da fürchte ich, ich bekomme ein maurisches Märchen zu hören. Er sitzt da, ich kauere zu seinen Füßen, hebe den Kopf und sehe zu ihm auf. Er unterbricht sich. »Oh«, sagt er. »Es ist ganz und gar die Wahrheit. Nichts an dieser Sache hat etwas mit einem Glorienschein zu tun.«

Ich muß schlucken. Liest er wieder Gedanken?

Er fährt fort.

»Vor vielen Jahren war ich mit einer Frau verheiratet, einer Portugiesin, die Familie war adlig, aber völlig verarmt. Doch ihr Bruder hatte die erbliche Statthalterschaft auf Porto Santo. Das ist eine kleine Insel in der Nähe von Madeira, nördlich von uns, ungefähr so viele Leguas von diesem Standort entfernt, als wir jetzt von Spanien fort sind. Dorthin übersiedelten wir, und es war sehr öde, auch wenn ich in der Abwesenheit meines Schwagers dort Resident war und Gerichtsbarkeit übte. Aber die Gerichtsbarkeit über eine Handvoll Gemüsebauern ist etwas ziemlich Trostloses gegen die Macht, die man hat, wenn man ein Schiff befehligt. Ich sah zu, daß ich möglichst viel Aufträge bekam, die mich von dort wegbrachten.

Die Insel hatte eine Besonderheit, Pedro. An ihrer Westküste gab es eine starke und beständige warme Strömung, und hier trieben oft fremdartige Samen und Hölzer an, Tannenzapfen, so wie ich sie noch nie gesehen hatte, auch geschnitzte Stöcke. Diese Dinge mußten von den Inseln jenseits des Meeres kommen. Ein Beweis, daß sie da waren!

Und dann, eines Tages – Gott hatte Doña Felipa bereits zu sich gerufen, und ich saß da auf dieser Handvoll Sand und Steine mit einem dreijährigen Söhnchen am Hals und sonst nichts – trieb dort, wo ich oft stand und mit zusammengekniffenen Augen nach Westen starrte, ob sich in der Ferne irgendeine Kontur von Land abzeichnen würde, ein Boot mit einer Handvoll sterbender Männer.

Es waren die letzten Überlebenden einer portugiesischen Karavelle, die vor langer Zeit nach Guinea ausgelaufen war. Die Portugiesen fuhren damals einen geheimen Umweg auf hoher See, um den spanischen Kaperschiffen zu entgehen. Dort gibt es ein Gebiet, das »Mutter der Stürme« heißt. Die Karavelle, so erfuhr ich, war in einen Wirbelsturm geraten und mit gerefften Segeln vor dem Wind gelaufen, immer weiter und weiter nach Westen, so schnell, wie noch nie ein Schiff gefahren war, die Bugwelle haushoch zu beiden Seiten.«

Wieder bekommt seine Stimme den träumerischen Klang, als schildere er kein Schrecknis, sondern ein himmlisches Wunder, und ich unterbreche ihn vorsichtig: »Woher habt Ihr das erfahren?«

»Vom Navigator der Karavelle. Ich nahm ihn bei mir auf. Er starb in meinem Haus. Sie alle starben, ausgehungert, halb verdurstet, von Krankheiten ausgehöhlt und fremden Fiebern verzehrt. Aber sie waren dort gewesen. Sie hatten es gesehen.« Seine Stimme ist jetzt fast nur noch ein Flüstern. Eine seiner Hände – er hat sie lebhaft zum Sprechen benutzt – landet wie von ungefähr auf meinem Kopf. Er berührt vorsichtig und sanft mein kurzes Haar.

»Das Land ist fruchtbar und grün. Die Menschen braunhäutig und freundlich. Sie tauschen Gold gegen Plunder, denn sie verstehen den Wert nicht. Es sind die Inseln, die vor Indien liegen. Der Portugiese kreuzte dort monatelang, und es war, so sagte er, wie im Paradies. Aber dann zerfraßen Würmer den Schiffsrumpf und Krankheiten die Leiber der Männer. Mit letzter Kraft machten sie sich auf, um zurückzufahren. Westlich von Madeira brach das Schiff auseinander, und die Seefahrer retteten sich in das Boot.

Er hat es mir alles auf dem Totenbett erzählt, und zuerst glaubte ich, daß das Fieber aus ihm redete. Aber dann fand ich es in seinem Seesack. Die Karte mit den Linien der Küste, die Route, auf der man hinübergelangt. Das Bordbuch mit den Erkundungen: Ankerplätze, Landmarken, Wasserstellen, alles. Und die Menschen dort hatten zudem erklärt, daß es weitergehe nach Westen. Es gibt einen Durchbruch zwischen dem Festland. Einen Isthmus. Er hat es gezeichnet. Man kann weitersegeln.«

»Und Ihr habt es nach seinem Tode behalten?«

»Natürlich«, sagt er ruhig. »Ich habe es behalten und keinem Menschen davon erzählt. Strandgut ist Fundgut, und dieser Navigator, dem ich die Beichte abnahm und die Augen zudrückte, war mein Strandgut. Außerdem, was hätte ich machen sollen? Du weißt, daß das Sammeln von Navigationsdaten und Seekarten in Portugal und Spanien Privileg der Krone ist. Ein Ausländer wie ich mit solchem Material in Händen – ich wäre in den Kellern verschwunden, Pedro.«

Seine langen starken Finger fahren jetzt über meinen Hals und Nacken.

»Seitdem weiß ich, daß ich dort ankommen werde. Aber nicht wie die Seefahrer des Nordlands, mit einem einzigen Schiff und um später in den Kneipen der Hafenstädte Märchen zu erzählen, die man glaubt oder auch nicht. Nein, wenn ich dorthin reisen würde, dann mit dem Segen des Himmels und dem Mandat der Krone, und Gold, Macht und Ehre für mich und meine Nachkommen sollen mir sicher sein. Und: Hoffnung für die Bekenner des Alten Bundes.«

»Aber die Menschen dort, so sagtet Ihr ...«

»Die Menschen, von denen der Navigator gesprochen hat, sind nur die Bewohner der Inseln, die vor den wirklichen Reichen des Ostens liegen. Ich werde hindurchfahren und sie finden.«

Er streichelt mich unablässig weiter, gedankenverloren. Aber ich weiß nicht, ob er mich überhaupt meint. Seine Brauen sind gerunzelt.

»Du wirst nicht dabei sein, Pedro, so kann ich dir noch etwas verraten, etwas, was niemand erfahren darf. Sonst würden sie mir wohl in Scharen davonlaufen – nicht nur die, mit denen ich ohnehin rechne, denn ich denke, daß einige nur bis hier mit wollen und andere angesichts des Ozeans vor uns in Angst geraten werden. Wir werden tief in portugiesisches Gebiet eindringen.«

»Ins Gebiet des Feindes?« frage ich atemlos. Er nickt. »Wie du weißt, hat seine Heiligkeit Papst Alexander eine Trennlinie zwischen portugiesischen und spanischen Hoheitsgewässern festgelegt. Jedes Schiff des jeweiligen Staates, das im Gebiet des anderen angetroffen wird, kann gekapert oder versenkt werden. Die Kapitäne werden gefangen und öffentlich gehängt.

Es ist unerläßlich. Strömungen und Winde verlangen, daß wir erst nach Süden und dann nach Westen vordringen«, sagt er sachlich. »Darum schreiben wir – schreibe ich – die zwei Logbücher. Wenn man uns kontrolliert, können wir nachweisen, daß ich nie kastilische Gewässer verlassen habe. Wir sind nur nach Westen gesegelt.«

»Aber das kann den Tod bedeuten«, murmele ich, und er: »Nur, wenn man sich ertappen läßt.«

Was für ein Spiel! Und wer bin ich bei diesem Einsatz! Etwas, das stört.

58

Unsere Laternen flackern auf und erlöschen, erst die eine, dann die andere. Das Öl ist ausgebrannt.

»Befehlen Euer Gnaden, daß ich neues Licht –«

Seine Hand drückt mich herunter. »Ich befehle jetzt nur, daß du hier sitzt und still bist.« Die Finger gleiten über meine Schulter und meinen Arm.

»Ihr wißt, was Ihr da macht, Don Cristobal?«

Er seufzt. »Ja, Donzella, das weiß ich leider nur allzu gut. Und darum muß ich jetzt damit aufhören.«

Donzella. Mädchen. Jungfer. So zärtlich und verspielt wie die Zeichnungen, die er an den Rand der Manuskripte malt.

»Zu Euren Diensten, Señor el Almirante«, flüstere ich.

»Nein«, sagt er. »Nicht.« Er dreht mich zu sich herum, und im matten Schein der Bordlaternen draußen sehe ich seine ernsten Augen. »Nicht zu meinen Diensten. Ich würde dir jetzt entweder sehr weh tun oder dich sehr erschrecken. Vielleicht auch beides. Das ist nicht gut.«

»Ach«, erwidere ich. »Ich bin ein halbes Jahr herumgezogen in diesen Kleidern. Ich weiß ziemlich viel von den Männern.«

Er sagt ein Sprichwort, das ich aus den Schenken kenne: »Wissen und machen – verschiedene Sachen.« Gleichzeitig nimmt er seine Hand weg von meiner Schulter, aber ich greife danach. Er seufzt wieder, beißt sich auf die Lippe. Schüttelt den Kopf und zieht seine Hand zurück.

»Es ist wegen der anderen Frau, nicht wahr?« frage ich mit erstickter Stimme.

»Deine Frage beweist mir, Donzella, daß du wirklich gar nichts von Männern weißt.« Er erhebt sich, entzieht sich. »Geh schlafen, Pedro. Dort draußen vor dem Zelt. Dies ist nicht unsere Stunde. So soll es nicht sein.«

Wer bestimmt, wem eine Stunde gehört? Ich hätte diese gewollt.

59

Am nächsten Tag ist er auf der Werft beschäftigt, die Reparaturen der *Pinta* mit zu überwachen, und gerät offenbar wieder einmal schwer mit Kapitän Pinzon aneinander. Jedenfalls erklärt er mir zum Abend mit kaltem Ingrimm, daß er Pinzon eigenhändig am Türpfosten seines Hauses aufknüpfen würde, wenn sie erst wieder in Palos wären – als wenn sie bloß mal so nach Cadiz und zurück segeln wollten. Um was es geht, verstehe ich überhaupt nicht und höre auch nicht so besonders hin.

Ich wurde den Tag ausgeschickt auf die Märkte, mir zu kaufen, was ich hier brauche. Geld freilich hat der Admiral keines in der Tasche und leiht es – oder fordert es – von dem Kapitän unseres Seglers.

An Land bewege ich mich, als müßte ich das Laufen neu lernen. Ich erstehe vor allen Dingen Espadrilles aus Ziegenleder für meine Füße, denn hier gibt es viele Steine, einen Schafwollumhang und ein Tuch, eine Tasche, die ich um den Hals hängen kann, auch wenn ich nichts hineinzutun habe. Einen Kamm. Ein Messer, einen Löffel.

Auf dem Markt steht fremdes Volk in Fellen, das offenbar kein Spanisch versteht und die Augen abwendet, wenn man mit ihm reden will.

Die Insel ist grün und schroff, wo der Fels hervorschaut, ist braun oder schwarz. Es gibt eine Kirche in La Palma, zwei Kneipen und ein Hurenhaus. Ringsum ist Meer. Ich sehe Pflanzen, die ich noch nie im Leben vorher erblickt habe.

Die Luft weht sanft, und es ist nicht heiß.

Es ist ein fremdes Land, in dem ich keinen Menschen kenne. Aber auch mich kennt niemand, und niemand will etwas von mir, ob im Guten oder im Bösen.

Mein Admiral ist den Abend verärgert, alles geht einmal wieder nicht schnell genug, und Pinzon ist, wie ich erfahre, ein solcher Schurke, daß man sich fragt, wieso Don Cristobal überhaupt noch eine einzige Legua mit ihm segeln will.

»Wenn ich die Länder gefunden habe, hat er abzutreten!« Wenn er das sagt, hört es sich an, als wenn er die Länder nur irgendwo verlegt hätte in seiner Seekiste. Das Gespräch von gestern scheint vergessen.

»Wie ich sehe, Pedro, hast du dich schon versehen mit dem, was du brauchst«, bemerkt er. Mit dem, was ich brauche! Ein paar Schuhe, ein Messer, ein Umhang, eine Tasche ... Erbarmender Gott.

»Du bekommst noch etwas von mir«, sagt er. »Du bist eine Person, die Schwierigkeiten anzieht. Für alle Fälle solltest du von mir einen Schutzbrief haben. Ich diktiere dir.

Also schreib: An die Gobernadora de las Islas Canarias, Doña Beatriz de Bobadilla, von ihrem getreuen Diener Christophorus Columbus, Admiral des ozeanischen Meeres.

Señora meines Herzens und all meiner Sinne, ich küsse die beglückenden Hände.«

Er unterbricht sich. »Was ist? Kommst du nicht mit?«

»Das schreibe ich nicht«, sage ich und verschränke die Arme über der Brust.

»Du wirst schreiben, was man dir diktiert!« braust er

auf. Dann hält er inne, sieht mich starr an und bricht in Gelächter aus. Es ist das erste Mal, daß ich ihn laut lachen höre. Aber er lacht mich nicht an, sondern aus. »Pedro!« sagt er, so wie man einem Kind zuredet. »Nimm deine Feder und schreibe, ja? Das geschieht für dich, verstehst du?« Er hebt den Finger und tippt mich damit an die Stirn, dreimal. »Tock-tock-tock. Für dich, Pedrito! Capisce?«

Mir ist zum Heulen zumute. Ich presse die Lippen aufeinander und nehme die Feder wieder zur Hand, und er registriert es und fährt fort: »Also, wenn du das hast, so: Die Besitzerin dieses Schreibens, Doña – setzte da deinen Namen ein – ist mir aus verschiedenen Gründen lieb und wert. Unter welchen Umständen auch immer sie zu Euch gelangen wird und was man auch über sie sagen wird, so bitte ich Euer Gnaden in Hochdero Eigenschaft als Statthalterin der Inseln um Schutz und Beistand für die oben genannte Person. Ich empfehle mich Eurer Huld, schönste aller Frauen. Euer Kavalier – und nun gib her, damit ich unterschreibe.«

Er taucht die Feder ein und malt seine Unterschrift in der klaren und schwungvoll verzierten Manier, als würde er eine Acta von hoher Bedeutung unterzeichnen.

»Streusand«, befiehlt er. »Siegelwachs. Falte den Brief. So. Dies wirst du immer bei dir tragen, solange du auf diesen Inseln bist. Ich befehle es dir. Wickle es in eine gewachste Leinwand und trage es in deiner Tasche. Verstanden?«

Er faßt mich am Kinn und zwingt mich, ihm in die Augen zu sehen. Es ist zum letzten Mal, daß ich den Ozean sehe in diesen grauen Augen. »Machen sich Euer Gnaden Sorgen um mich?« frage ich.

»Ich weiß nicht«, erwidert er. »Du gerätst in Schwierigkeiten, du kommst heraus. Nimm es, weil ich gedenke, dich wiederzusehen.« Er läßt mich los. Seine Berührung war grob, und seine Augen sind herrisch.

»Ich danke Euer Gnaden«, sage ich tonlos.

»Spiel nicht die Märtyrerin«, fährt er mich an. »Du lebst, nicht wahr. Hier ist es angenehm. Überleg dir, ob du hier auf Canaria bleiben willst oder mit zurückkommen nach Gomera. Aber ich würde dir nicht zu Gomera raten. Du solltest vermeiden, der Besatzung der *Santa Maria* noch einmal vor die Augen zu kommen. Nun, das liegt bei dir. Entscheide dich bis morgen. Ich will zurück. Auch hier ist das Klima sehr freundlich.«

»Ich habe Spanien nicht seines Klimas wegen verlassen«, sage ich wütend. »Das sollten Euer Gnaden doch eigentlich wissen.« Er fährt herum, und schon fürchte ich, daß ich heute abend noch Unannehmlichkeiten bekomme.

Aber ich halte stand. »Erlaubt mir noch eine Frage.«

»Ach, deine Fragen. Ja, natürlich. Stelle sie, deine Frage.«

»Habt Ihr wirklich meinetwegen den Schlüssel liegen lassen, als Ihr das Bad nahmt?«

»Himmel!« sagt er und fächelt sich mit der Hand Luft zu. »Ich will dir eines sagen, Pedro: Du nimmst dich zu wichtig. Das ist es. Ob ich das für dich getan habe oder ob es bloß ein Zufall war – was macht das aus? Die Dinge sind nicht so, wie du gern möchtest.«

»Wie möchte ich, nach Euer Gnaden Meinung, daß die Dinge sind?«

»Du möchtest, daß sie einfach sind. Sie sind aber vielfältig und gebrochen.«

»Die Dinge nicht!« sage ich und werde immer erregter. »Die Menschen sind es, die das machen, was Ihr die Dinge nennt. Aber Gott der Herr will nicht, daß soviel Lügen auf der Welt sind!«

»Als nächstes wirst du mir erklären, was Gott der Herr und unser Erlöser Jesus Christus für Pläne mit den Menschen haben!«

»Über die des letzteren weiß ich nichts«, sage ich,

Tränen in der Stimme, und denke, daß ich jetzt bestimmt wieder eine Ohrfeige bekomme. Aber da fährt im Westen, wo die Sonne gerade versunken ist, eine Feuersäule auf, und ein dumpfes Grollen wie von zehn Gewittern auf einmal rast übers Himmelsgewölbe. Ich schreie auf vor Schreck, und Columbus bekreuzigt sich und sieht gebannt in die Richtung, wo das Unheimliche geschieht.

»Hoffentlich kommt niemand auf die Idee, das für ein Zeichen der Vorsehung zu halten!« murmelt er. »Sonst gehen mir mehr Männer von Bord, als ich hier an neuen bekommen kann ...«

Er springt auf und beginnt, fieberhaft mit dem Kapitän zu verhandeln. Ich starre die Flammenkaskaden an.

»Komm, Pedro«, sagt er. »Ich habe Befehl gegeben, das Boot zu Wasser zu lassen. Erst einmal muß ich mit den Leuten von der *Pinta* reden. Dann gleich nach Gomera. Ich muß allen erklären, daß es nichts besonderes ist.«

»Könntet Ihr es auch mir erklären? Ich fürchte mich entsetzlich.«

Wir sind schon das Fallreep herunter und im Boot.

»Es ist unterirdisches Feuer«, sagt er. »Vulkane. Der Herr öffnet sie, wann er mag. Es hat nichts mit Omen oder Vorzeichen zu tun. Es gibt sie überall. Auf der *Santa Maria* ist Bartolomé de Torres. Er ist mit mir bis nach Island gefahren, dort gibt es sie auch. Er kennt es und wird es den Männern bestätigen. Und ein Venezianer dient auf der *Niña*. Er müßte vom Stromboli wissen, an der Westküste Italiens, der alle Stunde sein Feuer in den Himmel stößt. Wir sind alle Gottes Geschöpfe, und zu ihm kehren wir zurück.«

Er ist gesammelt, ruhig, entschlossen. Pfeilgerade, wie sein Schiff, wenn es am Wind läuft.

Während wir uns zum Kai rudern lassen, steht vor

uns diese Feuersäule. So wie die, die Moses und das Volk durch die Wüste führte. Er nutzt die Zeichen, wie er sie braucht. Dies will er nicht. Ich schon.

Er eilt mit langen Schritten zur Werft und zu den Hafenstraßen, wo sich seine Seeleute versammeln und ihm entgegenblicken. Sicher wird die Feuerzunge der Überredungskunst über ihm lodern, wie die Flammen über diesem Berg, damit er sie beruhigt und behält.

Ich habe alles bei mir. Umhang und Tuch. Eine Tasche mit einem Kamm und einem Messer und einem merkwürdigen Schutzbrief, den ich nur aufhebe, weil er von seiner Hand signiert ist.

Jetzt merkt er gar nicht, daß ich fort bin. Jetzt vermißt er mich nicht. Später vielleicht, hoffe ich.

Nun endlich bin ich frei. Freier kann man nicht werden. Frei von allem Besitz, nackt und bloß wie eine frisch geschlüpfte Fliege an der Wand eines hölzernen Schuppens. Frei von allen Bindungen. Frei von diesem Mann, der mich getröstet und erniedrigt, erhoben und in den Staub getreten und letztlich gerettet hat. Nicht frei von meinen Gefühlen zu ihm.

Nicht frei von Liebe, nicht frei von Haß. Aber am schwersten wiegt die Trauer. Ich sitze hier zwischen einer Feuersäule im Hintergrund und einem Ozean vor mir, auf kahlem Fels, auf einer Insel, auf der ich keinen Menschen kenne. Ich habe nicht nur ihn verloren, sondern auch mein Volk. Von all denen, die abschworen, um Spanien verlassen zu dürfen, die all ihre Habe hingaben, um zu fliehen, sind die am ärmsten dran, die allein sind, ohne ihre Verwandten und Freunde. Auf einmal fällt mir ein, daß ich nun, außer wenn ich zu Gott bete, niemals wieder Hebräisch sprechen werde, die Sprache, die die Juden in aller Welt zusammengebunden und vereint hat, die kostbarste aller Kostbarkeiten, das einzige, was sie unbehelligt aus Kastilien mitnehmen konnten. Wie sagte einer unserer Weisen? »O du heilige Sprache, dich bete ich an. Möge mein Volk auch gefangengenommen sein, so konnt' es sich mit dir, Geliebte, wohl trösten ...«

Und plötzlich ergießt sich über mein Gesicht wie eine überlaufende Quelle die Flut meiner Tränen. »Sch'ma Jisroel«, bete ich, »adonai elohenu, adonai echod«, spreche das Hauptgebet meiner Väter und meines Vaters, bekenne den Namen Gottes des Herrn und segne den, der da über die See fährt, um uns – vielleicht – Hoffnung zu finden.

Lebe wohl, Cristobal Colon, der Gott Israels geleite dich. Hattest du nicht gesagt, du gedächtest mich wiederzusehen?

Nun, ich will es auch. So bin ich nicht ganz ohne Trost.

Waldtraut Lewin, geboren 1937 in Wernigerode, schlägt nach dem Studium von Germanistik, Theaterwissenschaft und Latein in Berlin zunächst eine Laufbahn als Musikdramaturgin, Opernregisseurin und Übersetzerin von Händelopern ein, ehe sie sich dem Schreiben zuwendet. Ihre besondere Zuneigung gilt von Beginn an historischen Stoffen, das erste Buch in diesem Umfeld erscheint 1972 und wird auf Anhieb ein großer Erfolg. Fortan publiziert Waldtraut Lewin in kurzer Folge weitere Titel, auch Reiseberichte, Hörspiele und Kinderliteratur. Mehrfach mit bedeutsamen Preisen bedacht (u. a. Lion-Feuchtwanger-Preis, Nationalpreis der DDR) gehören die Historischen Romane der Autorin zu den besten des Genres im deutschen Sprachraum.
Im RAVENSBURGER BUCHVERLAG erscheint das erste Buch 1996, »Alles für Caesar«.

Waldtraut Lewin
ALLES FÜR CAESAR

256 Seiten
ISBN 3-473-35143-1

Seit Sulla, der »Bluthund«, in Rom die Macht an sich gerissen hat, regiert der Terror die Stadt, Hunderte von Sullas Gegnern sind auf der Flucht. Auch Servilia fürchtet sich von den Schergen des Diktators. Doch als einer der prominenten Todeskandidaten bei ihr Zuflucht sucht, zögert sie keinen Augenblick. Es ist der junge Gajus Julius Caesar, kein unbeschriebenes Blatt mehr in Rom, und das in mehrfacher Hinsicht ...

Er ist eben mal sechzehn, ziemlich frech, und er sieht blendend aus. Ganz klar, Servilia wird Caesar aus der Stadt bringen – und sie wird ihn lieben.